小学館文庫

活字のサーカス　下

椎名 誠

JN054497

小学館

CONTENTS
目次

活字の海に寝ころんで

活字たんけん隊

活字の海に寝ころんで

辺境の食卓1
チベットとアマゾンの日常食

高校生の頃、山登りによくでかけた。同時に山の本にも興味を持ち、いろいろ読みあさった。『風雪のビヴァーク』(松濤明、二見書房)、『たった一人の山』(浦松佐美太郎、平凡社)、『処女峰アンナプルナ』(モーリス・エルゾーグ、山と渓谷社)などには特に傾倒し、それぞれ好きな文章があってまだその断片を記憶している。

これらの山の本にしばしば「ペミカン」というモノが出てきて、それが気になっていた。食い物なのだが、岩登りの途中などでよくそれをひっぱり出して食っている話が出てくるので行動食、非常食のようなものだろうということは見当がついた。けれど山の店に行っても売っていなかったのでそれが具体的にどんな形をしていてどんな味がするのか、ということがなかなかわからない。思えばその頃、山の店に行くと奥のほうで厚手のセーターを着てパイプタバコかなんかをくゆらせている店の親父がいた。ああいう人に聞けばたぶんそこそこの山男なのであったろうから、表向きぞんざいながらもけっこう親切に教えてくれたのだろう。今になると残念に思うのだが、当時のやまだしの高校生などにはそんな機転はなかった。わからないまま大人になってしまった。

ペミカンという言葉を久しぶりに聞いたのはもう三十歳をすぎた頃、アンデス山脈の南の端の氷河の上を歩いている時、同行していた登山家がその言葉を口にした。嬉しくなって、それはどんなものでどんな味がするのかということを聞いた。山男は口を歪めて「まずいものだ。平地では食いたくないものですよ」と言った。それからまた何年も経ってしまった。

辺境の地というようなところに行くと、何か持参していかないかぎりその土地でその時とれるものを食う、というのが食生活の基本になる。しかも往々にしてその種類は限られ、さらに往々にして期待は裏切られることのほうが多い。つまりあまりうまいものにはありつけないということである。もっともそこに住んでいる人々にとっては何の文句もないあたりまえの日常食なのかもしれないが、住んでいる環境があまりに異なるので、それにつらなる食性の違いでたわいなくたじろいでしまう、ということは多い。

昨年（二〇〇二年）ぼくはチリ・パタゴニア、ブラジル、チベット、ネパールに行った。パタゴニアは三度目で、チリ側もアルゼンチン側も好きな場所だったから、旅のあいだ口にするものはその殆どが申し訳ないほどうまいものばかりだった。たとえばセントーヤと呼ぶタラバガニによく似た大きなカニがいる。この地に初めて行った時、一四五百円で買えた。子羊も一匹五百円。ワインもバケツ一杯五百円程度だった。カニを三匹買ったとしても三千円もあれば十人ぐらいのパーティが開けるのだ。

羊は野外の焚き火で焼くから場所代を取られることもない。つくづくいいところだと感動して続けて行った。カニも羊もワインもまあ今は五百円均一というわけにはいかないが、でもそんなに激しく値上がりしているわけではなかった。こういう場所はいつだって安心していられるが、そのあとすぐに行ったブラジルはまったく初めての地だったので興味津々であったが、同時に果してどうなっていくのだろう、と思った。

とくに今回の旅の行き先はアマゾンだったので、旅の間の食事は初めて口にするものが多かった。例えば何日か泊めてもらった奥アマゾンのイカダ家屋（雨季の洪水に対応して人々は繋いだイカダの上で生活している）に住む気のいい老人一家の最初の晩の食事は猿だった。吠え猿一匹をぶつ切りにしてジャガイモと煮る。食べる時はマンジョーカ（キャッサバの粉）にまぶすのだが、スープに軽く塩味がついていたようだった。その日は食い物はそれしかないのだから否応なしである。猿の味は悪くはなかった。牛肉系の奥の深い味である。慣れればもっとイケルな、と思った。聞いてみると、ここに住む人々にとっても猿は御馳走であるという。

それからあとの数日、あちこちで食べた大ナマズ、ピラルクー、亀肉とどれも大変うまかった。ただし、ブラジルの人々がどんな料理にも大量にふりかけるマンジョーカはあまりうまいとは思わなかった。猿はうまいけどマンジョーカはどうも……というのは、日本でいうと、猪（あるいは狸かな？）はおいしいと思うけど味噌汁はどうも、というようなあんばいになるようなので、ややモンダイがあるようだ。

　そこで暮らしている人々が主食にしている食べ物にすんなり馴染む、というのは旅を快適にするゆるぎない最低条件のような気がする。

　アマゾンから帰ってきて間もなくチベットに行った。一カ月ほどの短い旅だったが、こっちの方は二度目の地だから旅の様子は大体わかっている。ぼくがチベットで引け目に思うのは、この地の主食であるツァンパとバター茶にまだ馴染めない、ということだった。

　ツァンパはチンコー裸大麦を挽《ひ》いたもので、日本ふうに言うと「はったい粉」。子供の頃、ムギコガシという名で知っていた。チベットの人々はこのツァンパにバター茶をかけて手指で丹念に捏《こ》ねたものを食べる。ぼくはこれがなかなか食べられない。そもそもバター茶になかなか馴染めないのだ。

　チベットのバターは牛ではなくヤクという高地に順応した毛あしの長い巨大な動物の乳から作ったもので、欧米風のバターとは少し味の組成が違う。これをドンモウという水デッポウのような仕組みのもの（ただし物凄く大きい）でタン茶と混ぜ合わせ、塩味をつける。間違いなく民族の歴史の産物であり、味も風味もそこの風土、風習に溶け込んだ〝慣れ〟が基盤にあると思った。わが国の味噌汁と同じなのだ。これに慣れないとチベットの旅はけっこう厳しくまた寂しいものになる。

最初にチベットに行ったとき、これらの洗礼に敢えなく退散し、日本に帰ってすぐ読んだのが有名な『チベット旅行記』(河口慧海《えかい》、講談社学術文庫、全五巻)だった。だいぶ以前からこの本を読みたくてしょうがなかったのだが、読むのならとにかく一度チベットに行ってからにしよう、と思っていたのである。

長大な旅の本というのは、感情を移入させるためにも、行けるところであるならばそこに行ってから読むのがもっとも面白い、ということをこれまでの数々の体験から断言できる。しかしそのチベットになかなか行けないうちに、ぼくの友人が何人か先に行き、「いや面白かった。旅もよかったが、あの河口慧海のチベット旅行記の面白いこと!」などと、いいおとっつぁんが両目をいっぱい開いてキラキラした顔で言うのである。実にまったく地団駄踏むくらいに悔しかった。だからまあ極端に言ってしまうと、ぼくの場合はこの本を読みたいがためにチベットに行った、と言っても過言ではないほどだった。

さていよいよその本を読めることになって最初の興味は、慧海の旅した明治の頃のチベットでは人々はどんなものを食っていたのか、ということだった。慧海はどのようにして仏教の経典を求めたのか? などということよりも「何を食っていたのか」というのに興味を向けてしまうのが、思えば我ながらまことに恥ずかしい。

ツァンパは第一巻の中頃に出てくる。

「空気は稀薄ですけれども非常に清浄《しょうじょう》な空気で、その上にごく成分に富んで居る麦焦《むぎこがし》粉を日に一度ずつどっさり喰って居ります」

と、慧海の意見は実に力強い。そのあとに「動物性の食物はただバタばかり」とも書いている。嘆息しての言い方のようだがそうではなくてこのあと出てくるこの地での食べ物を、慧海はことごとく「うまい」と表現しているし、バター茶はチベットの人と同じように、座ればまず一杯、という状態になっていたようだ。明治の頃である。日本人にとってバターはまだ貴重な味覚だったろうから、認識が今とはだいぶ違うだろう。

〝異国の濃厚茶〟として面白痛快にそれを受けとめていたのかも知れない。第二巻に、

「牛乳を煮て冷《さま》して置きますと薄く上へ張って来るクリーム、それを集めてその中に黒砂糖を入れたもの」

というのと、

「羊肉でだしをとった饂飩《うどん》に卵の入ったもの」

が出てくる。両方とも今度の旅でぼくも食べているから、食べ物の基本線は思ったとおりあまり変わっていないようだ。

第三巻には「ツー」というものが出てくる。

「乾酪《ほしちち》とバタと白砂糖とを固めて日本の擬製豆腐《ぎせいどうふ》のように出来て居るものです」

「蕎麦の新芽を酸乳でまぶしたちょうど白和のようなもの」

というのもある。乾酪とはチーズのことであり酸乳はヨーグルトのことだろう。古い言い方なのでイメージしにくかったが、この食べ物はどちらも旅の途中のごくありふれたところで、ぼくも何度か食べている筈である。

この旅行記を読んでいると食べ物については驚くほど当時と変わっていないことに気がつく。もちろん今はラサなどに行くと中華料理を始めとしてインド、フランス、イタリア、ロシアなど世界各国の様々な料理屋がある。その多種多様ぶりはよその国と変わらないが、庶民が普通に食べているものはみんなチベット旅行記に書かれていたような伝統的な食べ物であり、実際にはそれらの食べ物がいまだに主流になっていると見て間違いないようだった。

ぼくの感想を言えば、ラサにある西欧料理店はどれも二度は行きたくない。その反対につくづくおいしいと思い、日本に帰ってきてからしばらく「あれはうまかった！」と吹聴していたのがチベットの田舎で食べた鶏卵とジャガイモであった。

さてアマゾンである。こっちのほうはすでに何冊かの冒険記や博物学者の観察記を読んでいた。有名なのは『アマゾン河の博物学者』（ヘンリー・W・ベイツ、思索社）。

日本に帰ってきてから『アマゾン河探検記』（A・R・ウォレス、青土社）を読んだ。うかつだったのだが、ウォレスとベイツは親しく、これは同じ旅の話を書いているのであった。訳者（長沢純夫）が同じだったのであれっ？　と思ったのだが、早く気づくべきであった。同じ旅での記録だが、立場が異なり、見ているところがずいぶん違うのでこれはこれで面白い。とくに当時のアマゾンにおける食べ物についてはウォレスの方がだいぶ詳しく書いている。

それでまたその時ふいに気がついたのだがこのベイツとウォレスがアマゾンに入ったのは一八四八年のことであり、さきの河口慧海がチベットに潜入したのは一八九四年のことである。両者に五十年の差はあるが、両方とも世界の名だたる秘境である。都市ほどの大きな時間のながれの差はないのだろうと解釈した。だからこの二つの土地の昔の旅の話を読んで、今そこを同時期に行ったのだから何か面白いものが見較べられるのではないか、と自分の旅の興味の行方に密かに期待したのである。

さてウォレスの見たアマゾンの旅では冒頭、ピラルクーの料理が出てくる。アマゾン最大の魚と言われており、これまで長さ四メートル、重量二五〇キロの大物が確認されている。

「（アマゾンの人々は干物にしたものを）ゆでるか軽くあぶるかして細かく裂き、酢、油、胡椒、玉葱、ファリーニャと混ぜ」て食べる、と書いてある。

しかし著者は「すりつぶして繊維状にして押し固めた乾燥牛肉に似ているとしか私には形容のしようがない」と語っている。ウォレスの印象ではあまりうまそうな気配は伝わってこない。

現地で聞いてみるとアマゾンにおけるピラルクーの人気は凄く、ぼくが旅した時は乱獲による絶滅種のリストに入っていて、インディオ以外は捕獲禁止になっていた。ベレンから少し行ったところにピラルクーの養殖場があって、そこで一・五メートル、六〇キロほどのピラルクーを釣らせてくれた。二〇センチぐらいのフック状の釣り針で鰯《いわし》ぐらいの魚を餌に釣るのだが、その獰猛《どうもう》さにたじろいだ。六〇キロでこの凄まじさなのだから四メートル、二五〇キロなどといったら怪物としか形容できないだろう。

釣ったそれはスープと唐揚げとフライにしてくれたが、真っ白な肉は強いていえば白いマグロの大トロという感じだった。けれどその脂の濃厚さは一言でいうと魚族を大きく逸脱している。一匹で五十人前はありそうで、ほんの少し前、インディオがピラルクーを釣ればそれを売って一カ月は暮らせた、という話も大いにうなずけるのだった。

ウォレスがタンバッキー魚と書いた、鯛に似た巨大な魚は、ぼくがいた場所ではタンパキと発音していた。立派な大物なのだが、この魚を釣りあげる餌は、小さな可愛らしい赤い木の実であった。

雨季の後の洪水はあたりのジャングルを乾季の頃の水面から平均一二メートルも水位

を上昇させており、魚は浸水林と呼ばれるジャングルの奥深くまで散らばっている。動物たちは木の上を移りわたっていくが、この時落とす木の実がこれらの魚の餌になるのだ。だからインディオらは釣りの餌にその木の実を使う。世話になったイカダ家屋の老人とカヌーで一緒に浸水林に入り、実際にその老人がグミの実のような餌で巨大な魚を釣り上げるのを見た。

ウォレスの本には平均的なインディオの食物はファリーニャ（マンジョーカ）、米、塩漬の魚、果物など、と書いてあったが、百五十年前のそれは基本的に今も変わっていないように思えた。猿はベイツやウォレスが旅した時代にもごくあたりまえに食われていたようだが、昔はワニやジャガーの肉も食っている。ジャガーはステーキにしたそうだが、身の色は白くてうまいという。こういう魚や鯰《なまず》などが彼らの家族のその晩の食卓にあがる。

ベイツの著書には亀の話が沢山出てくる。エガという場所なのだが、それは今テフェと呼ばれていて、今回の我が旅では奥地に入る前に基地にした場所だった。ベイツはそこで二十分ほどの間に八十四もの亀を捕まえた、と書いてある。それらの亀は甲羅を下にして焚き火で焼く。雌亀には沢山の卵があって美味しい料理ができたという。

ピラルクーと同じように乱獲が祟って今は禁漁種に指定されているペシ・ボーイ（海牛＝マナティ）もその時代にはあちこちで食用にされている。ウォレスが手に入れたそれは体長約六フィート、一番太いところで胴まわり五フィートもあり、肉は牛肉と豚肉の中間のようで大変うまい、と書いている。まさしく海牛なのだ。性格は悲しいほどにおとなしく肉はうまい、というのがこのペシ・ボーイであるが、人間にとってこんなに具合のいい動物がおだやかに繁殖できるわけはないのだ。

ぼくが世話になっていた一家のイカダの後ろにはワニがいつも浮かんでいた。そのあたりの村のイカダには大抵一匹は専属のワニがついているそうだ。

人間の生活するところ、残飯や糞便が必ず出るのだからまわりの生き物は見逃さない。ワニが残飯や糞便を食べるのではなく、それを食いに集まってくる小魚がいて、さらにそれを餌に集まってくる中魚や大魚がいて、ワニはそいつらを狙うのである。

食いものが不足してくると、人間もワニを食べる。わかりやすい食物連鎖の輪であり、こういう仕組みは大昔から変わっていないらしい。ワニはシッポの付け根あたりに筋肉が集中しており、肉もたっぷりついていてうまいという。けれどこういう話も聞いた。アマゾンの人々は沢山の子供を作るが、時折小さい子供が行方不明になるそうである。どこへ行ったかわからないという。多分アマゾン河に流されてしまったのだ。そうして実際にはそんな子供の何割かはアマゾン河の大きな生き物に食われてしまっているのだろう、と――。

辺境の食卓2
大ねずみとナツメヤシ

刺激的な旅から帰ってくると、しばらくはその旅に思いがとらわれている。いきおい読む本もその土地に絡んだものが多くなる。

アマゾンの旅から帰ってきたあとすぐに『奥アマゾン探検記（上・下）』（向一陽、中公新書）を読んでいた。再読のむさぼり読みである。

こういう探検記はその地を自分で見る前と後では随分うけとりかたが違う。向さんのこの探検記は壮大にして壮絶。物凄いスケールの中で展開する。世界中に沢山あるアマゾン探検記でもその緊迫感と臨場感は抜群だろう。

けれどこの項は「辺境の食卓」シリーズなので、ここではこの探検隊の本来ではなく、彼らが旅の死闘の間に何を食ってきたか、ということに的を絞っていく。

コロンビア、ペルー、ベネズエラ、エクアドルに広がるアマゾンの奥地は夥しい細流、支流、分流によって構成されているので、隊もいくつかに分かれて進んでいく。それぞれ食料を積んだカヌーで激流を下ったり、またその逆にルートを捜して逆上ったりするのであるが、携行食料などはたかが知れた量しか持っていけないから基本的には現地調達である。

彼らがもっとも頻繁に食べているのは鯰であり、様々な種類の鯰が登場する。アマゾンの鯰は二〇〇キロにもなるバケモノじみたものから二、三センチのものまで数えきれないくらいの種類があり（現に毎年新種が発見されている）その味も多岐にわたる。これは僕自身もアマゾンの旅で様々味わってきた。鯰のほかには有名なピラニアやタンパキ、ドラドなどの魚類がまたやたらと豊富で、アマゾンの旅で唯一「いいこと」をあげるとしたら、この鯰や魚類が沢山いるから食料がまったくなくなって飢えて死ぬ、ということが殆どない、ということだろうか。

料理としてはスープ状に煮てファリーニャをまぶして食べるというアマゾンの日常的献立が多い。アマゾン探検ものでしばしば出てくるチグイーロはこの探検隊でもよく食べている。世界最大の齧歯《げっし》類。つまり大ネズミである。この巨大ネズミは家族そろって川岸などを素早く走っているところを弓矢や鉄砲でうちとられることが多い。体長一メートル、体重五〇キロにもなるというから豚のボリュームである。これがアマゾンに関係するどの探検の記録にも非常にうまいと書いてある。

食べ方は焼いたりスープにしたりで基本的に鯰や魚と同じ。調味料のアヒをかけて食うととくにうまいという記述が多い。

アヒという調味料は南米ではどの国でも共通語のようでトウガラシ系の辛いやつである。多量にかけすぎると口中がアヒアヒとなるから日本人に覚えやすい名称なのだ。

ぼくも南米の各地でこれにはよくお世話になったが、アマゾン奥地のアヒにはアリが沢山漬け込んであるのが出てくる。蟻酸《ぎさん》で味つけしているのだろう。こういうところがつくづくアマゾンだなあと妙に感心してしまうのだ。

オリノコ川のワイカ族はアリそのものを食べるそうだ。さっと湯につけて半殺しぐらいのをそのまま食べる。アリシャブだ。隊員の何人かが試しているが味がいいわけでもなく腹の中でもぞもぞ動いているようでヘンな感じだったと書いている。

吠え猿を食べるのはアマゾンの人々にとっては珍しい事ではなく、しかも高級食のレベルに入る。ぼく自身もこの吠え猿とジャガイモを煮た料理を食べた話を前回に書いているが、味はけっこういける。向さんの探検隊はこれでうどんを食っている。猿の肉うどんであるが、まずくはないと思う。種類にもよるのだろうが、猿を食うときは首と足の付け根のところにあるリンパ腺のような臭い袋を傷つけずに最初に取り除くのがコツのようだ。

ネズミの仲間ではパカがアマゾンでは一番うまい肉らしい。ぼくはネズミ系の肉はモンゴルのタルバガンぐらいしか食べたことがないが、けっこう脂があってうまかった。アマゾンで一番うまいのはダンクと呼ばれているバクで、これは大きいのになると体重二〇〇キロは越えるというからちょっと見当がつかない。カヌーで移動していく旅ではこの〝うまい〟ダンクをしとめてもあまりにも大きすぎるのでカヌーに積み込めず、足を何本か切りわけて持っていくだけで大半を川に流さなければならない無念さを書いている。それまでがひどい食生活を続けながらの旅だったので、それを読んできた者もこういうくだりで実に悔しい思いをする。

下巻に「口噛《か》み酒」の話が出てくる。ユカ芋を茹でてマッシュポテトのようにこねて潰す。これとは別にサツマイモに似た赤紫色をしたクリッチャという芋を生のまま皮ごと噛んで唾液にしっかりからませ、鍋のなかのマッシュポテト状にしたユカ芋とさらによく混ぜる。これに水を足して小型のカヌーのようなものに一晩いれておくと発酵して酒になる。

この口噛み酒は「マサト」と呼ばれていて〝いい女〟は毎日これを作っておくのだそうだ。いい女が口で噛んで唾とまぜて作るのではなく、この酒をいつも作っているのが〝いい女〟ということであり、そこのところが微妙に間違えそうだ。

口噛み酒は世界のいろんなところでまだ沢山作られている。ぼくも椰子の口噛み酒を飲んだことがある。どんな女が噛んでくれたのかわからないが、酒は酒だから、と思って一気に飲んだ。

セパワ川はアマゾン最奥地で、毎日想像を絶するような出来事が次々におきていくのだが、探検隊の食卓を喜ばせてくれるのは亀のタマゴである。

「ラモンがカメの産卵個所を見つけた。水辺から十メートルほど離れた小高い砂地。（中略）指を突っ込んでみて、ラモンがにこりとしてうなずいた。「あるぞ」。十センチ下にウズラの卵大の、ちょっと細長い白い卵が埋まっていた。三十五個も入っていた」

隊員一同、毎日続く鯰食にうんざりしている時だったので、このたあいのない一文がなかなか感動的であった。

アマゾンのどこまでいっても蒸し暑くてぐしゃぐしゃに濡れているような旅の本をずっと読んでいるうちに、その反対の思い切り乾いているところの話を読みたくなった。乾いた場所の旅の極致は砂漠である。

ぼくはオーストラリアの中央砂漠と、アジアではゴビとタクラマカンの二つの砂漠を旅したことがある。タクラマカンの時は今は涸《か》れてしまったロプノールを越え、ヘディンの発見した楼蘭までいく調査隊に同行した。

砂漠の旅は思ったとおり砂と水とのタタカイで、とにかく連日続く長い長い砂の連続と容赦のない太陽を毎日見て進んでいかなければならない。タフな体も必要だが、タフな精神力も結構重要だというのが実感だった。

楽しみといったら休息の折りの水と、キャンプ地の食事時間だが、この調査隊の時は食事を全面的に中国のサポート隊が担当した。主食は肉と豆、それぞれ直径一五センチぐらいはある巨大な缶詰と拳骨《げんこつ》型をした石よりも固いようなパンであった。おそらく中国側のその首謀者が企んだのだろう。大量に持ち込まれた缶詰はもう廃棄寸前になっているようなとてつもなく古いもので、それをおそらくタダ同然で手に入れて持ち込んできたのだ。

中国が外国のそうした探検のプロジェクトが金ヅルだと気がつきだした頃の話である。多分それは軍隊用のもので、相当長くどこかに隠匿されていたものだと思う。缶詰の中の肉や豆に缶の錫《すず》の味と臭いが濃厚にしみ込んでいる凄まじいものであった。錫の味は缶詰の周囲が濃厚で真ん中にいくにしたがってやや薄れていく。錫が丸い缶の真ん中方向にむかってじょじょに溶けていったのが錫味の濃度でわかる、というとんでもないシロモノなのであった。最初はとても食べられない気分だったが、飢えと慣れというのは恐ろしいもので、毎日我慢して食っていたらそのうちにその錫味が平気になってしまった。しかし一度としてうまいとは思えなかった。

その探検行でうまいと思ったのは一緒に何頭かつれていった生きた羊で、これをときおりつぶしてつくる羊肉の麵などが出てきた。そのひと月あまりの砂漠の旅でうまいと思った食べ物は唯一それだけであった。

オーストラリアの砂漠はアウトバックといったが、なまじ湿気があるので夥しい数のハエがいて、生肉の塊を出すと群がるハエによって真っ黒なノリむすびのようになってしまうのでまいった。焚き火でそれを焼くとハエどもはさすがに逃げていくのだが、千載一遇のチャンスとばかりしっかり肉にくらいついてなかなか離れず、結局逃げ後れて火に焼かれていく〝アッパレ〟なハエなどもいる。

そういう意味ではタクラマカン砂漠のようにまったくとことんまで乾燥している砂漠のほうが衛生的なのだが、何もないということは面白みに欠けるということでもある。

オーストラリアの砂漠の旅では途中で出会ったアボリジニの「ナガラ」という一家にいろいろ面白い食べ物を教えてもらった。

彼らはまず土の中三〇センチぐらいのところに潜っているカエルを次々に捕まえ、そいつをいったん口の上のほうにもちあげて片手でぎゅっと握る。蛙の口から水鉄砲のようにピュッとわずかな水がナガラの口の中に入った。水分の大事なブッシュでは蛙を捕まえるとまずこうして最初に、かれらの体内の水分を絞りとってしまうのだ。

一緒にくっついてきた少年はウィッチディ・グラブという大きな蛾の幼虫を何匹も捕まえてきた。長さ一〇センチぐらいはある実に存在感のあるやつだった。白い葉巻という感じでもある。こいつはそのまま生で食べてしまう。ぼくにもプレゼントしてくれたが躊躇してしまった。今思うと残念である。

幼虫の表皮がぶちゅっと少年の口の中で潰れる音がした。口をあけて見せてもらったら緑色の溶液がたっぷり口中にあった。甘くて美味しいという。

こういう幼虫は案外衛生的である。植村直己さんの北極エリアの探検記のなかにもアザラシを解体し、皮をどんどん引き剝がしていくと皮と脂肪の間にいる寄生虫がもこもこと奥のほうにいって逃げていくのをイヌイットが素早く捕まえ、かたっぱしから食べてしまうという話がでている。この「もこもこ逃げていく」という表現がいかにもそれらしくてよく覚えているエピソードである。

アボリジニは砂の表面だけ見てその下にどんな生き物がいるかよく分かっていて、長い鉄の棒を持って砂の中のいろんな生き物を捕っていく。生物によって異なった空気穴のようなものがあるようで、ときどき「これはサソリだからいじるな」などと言っていた。

ナガラさんの夕方の食料採集がおわり晩飯につきあわせてもらった。砂漠の砂蛙を数匹と、尾までいれると六〇センチぐらいはあるトカゲの焚き火焼きをゴチソーになったが、どちらもうまかった。トカゲは鳥のささみに味が似ている。やはり動物性たんぱく質は新鮮なものだったらなんでもうまいのだなあと感心した。砂漠にもいろいろあり、こんなふうにある程度草や低木が生えているブッシュのほうが変化があって面白い。『カラハリ砂漠』（木村重信、講談社）にもこれとよく似た記述があって、砂漠に生きる人はみんな同じなのだな、と感心した。

地中にいる小動物を獲るのは女たちの仕事で（アボリジニもそうだった）先端に鉤《かぎ》のついた一・五メートルほどの長い棒で地中のトカゲや蛇、ネズミなどをひっぱり出す。シロアリのさなぎなども重要な食料で、その形がコメに似ているのでブッシュマン・ライスと呼ばれている、という記述を読んだ時には思わず喝采を叫びそうになった。

カラハリ砂漠のブッシュマンが自然の中から手に入れたものをとことんまで利用する話は感動的で、たとえばダチョウの卵は小さな穴をあけてそれを水入れにする。象の足が中の骨や肉をくり抜いて〝長靴〟そのままの恰好でいろんなものの入れ物に使われている。正真正銘の本皮でしかも継ぎ目がないから何かと便利なようだ、とこの著者はユーモラスに観察している。

一匹のカモシカを討ち取ると、肉は食用。皮は着物。骨は骨髄をとりだしたあと皮をなめすための道具につかわれる。骨そのものからはナイフやタバコのパイプ。腱は弓矢の道具。身重のカモシカの羊水は乾季における飲料として腸詰めにされる。血も腸詰めとして保管し、おいしいプディングにする。

『リビア砂漠探検記』（石毛直道、講談社）で一番気になったのはナツメヤシであった。

ベドウィン族の多い、そして樹木の殆どないフェザンでは「砂漠のなかを旅していて、オアシスの存在をまず知らせるのは、地平線にあらわれる黒々としたナツメヤシ林である」という記述がひどく印象的である。

これらのナツメヤシは殆ど持ち主がいて管理されている。ナツメヤシの木は高さが二〇メートルに達することもあり、手入れがいいと一本の木から約一〇〇キロの実が毎年採れるという。だからこのあたりの人はナツメヤシを三本もっていると飢えることはないという。

この本を読んで一番気になったのはいったいどんな味がするのだろうか、ということであった。説明にはこうある。

「実は長さ三、四センチの小さな楕円形をしている。なかに堅い種子がある。収穫してから乾燥する。すると甘みが増し、表皮に白い粉をふく。干し柿とおなじだ。味も干し柿によく似ていて、(中略)乾燥したものをラクダの毛で織った袋に詰めて、保存食とする。そのままかじるのがふつうだが、水に四、五日つけてから種子を取り除いて果肉をうすで突き砕いてようかんのようにして保存しておき食べることもある。栄養分に富み、たいへんな高カロリー食品であるそうだ」

このあたりの砂漠に住む人々の長い間の食事の基本はこのナツメヤシとラクダの乳で、これは火と水を必要としない食事なのだ、という記述を読んで深く頷く思いだった。

ナツメヤシの実の食べ残りの堅い殻の種子を突き砕いて粉末にしたものは、ヒツジやヤギの飼料に使われる。実を壺の中に水と一緒に入れておくと、野生酵母によって発酵し、これはパン種となる。幹に傷をつけて採集した液体はレギビと呼ばれ、砂糖水のように甘く飲料として使われる。野生酵母はあるのだし構造的にこのレギビから簡単に椰子酒が作れる筈なのだが、イスラムの厳しい戒律の中で生きる人々であるからそういうことはしないのである。頭が下がる思いである。

この旅の途中で数本のナツメヤシを育てるために数ヵ月も砂漠で一人で暮らしている青年と出会う。この青年はナツメヤシだけ食って生きているのである。ただそれだけのさりげない描写でこの本の旅人は通過していくのだが、この本の中で一番心に残った情景であった。

『サハラてくてく記』（永瀬忠志、山と渓谷社）はリヤカーに生活用品を積んでケニヤからウガンダ、カメルーン、ニジェールととてつもない砂漠の長いルートをじわじわ歩きとおしてしまう、とてつもなく面白い冒険体験記で大好きな一冊だ。

中央アフリカのパンギというところから一〇〇キロぐらい行った砂漠の真ん中のある村で水場に行った。二人の現地の若者に案内されていったのだが、若者二人が急に走り出した。何ごとがおきたのか、とついていくとカトンボのような虫の群れだ。若者二人はそれを手で器用につかむとムシャムシャ食っている。虫はふわふわ飛んでいるので簡単に捕まえることができ、若者二人はしきりに食えと言っている。思い切ってつかんで口に入れると、これが蜜のように甘くてうまいのだという。空を飛んでいるおやつなのである。

辺境の食卓3
ヘビ食い

ベトナムの旅から帰ってきたばかりなので、どうしても頭に濃厚に残る風景から書いていかざるを得ない。それは「ヘビ食い」である。

これまで数えきれないくらいの国々を旅してきたから、ヘビを食う風景は随所で見てきたし、実際に自分も何度か食べてもきた。アジアにおいては〝ヘビ食い〟は特別なことではなく、むしろそれを異常なものとして見てしまう日本人の感覚のほうが特殊なのだ、ということもかなり前から理解していたが、今回の旅はとりわけヘビとヒトとの密接濃厚な風景をあまりにも見すぎてしまったのでとくにそう思っているのかも知れない。

ぼくが最初にヘビを食べたのは中国の黄河中流域のある小さな村であった。今から二十年以上も前の、漸く中国に個人旅行が許された頃である。

通訳と一緒に入った店は人民元（券）と同時に各個人に配布される食券のようなものがないと入れない国家経営の店で（もっとも当時の食堂はみんなそうだったが）我々は外国からの旅行者ということで特別に入ることができた。その食堂は日替わりで一種類の料理しかなく、その日は麺であった。通訳が黒板に書かれているその表示を見て「よかったですね。今日は旬のエビ麺です。きっとおいしいですよ」と嬉しそうに言った。

人民服を着た沢山の客は行列をつくって軍隊式にそれを配布してもらう。つまり最初に安っぽいホウロウびきの椀をもらい、次の人にスープをいれてもらい、その次の人に麺を、その次の人に〝旬のエビ〟らしき具をのせてもらう。

初めて食べる本場中国の麺であるから大いに期待したのだが、実際のところあまりうまくはなかった。スープはぬるく、麺は妙に粉っぽく、肝心の〝旬のエビ〟に期待したほどのしゃきしゃきした食感がちっともない。

無念に思いつつ通訳に「旬のエビといいますが、何という名のエビですか？」と聞いた。

すると通訳氏、しばらく黒板を眺めていたが、やがて「わたし言い方を間違えました。これはエビではなくヘビです」などと言った。なるほど彼らからしたら日本語の発音としては「エビ」も「ヘビ」もたいして変わらない言葉なのだろう。エビのつもりで食べたヘビは鶏肉の味に近かった。どうせなら最初からヘビと知って食べたらよかったのにと思った。

それからいろんな国でヘビがらみの料理と出会うことになる。とくに中国を旅すると普通の食堂に行ってもメニューのどこかに必ずヘビ料理があった。

中国の都市部ではいま総合市場食堂のようなものが流行っていて、巨大な建物の一階は膨大な数と種類の食材が満載されている。豊富な野菜や果物。魚類をはじめとして動物や虫や両生類や爬虫類はみんな生きている。日本ではもうめったに見ることがなくなってしまったタガメがぐじゃぐじゃからみあっているし、サソリなども尾をたてて元気よく動き回っている。勿論ヘビも大きな網箱に入れられた生きたやつが何種類もいて、それをさばく調理人らしき白衣を着た男たちが腕や指に血の滲んだ包帯をしているのがえらくリアルな風景だった。

いろんな種類のヘビがいたが毒蛇が断然高く、とくにいかにも悪そうな、巨大できっぱりした三角頭をした百歩蛇（噛まれると百歩歩くうちに死んでしまうと言われている）は二メートル以上もあり、並の無毒蛇の数十倍の料金だった。

余談だが、それから十数年して台湾のある料理店に行ったら同じ毒蛇が十歩蛇と書かれていた。大陸のは噛まれても百歩歩けるが、台湾のは十歩で死ぬ、ということらしい。まあ大陸と台湾は何かと微妙な対立関係にあるからこういうところでもこんな形で現れるのかと感心していたら、つい先日上海に行った知人が三歩蛇という蛇料理を食べたと話していた。あの百歩蛇が台湾の十歩蛇との対抗上さらに縮まって三歩蛇になったのか、と嬉しく聞いていたが実際のところ同じ蛇なのかどうかはわからない。けれどまあなんだかこの話は妙に可笑しかった。こうなると台湾はじきに「一歩蛇」で勝負してくる可能性がある。

ところでさっきの大型食堂の話の続きだが、食材を買う時にそばに係員がついていてその料理法をその場で全てきめていく。食堂は二階にあり、そこでビールなど飲みながら指定した料理を待っていればいいわけだ。

同行した大学教授が特にこういう料理に詳しく、注文した沢山の変わった中国料理の中に幾種類かのヘビ料理をまぜてくれた。けれど中国料理というのは油炒めや他の食材と一緒にスープにしてしまうことが多いのでとりわけ「どれがヘビ」と気にして食べるということはなかった。そしてどれもみんなおいしかった。

中国の食に関する本は山ほどあるが、比較的新しくて分かりやすく分類も明確なのは、『中国食探検』（周達生、平凡社）である。この中にとりわけヘビをよく食べる広州の「三《サン》蛇《スオ》」と「五蛇《ウースオ》」の話が出てくる。三蛇は灰鼠蛇《ヒメナンダ》、眼鏡蛇《アジアコブラ》、金環蛇《マルオアマガサ》で「五蛇」はこれに三《ホー》索錦蛇《シャナメラ》、銀環蛇《タイワンアマガサ》が加わる。中国人はヘビを食べるときはこういういくつかの種類のヘビをまぜた料理がとくに食療上ヨロシイ、としているようだ。食べ方はスープにすることが多く「蛇羹《スオケン》」というのが有名で、これは何種類かのヘビを使ってスープをつくり、白い菊の花びら、コエンドロ、レモンの葉の細切り、ワンタンの皮を揚げたものなどを上に散らして食べるのが正式なものだ、と書いてある。

ところでさきほど書いた大学教授というのは醸造学の権威である東京農大の小泉武夫教授なのであるが、氏の沢山の著書の中にはヘビについていろんな食体験が記述されている。

『中国怪食紀行』(日本経済新聞社)などはその最たるもので、沢山の写真がついていて迫力満点である。その中で、中国の市場の乾物屋にいくとヘビを乾燥させたものがあちこちにぶら下がっているという記述がある。これらは水に入れて戻して使うのだ。また冬になるとヘビは冬眠してしまい供給不足になるので、皮を剥いで丸めて冷凍ストックしているそうでその写真が出ている。

乾燥ヘビは日本でも沖縄にいくと、エラブ(海ヘビ)がそのへんの市場でトグロ巻きにしたりステッキ状にしたりしてごく普通に売られている。不思議なもので海ヘビというのは通常の陸ヘビに対して抱く形状的な嫌悪感があまりない。そしてこのエラブのスープも深いコクがあっておいしく栄養満点らしい。風邪などひいた時に飲むとたちまち治ってしまうということをぼくも実際に体験した。

小泉先生の名奇書(!)『奇食珍食』(中公文庫)の中にもヘビ食い話はいっぱい出てくるが、中国料理のメニューの中に「龍」の字がつけばヘビが入っていることを示し、「虎」の字があればネコが入っていることを示すという。だから「龍虎大菜《ロンフウタアツァイ》」とあればヘビ肉とネコ肉と野菜を炒めたものだ。という記述に大いに驚愕し、以降中国旅行に出るたびに食堂のメニューを見るとその文字を捜してしまう。

ところで冒頭に書いたベトナムのヘビ食いの話だが、ここも中国と同じようにごく普通にヘビを食べている。とくに南部のホーチミン市あたりにいくと鶏肉、豚肉、牛肉、羊肉、蛇肉という具合にヘビも他の肉と対等の位置にいるようだ。市場などにいくと横幅二メートル奥行き五〇センチぐらいの網の中に種類別に仕切っていろんな種類の、それこそ〝旬のヘビ〟が売られている。

大抵一番人気はコブラで、これがまた実にイキがよくしゅるしゅる動き回っていて、こういうのを見るとヘビ好きにはたまらないのだろうな、と感動するのである。

しかしぼくが一番驚いたのは、あるヘビ屋がドンゴロスの袋を持ってきてそれをあけると、ミドリヘビがわらわらとそのあいた穴から細長い首をだしてきて、ヘビ屋はまるで動き回る〝イキのいい韮《にら》〟の束でも摑むように造作もなくそれらを両手で引っ張りだして金網箱の中に入れている風景を見た時であった。

南方のミドリヘビというのは猛毒である。もの凄く細く（胴回り一、二センチ程度）長く（ざっと平均一メートルはある）動きが素早くまるで油断のならないやつで、通常は木の緑に同化している。そうしてその木の下を通るやつにとびついて嚙みつくという実に嫌なやつなのだ。そのヘビ屋はドンゴロスの袋に無造作に両手をいれてはげしくワラワラ動き回るそれをぐるりと束ねては網箱の中に、という作業を繰り返しているのである。ざっと三百匹はいたであろうか。

「いかにプロとはいえどうして嚙まれないのですか？」とぼくはベトナムの案内人に聞

いたのだが「口を紐で縛ってあるのでしょう」と言う。そうなのか、とは思ったがあれだけの数のヘビが激しく動き回っているのである。何匹かは紐がはずれているのがいるのではないかと思ったのだが動きが早く確かめようがなかった。

コブラの皮を剝いで食べやすく内臓などといっしょに大きな丸い盆に入れて売っているおっさんは、その赤剝けのヘビ肉のとぐろの前でおいしそうに昼飯などを食っている。

ベトナムは長かったフランス統治の関係で、あちこちで焼き立てのフランスパンを売っている。それはすこぶるうまいものであるが、フランスだとこれにバターやチーズ、ハムなどを挟んでおしゃれに食べるわけだろうが、ベトナムのそれには、日本風にたとえていえば、味噌やラッキョーやオシンコや納豆などを挟んで食っているような人が結構多く、状況によってはここにヘビ肉を挟んだりしているようだ。そうしてこっちのほうがはるかにうまかったりするのである。

毒ヘビ屋のとなりにこの焼き立てフランスパンを並べている風景などがごくごく普通にある。

ベトナムのヘビは一度だけ食べた。名前はよくわからなかったのだが、長さ約八〇センチ、胴回り六センチぐらいのずんぐりの太ヘビだった。重さ一・四キロ。無毒だがすぐに嚙みつく気性の荒いやつらしく、まだ経験の浅い調理人があきらかにビビっている。そのヘビはビニール袋の中に入れられているのだが、大鍋に湯をぐらぐら煮立て、なんとビニール袋に入ったまま熱湯の中に入れてしまった。哀れそのヘビはビニール袋の中でもがき回るが、今思えばそれが実に気持ちが悪かった。袋ごと茹でてしまうなんてアンフェアだぞ、という気がしたのだ。さすがの大ヘビも熱湯で茹でられてすぐに動かなくなってしまった。

それから袋を裂いてよく水洗いし、内臓を出す。緑とか赤とか黄色の内臓がだらだら出てくるところがまたいかにもおぞましく、ヘビ料理はさばいているところは見ないほうがいいものだな、と思った。

そのヘビは皮ごとぶつ切りにされて他の野菜類と一緒に炒め物として出てきたが、肉は淡白な味ながらえらく固く、皮を剥がして肉を齧るまでが大変だった。そのことを知っているのか、店主は今日は結婚式があってコブラが品切れになってしまい残念、としきりに言っていた。ということは結婚式の料理にもコブラがどんどん出ていたのであろう。

その店は通常はコブラなどを注文するとわざわざ客席まで生きているのを持ってきて腹を裂き、心臓をひっぱりだして酒の入ったコップの中に入れる。心臓は酒のなかにゆっくり沈みながらもまだ活発に動いている。その動いている心臓ごとコブラ漬けした古酒をイッキ飲みするのがいわゆるツウなのだという。

ヘビの生き血を赤ワインに入れて飲ませるところも多いし、胆嚢も丸飲みをすすめられるという。ぼくは外国の地ではわりあいなんでも食べてしまうほうだがナマモノは一切やめている。とくに爬虫類や淡水系のものは寄生虫がこわいからだ。

本当にどうしようもない辺境の地で飢え、ヘビを食って生き延びた、という話も沢山ある。

ぼくが一番驚きにみちて読んだ本は『ラオスからの生還』(ディーター・デングラー著、リクター香子訳、大日本絵画)である。

ベトナム戦争のさなかアメリカのパイロットがラオスに不時着し、捕虜収容所に捕われる。そこでは人間が生きられるギリギリの食物しか与えられず、しまいには豚の糞をあさって消化していない木の実やトウモロコシまで食べるという悲惨な状態になっていき、あるチャンスをものにしてこのパイロットは脱出に成功する。脱出してもジャングルの中で何をどう食って生きていく力をつけるかということにきゅうきゅうとする。いろいろなものを捕まえて食べているが、当然重要なタンパク源としてヘビも食う。食い方はこんな具合だ。

「窪みの中に、色鮮やかな蛇がとぐろを巻いている。毒蛇かどうか確かめもせず、リュックで叩きつけた。腕に絡みつこうとする蛇を、頭と尾を持って引っ張り、真ん中から噛み切った。塩からい味がした。右と左に分かれてもクネクネと動き続ける蛇の切り口から、茶色の内臓がだらりと垂れ下がってきた。まずそれから口に入れ、一気に半身を食べる……」

ベトコンの収容所にいれられた捕虜が脱走に成功したのは、このデングラーが初めてだったそうだ。七〇キロだった体重が救出されたとき四〇キロに落ちており、数々の寄生虫、皮膚病、二種類のマラリアに感染していた。

戦争は否応なしに極限の食卓を生み出す。

『私は魔境に生きた』（島田覚夫、光人社NF文庫）は太平洋戦争のニューギニア戦線で山奥にたてこもった八人の日本兵士らのジャングルにおける極限のサバイバルの日々を克明に綴った感動の記録である。熱帯のジャングルの周囲は敵軍に囲まれている。その中でどのように生き抜いていくのか、というのがこの兵士らのもうひとつの戦いであった。生きていく戦いとは、いかに何かを食っていくか、ということである。キノコ、ビンロウ樹の芯、ネズミ、トカゲ、コオロギ、ムカデ、火食い鳥、タピオカ、サゴヤシ、鳥の卵、そして勿論ヘビ。小さいのから大蛇まで仕留め「山うなぎ」と称して食べている。ヘビは御馳走だったのだ。

彼らが一番困ったのは山の中には塩がないことであった。この苛烈なジャングルの中の原始生活は戦争が終わってもそのことを知らず、かなりながいこと続けられていた。

辺境の食卓4
漂流者と魚の眼玉

自分では絶対に遭遇したくないけれど、その体験話を読むのが好きなジャンルに「漂流記」ものがある。

漂流記の傑作古典を三つあげろと言われたら、ぼくの持っている翻訳ものではナンセンの『フラム号漂流記』（加納一郎訳、教育社）、アルフレッド・ランシングの『エンデュアランス号漂流』（山本光伸訳、新潮社）、ヘイエルダールの『コン・ティキ号探検記』（水口志計夫訳、筑摩書房）ということになるだろうか。

少し変わったところでは、巨大な氷盤の上にのったまま流される『パパーニンの北極漂流日記』（押手敬訳、東海大学出版会）、海水を飲んでも生きていけるという持論を実践したアラン・ボンバールの『実験漂流記』（近藤等訳、白水社）、コン・ティキ号のバルサ材の筏に対抗していかにもアジア的に竹の筏で漂流した『竹筏ヤム号漂流記』（毎日新聞社編、毎日新聞社）なども読みだすとやめられない。

ノルウェーの探検家ナンセンの率いるフラム号が北極を目指したのは一八九三年。フラム号は氷に閉ざされて越冬を余儀なくされ、ナンセンは乗組員のヨハンセンを伴ってソリによる極地探検をめざす。有名な話なのでその過程は本書にゆだね、ここではその間に彼らは何を食って進んでいったか、という点にしぼって見ていこう。

周到に計画された探検隊であるからソリの旅にもきちんとした携行食料を持って出ているが、二人がもっともうまいと思い、元気が出る食料は銃でしとめたアザラシであった。

ヒゲアザラシ一頭でひと月分の二人の食料と燃料になる。肉、肝臓、脂肪、骨のスープと余分なものは殆どない。

巨大なセイウチも仕留めているが、厚い皮に穴をあけるのが大変で、背中から脂肪と赤肉を切り取って、あとは捨てている。セイウチは大きいけれど食べるまでの扱いが厄介で、しかもあまりうまくないようだ。

最高のゴチソウは白熊で、この肉と脂肪を食べていたらナンセンはフラム号を出たときより一〇キロ、ヨハンセンは五キロほど体重が増えていた。ステーキ、リソール、ロースト、肉のついたあばら骨のスープなどにして食べているが、スープ仕立てが一番うまいようだ。

『エンデュアランス号漂流』は一九一五年、アーネスト・シャクルトンを隊長とするイギリスの南極探検船がフラム号の場合と同じように氷に閉じ込められる。やがて氷圧で船は押し潰され、隊は船を捨てて犬ぞりで脱出。南極のパーマー半島の先に点在する島を目指す。二十八人の隊員による十七カ月の死闘の記録の始まりである。

北極と違って南極にはペンギンがいるから、彼らはまずこの比較的簡単に捕獲できるペンギンを食料にする。ただしペンギン（アデリーペンギン）はあまりうまくはないようだ。

「ペンギンの心臓、レバー、目玉、舌、爪先、そのほかわけのわからぬものを煮込んだシチュー、それにコップ一杯の水だった。水はシチューの具を飲み込むために添えられた。食べ過ぎたことを後悔する者など一人もいないだろう」と隊員の一人は書いている。

やがて食料の主力はアザラシになる。しかし、アザラシの捕獲は安定していないので、常に全員にこのステーキが潤沢にふるまわれるわけではなかった。

「食料の配給は、日に日に少なくなっていった。コーヒー・紅茶は完全になくなり、氷を溶かして水にする燃料用の脂肪分が不足しているため、一日一回、きわめて薄い粉ミルクが出るだけになった。朝食はこの粉ミルクと、五オンス（約一四一グラム）のアザラシステーキだった。昼食はブイヨンスープを冷凍したもの四分の一缶が、凍ったままで出され、缶詰のビスケット一個が添えられた。夕食はアザラシまたはペンギンのシチューだった」

やがて彼らはもう役に立たなくなったソリ牽き用の犬も食べる。

「犬の肉は、例外なく大好評を博した。贅沢な味がした、とマクニーシュは書いている。長いことアザラシの肉ばかり食べてきた我々にとっては、すごい御馳走だった。ジェイムズは驚くほど美味と表現した」

やがて隊はエレファント島に上陸するが、それから先の展望がない。全隊員のそれ以上の移動は無理な状態なので、シャクルトンが五人の乗組員を連れて二隻のボートで一四〇〇キロ先の有人島サウスジョージア島へ全隊員の救出を求めて出発する。

そのボートの航海も苦難の連続であったが、なんとか目的の島にたどりつき、数ヵ月後にエレファント島に残された隊員全員の救出に帰ってくるのである。この遭難と耐乏耐久の記録は非常に感動的である。とくにシャクルトンのリーダーとしての指導力と行動力が素晴らしい。島に残って確証のない救出を待っている隊員らの忍耐力と不屈の闘志も立派だったが、結果的に落伍者や死亡者を一人も出さなかったという点も、この死闘の記録がすべて事実であるだけに感動的な読後感を呼ぶ。

この北極と南極の極寒の漂流記に比べると『コン・ティキ号』のペルーからタヒチま

での筏の航海記は海の豊穣に恵まれて、時にうらやましく思うほどの楽しいエピソードに満ちている。たとえばこんな話。

「朝起きたときの炊事当番の最初の務めは、甲板の上に出ていって、夜の間に筏の上に落ちたトビウオを全部集めることだった。……ある朝などは、筏の上に太ったトビウオを二十六匹も発見した。クヌートはある朝びっくり仰天した。立ってフライパンを使っていると、トビウオが料理用の油の中にまっすぐ跳びこむ代わりに、彼の手にぶち当たったからである」

マグロ、カツオ、鮫なども時に大量に捕獲してこれを食べる。しかし一番興味深く読んだのはプランクトンを食べる話であった。

ヘイエルダールの記述を要約するとこんな具合。

直径四六センチの輪に漏斗型の絹の網をつけたものを流しておくと、二、三時間で何キロものプランクトンの粥《かゆ》を捕獲できる。匂いは悪いが勇気をもって一匙口の中に入れると、味が匂いの埋めあわせをしてくれる。

プランクトンは様々なものが捕れるが、エビジャコから成り立っているプランクトンだったらエビジャコのペーストかイセエビかカニのような味。その大部分が深海の魚の卵で成り立っているプランクトンの場合はキャビアかカキのような味。

この独特に考案された捕獲網の優れたところは、食べられない植物性のプランクトンは非常に小さいので水と一緒に網の目から逃げ出してしまうか、非常に大きいので指でつまみあげることができることだった。思わぬ邪魔者はジェリー状の腔腸動物（ヒドラ、クラゲなど）。そのほかはひとつ残らず食べることができた。食べ方は粥やスープにする。ただし乗組員の中にはまったく嫌って食べない者もいた。

ヤリイカもよく食べている。イセエビと消しゴムをまぜたような味だったという。シイラはこういう筏のような漂流物体によくとりついてくることで知られているが、コン・ティキ号にも常に何匹ものシイラがついている。シイラは獲りたてだと肉はしまっておいしくタラとサケのあいだのような味がした――とある。

これらの漂流記は探検隊や実験調査隊などといった心身ともに屈強な男たちの組織が基盤にあって、いずれの場合もサバイバル能力に優れた集団による対応である。

けれどヨットによるごく普通の人々の、単独、あるいは家族での航海中におきたアクシデントで、ライフラクト（天蓋のついたゴムボート）や救命ボートに乗り移って流されていく、というひどく心細い状態での漂流記というのが結構多い。これまで沢山の漂流記を読んだが、その中でベストスリーを選んだ。

『一一七日間死の漂流』（モーリス・ベイリー／マラリン・ベイリー著、小鷹信光訳、講談社）

はイギリス人のごく平凡な中年夫婦が庭つきの家を売って小さなヨットを購入し、イギリスから西インド洋へと向かう途中、ガラパゴス沖でマッコウ鯨と衝突してヨットは沈没。辛うじて小さな救命ボートとゴムボートに乗り移り、突然の漂流を強いられるのである。

彼らはヨットが沈むあいだにいくつかの備品をボートに移しかえる。その機転が結果的には生還につながっていったようだ。

夫婦は漂流一週間目に海亀を捕まえ、しばらくそれをどうしたらいいか迷っているが、やがて殺してその肉を食べる。これが携行食料以外の最初の海からの捕獲食料であった。この海亀の肉を餌にして釣りをはじめる。

釣り針はヨットにおいてきてしまったので、妻のほうが天才的なひらめきでステンレス製の安全ピンをペンチで折り切り、釣り針を作る。これで見事に二〇センチほどのトリガーフィッシュ（メガネモンガラ）を釣り上げ、以降この魚が漂流中の主食になる。漂流中の合計でなんと四千匹も釣っているのである。海亀もときおり食べる。二人が狂喜するのは雌の海亀から大量の卵を見つけたときだった。「大きめな小石ほどの、しめりけを帯びた明るい黄金色の小球」と表現している。

「歯で皮膜を破ると、乾燥した感じのする濃い黄身が、口中にひろがり、のどにつたわっていった」

雌亀は肝臓がとりわけおいしいようだ。

漂流九十九日目にカツオドリを捕まえて食べている。亀と魚の肉ばかりだったので鳥肉は味が変わってとてもおいしい、と書いている。

漂流一〇八日目には七五センチほどの鮫を手掴みで捕まえ、それを食べている。最初に救命ボートに避難した時に持ち込んだ水はとうに無くなっているのだが、こうして生肉を食べていると喉の渇きにはそれほど悩まされずにいたようだ。むしろ捕まえて殺した亀肉が雨にさらされてしまうと味が悪くなってしまいもう一度海水につけて食べた、というくらいで、なんとも逞しい夫妻のサバイバルなのだ。夫妻は漂流一一七日目に太平洋の真ん中で韓国の漁船に救出されている。

『荒海からの生還』（ドゥガル・ロバートソン著、河合伸訳、朝日新聞社）は一九七二年、親子五人と二十二歳の知り合いの青年とで一九トンのスクーナー型のヨットに乗り組みパナマからガラパゴス諸島に向かう。

楽しい航海は順調に進んでいたが、ガラパゴス諸島をすぎたあたりでヨットはいきなり三頭の巨大なシャチに襲われ、沈没する。六人はロープでつないだディンギーとゴムボートに避難し、厳しい漂流生活にはいる。

けれどこの不幸な、しかも小学生の子供まで乗せた家族クルーも信じがたいほど意志が強く逞しいサバイバル能力を発揮するのである。

彼らは最初はディンギーにあった食料と、なんとかヨットから運びこんだ食料（ビスケットやブドウ糖のかけらやタマネギ、レモンなど）を少しずつ食べているが、海から得た最初の食料は何かに追われて勝手に飛び込んできたトビウオであった。これをレモン漬けにして食べる。次にはやはり勝手に飛び込んできたシイラで、これは三五ポンドほどもある大物だった。

このシイラの肝臓と心臓、大きな骨に頭、たっぷりの肉で彼らは漸く一息つく。残った肉は短冊に切って乾燥肉にする。さきのモーリス夫妻がもっぱらトリガーフィッシュで生き延びたように、かれらも比較的簡単に捕れる海亀がやがての常食になる。

彼らの流されていた海域はとくに海亀が多かったようで、捕獲する海亀は大抵むこうからディンギーやゴムボートに接近してきたのである。それをみんなで力を合わせてひっぱり上げる。しかし亀の肉はごく僅かで、全体の二五パーセントから三〇パーセントしかなかったようだ。子供たちなどは最初は亀を生で食べることをためらっているが、やがて慣れてくる。そしてここでもときおり大量の卵をはらんでいる雌亀を捕らえてみんなで喜んでいる。

食べきれない肉はシイラと同じように干して乾燥させ保存食料にしている。シイラも亀も干し肉のほうが味がよくなるようだ。最初の頃はためらって捨てていたが、やがて亀の血も飲むようになる。ちっとも塩辛くなく不老不死の薬のようだと書いている。

亀の脂肪分を缶の中に入れておくと、やがて上のほうに金色をしたきれいな油がたまる。これを慎重に澱《おり》をまぜないように別の容器にあける。油は二パイントもたまったという。飲んでもよかったし、切り傷の薬にもなったし、便秘になったときの浣腸に使ったり、塩水に濡れて床擦れのようになったところに擦り込むと非常に効果がある万能薬として利用したという。

モーリス夫妻と同じようにこのロバートソンらも小型の鮫を手摑みで捕らえている。接近浮上してきたところをシッポのあたりを握って捕まえるのだ。鮫は皮がザラザラしているので滑らなくて捕まえやすいらしい。ボートにひきあげると誰かが鮫の口中にパドルを突っ込んで暴れるのを静止し、ナイフで眼玉をえぐる。

「サメなどにロバートソン一族が食われてたまるものか。それどころか、こっちがサメを食べてやるのだ！　わたしはすぐサメのはらわたを抜き、肝臓と心臓を取り出した。頭の部分を除いてはムダはほとんどなく、白い肉が三十五ポンドから四十ポンドぐらいもとれた。……シイラの肉よりも堅かったがずっと汁気があり、みんな喜んでこの肉をかみしめた」

すでに多くの干し肉によってディンギーは満艦飾状態になっている。ここまでくるともう彼らは完全にこの漂流を生き延びる自信をつけていたようだ。そして漂流三十七日目に今度は日本の漁船「第一東華丸」によって彼らは救出される。

この本の表紙は彼らが救出される瞬間の写真である。公園の手こぎボートぐらいの小さな舟に六人がぎゅうづめに乗っている。そのロバートソン一家を、腹巻をした日本人の漁師らが漁船から手を差し伸べている写真はなかなか感動的である。

一九八二年にスティーヴン・キャラハンの乗ったヨットは嵐の大西洋で鯨に激突されて沈没する。ライフラクトに乗り移ったこのソロ航海者の漂流記『大西洋漂流七六日間』（長辻象平訳、早川書房）は民間人の漂流記としては最高の傑作だろう。

それは常に死と隣り合わせになった人間があくまでも頑固に闘い生き抜いたという、まぎれもない知恵と勇気と闘魂の記録であるからだ。

ここではテーマと紙面の関係でそのあたりのことに詳しく触れられないのが残念だが、興味のある方は是非本書でそのものをお読みいただきたい。

とりあえずここでは漂流中の食だけに話をしぼり、彼はその知恵をもって、何をどうやって生きようとしたか、ということを見ていこう。

とにかく素晴らしいのはこの漂流者が辛うじて所持している道具を使っていかにあら

ゆる工夫をこらし生きるために戦っていくか、というさまざまな創意工夫の顚末である。キャラハンはまず蒸留器を作ろうとする。材料はタッパウェアと三個の空き缶。それについに海水に浸した黒い布である。最初はあっけなく失敗するが、幾多の試行錯誤のうちについに海水からまず最初の一・五リットルの真水取得に成功するのである。漂流してすぐに挑むこの飲み水獲得作戦は、上質の科学物語を読むような興奮と感銘を受ける。

この漂流者が最初に捕らえる海からの捕食物はモンガラカワハギである。堅くてまずい。吐き気とタタカイながら食う。しかしやがて肝臓や眼玉のうまさに気づいていく。

この漂流でもシイラが大きな期待の食物になる。

ゴムボートなのでこの暴れまわる巨大な魚を殺すためにナイフをふるってタタカウ場面にはハラハラさせられる。ちょっと間違えたらボートに傷穴をつけ、それは沈没と死に直結するからだ。

以下本文どおりではないが、要約してその充実した食生活の記述を並べる。

「二・五センチ角で長さ一五センチの肉片に切り、穴をあけて紐に通し、つりさげて乾燥させる。朝になるとシイラの風味が変化して上質のメカジキかマグロの肉に似ている。ガーリックとレモンを添えて食べるのにふさわしい味だ」

「本当のごちそうは内臓だ。とくに肝臓や卵、心臓や眼など。眼はとびきりのごちそうで、液体を含んだ二・五センチの球形カプセルだ。薄くて丈夫な皮膜はポリエチレン製のピンポン球のようだ。歯の間でこれをつぶすと、液体と弾力のある露滴のようなレンズ、そして紙のように薄くて表面が緑色をした角膜が口のなかに溢れる」

あるときは海に浮いて流れている藻の中から小さなカニやエビを見つけて食べる。小さなカニは生のままだ。口の中にいれると小さなハサミが頬や口をチクリと挟むことがある――などという余裕の記述を読むと、なんだかこの漂流者にも、読む者はもうすっかり安心してくる。

ライフラクトのテント屋根にとまった海鳥を内側から手摑みで捕らえ、それを食べる時に、この漂流者はドゥガル・ロバートソンの著書『シー・サバイバル』に、海で捕らえた鳥は羽根をむしるよりも皮をはいだほうが簡単だ、と書いてあったことを思い出し、そのとおりにする。そのロバートソンとはあの海亀で生き抜いたロバートソン一家の父親なのである。

辺境の食卓5
沢山のロビンソン

もっとも過酷な〝辺境の食卓〟は漂流者などがたどりついた無人島の生活の日々であろう。

無人島の生活、で誰もが真っ先に思い浮かべるのはダニエル・デフォーの『ロビンソン・クルーソー』の物語であろうし、これほど世界中の子どもたちが胸を躍らせて読んだ冒険物語はないだろう。

デフォーのこの小説が一七〇四年から一七〇九年にかけて太平洋のフォン・ヘルナンデス島に置き去りにされたスコットランド人の船乗り、アレクサンダー・セルカークの実際の体験をもとに書かれたこともよく知られている。

ロビンソン・クルーソーに関する研究書は数々あるがマーティン・グリーンの『ロビンソン・クルーソー物語』(みすず書房)は、とりあげる作品の位置づけなどに欧州人特有の、癖のあるこじつけが気にはなるものの、その独特の分析がおもしろかった。

ここにはロビンソン・クルーソー以降に現れたロビンソン漂流記の変形譚が非常に詳

しく網羅されている。

とりあげられているのは『スイスのロビンソン』（一八一二年、ヨハン・ダヴィド・ウィース）、『熟練水夫レディ』（一八四一年、マリアット）、『火口島』（一八四七年、ジェイムズ・フェニモア・クーパー）、『珊瑚島』（一八五八年、バランタイン）、『神秘の島』（一八七四年、ジュール・ベルヌ）、『太平洋の孤独』（一九二二年、ジャン・プシカリ）、『蠅の王』（一九五四年、ウィリアム・ゴールディング）、『金曜日、あるいは太平洋の冥界』（一九六七年、ミシェル・トゥルニエ）などである。

最初に変形譚と書いたように、これらの豊富な無人島記は、オリジナルのモデル、セルカークの件は別にしてすべてはフィクションであるし、これらの物語の多くはたぶんに当時のその国のおかれている状況を反映した国策や、イデオロギーにからんだ国民の意識高揚を策した寓話仕立てになっているものが多い。だから〝辺境の食卓〟というこの単純な興味本位の当シリーズでいうとこれらの物語そのものを分析していく意味はあまりないようだ。

けれどもオリジナルの、ロビンソン・クルーソーの、つまりはセルカークの体験したフォン・ヘルナンデス島での食生活について、は興味がある。だからまずそのことに触れておこう。

ロビンソンは破船した船から夥しい数の残留物を回収している。食料だけでも、

「樽に入ったパン、米、チーズの塊三つ、乾かした山羊の肉の塊五つ、少しばかりの穀類(大麦と小麦。これらは鶏の餌)、それとは別に上質の小麦一樽、甘露酒五、六箱、葡萄酒五、六ガロン、ラム、砂糖」である。

ロビンソンが島で得て食べたものは、様々な魚、イルカ、様々な鳥、海亀、その卵。島に自生していたレモンとメロン、自生の葡萄で作った干し葡萄、大麦、小麦の種から収穫した粉からつくったパン(実際はビスケットのようなもの)と米を植えて稲に育てた乾燥米。飼い馴らした野生の山羊の乳からつくったバターとチーズ。

ロビンソンの物語にはやがてフライデイという男が登場するが、それまでにロビンソンが得てきた食料は大体このようなものである。海に囲まれている島であるのに魚介類の収穫が思ったほどでないのが不思議である。

ロビンソン・クルーソーを読んで興奮した子どもらは次には当然、『十五少年漂流記』を読むことになる。この無人島記もフィクションだが、改めて読み比べてみるとロビンソンの物語よりも食料への追求と挑戦のエピソードが豊富である。

ここでは原題『二年間の休暇』(ジュール・ベルヌ著、朝倉剛訳、福音館書店)から彼らの無人島での食卓を見ていこう。

少年たちが遭難した船から持ち出したものは、たっぷりのビスケット、缶詰、ハム、肉ビスケット、コンビーフ、燻製肉などであった。十五人の少年がいくら節約しても二カ月以上は持たないだろうと彼らは判断する。

少年たちは次第に島の生活に慣れていくにつれて鉄砲で鳥を撃ち落とすようになる。鵜、カモメ、カイツブリ、イワバト、雁などだ。海や川からは陣笠貝、ビノス貝、イガイ（ムール貝）、亀、ノトチリアという海藻。タラ、ヒバマタ、スズキなどの海魚。ガラクシャスという川ハゼ。

島での生活にどんどん慣れてくるとチナムーという鳥を串にさして焚き火で焼いたり、亀の熱いスープにビスケットと焼いた魚など、おいしそうな料理の場面がいっぱい出てくる。

やがて野ウサギや、ピィチというアルマジロの一種。猪の仲間の小さなペッカリー。山羊の一種のビクーニャ。湿地に密生していた野生のセロリ、オランダガラシの若芽、松の実、砂糖のように甘いカエデ、茶の木などを発見していく。

彼らはさらにたくましくトルルカやアルガローブという植物の実を発酵させて酒を作ったり、アザラシの肉から油を、塩田をつくって海水から塩を得たりする。

ガラクトデンドロンという木はその幹に傷をつけておくと牛乳のような味の白い液がたくさんとれた。

少年たちが力を合わせてこの島で生活の場を作っていく、工夫と冒険の物語の面白さは勿論のことであるが、このようにして自然のもの、野生のものからいかに生きるための食料を見つけ、それをおいしく食べるか、ということの発見と挑戦の連続に胸が躍る。子どもの頃この話を初めて読んだ時の興奮と感動はよく考えると実はこういうところにあったのかもしれないなあ、とこの項を書くために改めて読み、そう思った。

しかし、ロビンソン・クルーソーも十五少年も、それらのエピソードの多くがフィクションで成り立っているから、実際の漂流者の物語を読むとこんなにおいしそうな話はなかなか出てこない。

「ロビンソン」と名がつくもので実際のサバイバルの体験談を綴った本では『ロビンソン・クルーソーの妻』(ウィットマー、現代世界ノンフィクション全集一五、筑摩書房)がある。家族三人と犬一匹による無人島での暮らしを試みた記録である。家族の乗った船が破船して漂着し、死と直面しながら生き延びていく、というスタイルとは違った無人島実験体験記で、そこでの数々の食生活の記録は、豊かな無人島という気配もあって、十分読みごたえがある。けれど準備された無人島記というのはやはり少々迫力を欠く。

そこで次に変わり種のロビンソンものを三冊取り上げよう。

『氷島のロビンソン』(学習研究社)の著者クルト・リュートゲンはドイツの代表的な児童文学者の一人であるが、この人の書く作品は児童文学といっても実際にあった出来事を題材とするノンフィクションを主体としたものが多い。この話も事実がベースになっており、原題は「ロシアのロビンソン」。北極沿海のスピッツベルゲンという氷に覆われた島に思いがけないなりゆきで置き去りになってしまった四人のロシア人船員の凄絶なサバイバルの顚末である。したがってロビンソンとはいいながら、これはたった一人で氷の島に閉じ込められた話という訳ではない。

銃と弾薬を持った四人の男たちは、トナカイや熊を撃ち、それを主食料にする。他にはウサギや鳥やたくさんの海鳥の卵、釣り針と梁《やな》でとった鱈や鮭やカマスなどの大きな魚、カモやガチョウなどを燻製にしたり、卵や魚や肉と共に西洋ワサビ、氷河キンポウゲなどの野草を材料にした野菜マッシュ（野菜をすりつぶしてどろどろにしたもの）など、氷島といえどもなかなか充実した食生活を工夫している。デザートにはツルコケモモをどろどろにしたワレーニャなどというものを作って食べている。

日本にもロビンソンがいる。『東北のロビンソン』（創樹社）の作者の高橋喜平さんは雪博士として有名な人で、先日その本人と会って酒を飲んだりした。もう九十三歳というが、酒好きで、近頃は昼酒を加えるようになり、昼と夜に酒が飲めて幸せなんですよ、と笑って話していた。

この物語は事実に限りなく近いフィクションで、徴兵を逃れるために岩手の山に逃げた主人公が、山の中で一人で暮らしていく話である。春夏秋冬、東北の山々をマタギのように歩いた作者でなければ書けないエピソードが満載されている。ここでは山のロビンソンがどんなものを食べて生き抜いたかということだけ見て、それを抽出してみよう。

順番通り見ていくと、まずはアオシンと呼ぶカモシカを得る。偶然の出会いだった。表層雪崩に巻き込まれて、雪の上に片足だけ出して死んでいるのを見つけたのである。カモシカが一頭あれば少なくとも一カ月分の食料になる。マタギの主人公の熊造は辺りの木を伐って獲物を運ぶ簡単な雪ゾリを造り、カモシカを解体し、住処にしているヤス穴に運ぶ。ヤス穴というのはマタギたちが山の中で暮らすための防寒用の小屋である。

季節は春だが、まだ雪は相当に深い。熊造が主食にしていたのはエビヤロというものであった。これはオオウバユリの球根のことで、大きいのは拳《こぶし》ぐらいの塊になっている。これとイワナを獲ればまずは飢えることもなく暮らして行ける。雪解けが進むにつれてゼンマイをたくさん見つける。さらにカタゴと呼ぶカタクリの根を見つける。これをつぶして水に入れ、沈殿させると手製の片栗粉ができる。

春が進むとマムシを見つけ、皮をむしって焼けば最高の栄養食品である。さらにシイタケがとれる。やがてタケノコやクマイチゴ、アケビの実、マタタビの実などが豊富に手に入る。ブナの実は八、九ミリぐらいの三稜形をしており、その中にはクルミのような味のする実が詰まっている。同じようにナラの実も食べられる。

冬眠から目覚めた熊が蜂の巣を襲うのを見つけ、それを横取りしてしまう。野ウサギなどはマタギの熊造にとって捕まえるのは簡単である。「ノウサギがバッタのようにたくさんいる」とこの本の中で語っている。

無人島のロビンソンよりは、北国の山の中のロビンソンのほうが食料が無尽蔵のようで、読んでいるほうは安心する。

『孤島の冒険』（N・ヴヌーコフ、童心社）は海洋生物学調査船のデッキから大波にさらわれ、千島列島の無人島に泳ぎ着き、四十七日間一人で無人島生活をした十四歳の少年の体験談。実話をベースにした孤島のサバイバルでは最年少のケースである。

少年サーシャがまず島で得た食べ物は、やはりユリの根であった。東北のロビンソンと同じように、北の地ではこのユリ根が、人間の飢えを救う比較的簡単にとれる最初の食物として、漂流者を助けてくれるようである。

サーシャはさらにイガイを見つける。その頃には、木を弓形にした紐にからめて回転させ擦りあわせる摩擦方法で火を獲得しており、それ以降の捕獲食物に熱を通して食べるというしぶとい挑戦をしている。

江戸時代の日本の船は、いちばん大きいものでも千石船だった。鎖国政策もからんで千石船はわざと遠洋航海には適さない造りになっていた。したがってその頃は悪天候に翻弄されて漂流してしまう千石船がたくさんあった。

井上靖の『おろしや国酔夢譚』(文春文庫)は、天明二年(一七八二)、船頭大黒屋光太夫のもと十六人の船乗りたちが千石船「神昌丸」で伊勢の白子を出港し、嵐に巻き込まれて漂流した記録をもとに書かれている。

彼らはアリューシャン列島のアムチトカ島に漂着。そこで四年間暮らした後、たくさん流れ着いている流木から小さな船を造ってカムチャツカに渡り、さらにシベリアに到達した。その間に何人かが死にあるいは生き別れ、最後は大黒屋光太夫が当時の首都ペテルブルグまで往復して、帰還の許しを得、生き残った三人で十年後に日本に帰国するという、これもまた凄絶な実話を元にした小説だった。

この小説の元本になったのは『北槎聞略』(桂川甫周、雄松堂出版)で、そこには鎖国時代にロシアという遥かに文化文明の進んだ異国を見た男の詳細な見聞録が綴られている。

この漂流譚は、一九八五年に六時間にわたる長大なテレビドキュメンタリーとして放映されたが、その追跡旅のレポーター役はぼくがやっていた。つまり大黒屋光太夫とその乗組員たちの足跡をそっくりなぞり、マイナス五〇度にもなる厳冬期二ヵ月、夏一ヵ月、彼らの移動したコースを辿った。

まず最初に彼らが最初に漂着したアムチトカという島に行った。アラスカから小型飛行機で行く。この島は太平洋戦争時代「奇跡の脱出」といわれたキスカ島の近くにあり、当時日本軍が作った滑走路が残っている。今は無人の島で十年前にアメリカが原爆の地下実験をしたので残存放射能測定のガイガーカウンターを持っての上陸だった。日頃使われていない古い滑走路にいきなり降りていくのはかなり危険らしかったが、事故はなかった。大黒屋光太夫らが漂着した頃、この島は無人島ではなく僅かにアレウト人が住んでいた。最初に出会ったアレウト人の描写はこんなふうだ。

「かれらは皆一様に、被髪《かむろがみ》でひげが短く赤黒い顔色をし、素足で、着物はといえば鳥の羽根を綴りあわせたようなものを膝がかくれるほど深くまとい、棒の先に雁を四、五羽結びつけたものをかかげてやってきたが、その風体たるや人とも鬼とも見分けがつかないほどであった」

住まいも土を掘り、屋根は穴の上に流木をおいて苔や草や土で覆うといった竪穴式の原始生活をしている人々だった。

けれど光太夫らはここでなんとかアレウト人と同じような食物を得て生き延びていく。原住民アレウト人が通常食べているものは、海岸の石の上に生えた草の葉を煎じた茶のようなものや、そのあたりに豊富にある黒ユリの根を水で煮て臼でつき、やわらかくして水で薄めたものや、スタチキーという魚（アイナメ）などであった。やがてラッコを捕りにきているロシア人らと会い、タラ、ウニ、海獣の肉、雁、鴨などの肉を食べるようになる。

我々取材チームはここで一週間ほどキャンプした。毎日もの凄い烈風の吹きすさぶ中を歩き回っていると、恐らく百年以上も前のものであろうアレウト人たちの穴居住宅をいくつか見付けることができた。

島の一方の海岸に行くと、巨大な丸太や角材などがたくさん流れ着いていて、これだけの材料があれば、船大工のいる神昌丸の乗組員らが自分たちで新たに船を造ってカムチャツカに行こうとしたのも当然だろうと実感した。

それにしてもぼくなどはわずか一週間で絶望的な気持ちになるその荒涼たる島のカナシミに満ちた風景は忘れることができない。そこで神昌丸の船乗りたちは四年間も絶望の日々を送っていたのである。

光太夫ら三人が十年ぶりに日本に帰還した翌年の寛政五年（一七九三）、石巻港を出た八百石積みの「若宮丸」が船頭ら十六名を乗せて大シケにあって破船、漂流、やはりアリューシャン列島のオンデレッケという島に漂着する。

この漂流の記録は『北槎聞略』と同じく雄松堂出版から『環海異聞』（大槻玄沢、志村弘強編、池田晧訳）にまとめられている。

この島の住人も記述によると、「口の周りに入れ墨をし、鼻の穴の障子骨に穴をあけて小さな棒を通し、そこに魚の骨で細工した連環を下げている」というような異形の人々だった。

けれど親切な応対を得て漂流者は様々な食物を供された。オクチョ鳥という大きな鳥が夥しい数棲息しており、これが時々供された。肉も卵もうまく、とくに卵はアヒルの卵より大きくて食べでがある。この鳥の羽根つきの皮は縫い合わせて衣服にしていた。

魚類は殆ど生でむしって食べているが、鱈を草に包んで塩水で煮てそのまま食べたり、肉をつき混ぜて鯨やアザラシの脂肉を入れたもの、アザラシやトドの脂で大麦の粉を練って煎りつけ、塩と水を加えてゆるくしたもの、などがせいぜい料理らしいものであった。鮭、鱒、比目魚《ひらめ》なども時折手に入る。鯨は捕獲するわけではなく稀に死んで流れついているのを食べていたようだ。

この若宮丸の生き残った乗組員も漂流して十一年目に長崎に帰還しているが、その帰路はブラジルからホーン岬をへてハワイ、カムチャツカというスケールの大きな世界一周のルートを辿っている。

『異国漂流記集』（荒川秀俊編）、『漂流奇談全集』（石井研堂校訂）、『南部叢書』、『有徳院殿御実記』などの漂流譚によると、享保四年（一七一九）、遠江国新居町宿の廻船問屋の所有船が、船頭佐太夫をはじめ乗組員十二人で仙台港を出港、房州九十九里へかかったあたりでシケにあい漂流した。二ヵ月ほどの漂流の間、生米をかじってしのぎ、ようやく島を見つけて漂着。はしけに米三俵、鍋、釜、その他手近な道具を積み込んで島に上陸した。本船もはしけもやがて破船し、漂着した島には誰も人間が住んでいないことがわかった。

平地もなく、岩の下に二つの穴を掘って六人ずつ分かれてその穴の下で暮した。いくら探しても水の流れはないので、小桶や流れ着いた平たい木を釘でくりぬいたり焼いたりして窪みを作りそこへ天水をためた。運び込んだ米はすぐに食べ尽くし、磯に生えている草を食べ、魚、鳥などをとって飢えをしのいだ。

ある日のこと、どこの国の船ともわからない無人の船が難破した状態で漂着。その船には、五、六十俵の米俵が積んであった。神の助けとばかり、手当たり次第その米を陸に運んだ。激しい波浪で全てを運び込むことはできなかったが、二、三十俵を確保することができた。濡れた米を干す場所もなかったので俵のまま積んでおくうち、その一俵は籾だったのでやがて芽が出てきた。大釘を使って鋤《すき》がわりにして、浜のそここに蒔《ま》いておくと稲が実り、米が収穫できた。この米は一年に三度も実ったという。

島には白くて羽根を伸ばすと五、六尺もある大鳥が棲んでいた。人が近づいてもすぐには飛び立たないので、棒で簡単に殺すことができた。この鳥はたぶんアホウドリであろう。

あるとき見知らぬ人々が数人、島に上陸した。日本人であった。水がないかとはしけで島までやってきた江戸の千石船の乗組員であった。この船に助けられ、佐太夫らはなんと二十一年ぶりに帰国した。

また、天明五年（一七八五）、土佐のわずか百石積の船の船頭松屋儀七ほか五名の乗った船が土佐の田野浦から漂流し無人の島に漂着した。磯の貝や草を生のまま食べていたが、人が近づいても逃げない大鳥（アホウドリと思われる）がたくさんいるので、この鳥を石で打ち落とし、釘で割いて塩で揉んで食べた。これならば食料の心配がないと喜んだが、三月頃になると鳥が少なくなりだし、漂流民は慌てて四十羽ほどとってそれを干し肉にした。その食料がなくなると、古釘を曲げて釣り針にして魚を釣って食べた。

秋に入ると、また鳥がやって来たので、鳥がいなくなるのを恐れ、合計六百羽ほどを殺して干物にした。その間に仲間の乗組員は衰弱してどんどん死亡していき、長平ひとりだけが残った。

天明八年（一七八八）の二月に十一人乗りの大坂の船がこの無人島に漂着し、仲間が増えた。さらに寛政二年（一七九〇）には薩摩国の船がまた漂着してきた。六人乗りで、この船乗りたちはノコギリやカンナ、ノミ、小型の斧、曲金《まがりがね》、山刀《やまがたな》、ヤスリなどを持っていたので、全員で協力し三年がかりで流木や船の残骸から新しい船を造り、日本に向けて脱出した。

途中、青ヶ島や八丈島を経由しているので、前述した遠江国の漂流者もこの漂流者らも、鳥島に漂着していたことはほぼ確実だろう。

『漂流』（吉村昭、新潮社）は鳥島に漂着した江戸時代の船乗りの無人島生活を描いた小説である。これはいくつかの実話を元に書かれているが、おそらくそのモデルは前述した漂流者らの体験談がもとになっているものと思われる。小説『漂流』に書かれているこの漂流者がまず最初に食べたものは岩に張りついているたくさんの貝であった。

鳥島はその頃おびただしい数のアホウドリの棲息地であった。人間を見たことのないアホウドリは簡単に捕まえることができる。大きな鳥で、羽を広げると二・四メートル、重さは七・五キロほどであった。肉と内臓を取り出して食べるのだが、何の味もしない、と嘆いている。そこで工夫して菜っ葉や大根を塩で揉むように、海の水で揉み洗いして食べると塩味が付いて何とか味わいながら食べることができた。おびただしい数のアホウドリはやがて卵を産み、かれらはその卵や雛などを食べていく。

この物語では、途中で別の難破船が漂着し、新しい共同生活者を迎える。そのときに漂着した新たな漂流者たちが持っていた握り飯を、泣きながら食べるところが実に感動的にかなしい。

この鳥島には、漂着したままそこで死を迎えた漂流者がそれ以前にもたくさんいたようである。それらの漂流者は、みなアホウドリを食べて何年か生き長らえていたのだろう。鳥島のアホウドリは、その後、日本からのアホウドリの羽毛をとるための船団によってほぼ絶滅されてしまった。

『無人島に生きる十六人』（須川邦彦）は講談社が昭和二十一年に発行したもので、無人島ものの本を探しているときに、かつてこのような本が出版されたということを知り、講談社の知り合いに頼んで在庫を調べてもらった。一冊だけ、もう表紙カバーもぼろぼろになったその本が残っていた。コピーしてもらいすぐに読んだのだが、大変におもしろい。

明治三十一年（一八九八）に日本の海洋練習船龍睡丸《りゅうすいまる》が、十六人の乗組員と共に漁業調査するという目的で小笠原諸島方面に出かけていき、嵐にあって難破する。龍睡丸は七六トン、二本マストのスクーナー型帆船であり、機走はできない。錨の全てを切られ、パール・エンド・ハーミズ礁の小さな島に打ちつけられ破船する。岩に乗り上げ船底を割られ、激しく浸水する中で、搭載していた伝馬船《てんまぶね》を使って転覆しながらも島にたどり着き、そこからロープを張ってできるだけの食料や生活道具などを運び出す。しかし一晩のうちに船は大破。積み込んでいた道具や食料はわずかなものしか運び出すことができなかった。

このとき船から運び出した食料だけを見ていくと、乾いた米一俵、濡れた米一俵、コンデンス・ミルク一箱、牛肉、羊肉、くだものなどの缶詰が入ったそれぞれの木箱程度のものであった。

彼らがかろうじて上陸した島は、最初は草一本ないはげた島であったが、水平線のかなたにもう少し大きな島が見えたので、そこに移動する。大きいといっても島の平均の高さ二メートル、いちばん高いところでも四メートルぐらいのせいぜい四千坪程度の島であった。

すぐに絶対必要な飲み水を得るため井戸掘りをはじめるが、珊瑚礁の島なのでなかなか淡水は出てこない。シャベルや手作業の井戸掘りの重労働を飲み水なしで行うのはあまりにも厳しいので、彼らは島に流れ着いた流木を燃やし、石油缶を使って海水から蒸溜水を作る。しかし十六人分の真水は蒸溜水ではとても間に合わない。しかも海水を沸かす流木に限りがある。したがって井戸水が確保できないと全滅である。しかし三つほど掘った井戸は全部海水が入っている。ぎりぎりの状態になって石灰分は多かったが、やっとなんとか飲める水を掘り当てた。

食料は乾いた米と濡れた米の二俵しかない。そこで彼らは薄い重湯《おもゆ》のような米のスープと正覚坊と呼ぶ青ウミガメを捕まえ、その肉で食いつなぐ。やがて針金から釣り針を作り、ヒラガツオ、シイラ、アジなどを釣り上げた。やがてこの魚とカメの肉が彼らの常食になる。

彼らのうちの何人かが伝馬船で付近を探索に出かける。水平線のかなたにもう一つの島を見つける。そこには大量の流木が流れ着いており、草も豊富だった。彼らはその島を「宝島」と呼び、流木や草を自分らの島に運び込む。それを使って寝場所や見張り用のやぐらを作る。いつ船舶が近くを通るかわからないので、見張りを当番制にし、いざという時にはすぐ火を焚いて注意を引くための救援対策をとった。

季節が変わり海鳥が島にやってくる。アホウドリの産卵であった。アホウドリの肉はあまりおいしくないのでその卵を食べる。カメも産卵に上がってくる。正覚坊は一頭で九十から百七十個ぐらいの卵を産んだ。タイマイは肉はうまくないが、一頭で百三十から二百五十ぐらい卵を産んだ。カメの卵は鶏卵より小さくまん丸で濃厚においしかった。

魚とカメの卵で生き延びるが、野菜が欲しい。宝島に生えている草を調べると四種類あった。そのうちのひとつは根を掘って噛むとワサビのような味がしたのでそれを使うようになる。

かれらの住む島の端の方にはアザラシが常に二、三十頭ごろごろしており、彼らはアザラシと友達のようになっていく。やがてカメを効率よく食べるために、カメの足に紐をつけてカメ牧場を作ったりする。

新しく見つけた宝島の草には食べられる実がなるものがあり、これを島葡萄と名づけた。海からはアオサやノリの類、カキ、カメノテ、エボシガイ、フジツボなどの貝類などを見つけて食べるようになる。魚をおいしく食べるために海水を引いて塩田を作り、塩を収穫して魚の塩焼などにも挑む。

さらに食べ物の幅は広がり、イソマグロ、カツオ、カマス、アカマツダイ、シロダイ、アカエイなどが釣れるようになる。長さ二メートル、太さは人間の足ほどもあるウミヘビ、三メートル以上もあるサメなどもかかったが、ヘビやサメは食べなかった。

隊員の一人が病気になり、その回復にはアザラシの胆を食べるしかない、ということになり、仲良くなったアザラシを殺さねばならない状況になる。そんな折りに、沖に船影が見え、焚き火を盛大に上げて日本の漁船的矢丸《まとやまる》に劇的に救出されるのである。

まさに十五少年漂流記をむこうにまわしてこの〝十六人おじさん漂流記〟はとにかく抜群のおもしろさである。

あまりにもできすぎた話なので、これはフィクションではないかと思ったほどだったが、明治三十六年に津市萬町の共昌社から『探検実話りゅうすゐ丸漂流記』としてその顚末記が出版されており、それを入手した。題字は三重県知事がしるしており、乗組員の遺族がいる、ということも分かった。

この本のことを新潮社の編集者に話したところ、興味を持たれ、新潮文庫で二〇〇三年に再刊されることになった。行きがかり上ぼくがその解説を書くことになったが、内外の無人島物語の中では、日本のこの顚末記が勇気と感動にみちたいちばんの傑作ではないかとぼくは思っている。

黄金の食味トライアングル

クルマの中でもっぱら落語や浪曲を聞いている。いまは広沢虎造の「清水次郎長伝」である。以前は「三十石船」とか「お民の度胸」などといったサワリのところだけのテープしかなかったのだが、CDで全巻揃が手に入ったので順番に筋を通して聞いている。終盤にさしかかり「代官斬り」をしたあと、次郎長一家は三年ほどの長いワラジを履くことになった。とりあえず山にこもるときに「かつおぶしを沢山持っていけ」と次郎長は言う。

「ん？　なんだなんだ……」

と思いましたね。かつおぶしで何をするんだ？

すこしたってその意味がわかった。かつおぶしは山の中の逃亡的日々の非常食なのであった。それにしてもあの堅いかつおぶしをみんなしてどうやって齧《かじ》るのだろうか？

やがてそのことの疑問も解けてきた。しかしそれはついせんだってのことだ。

『日本食生活史』（渡辺実、吉川弘文館）を読んでいたら、戦国武士の兵糧食品として糒《ほしいい》、焼米、梅干、味噌、塩、胡麻などと一緒にかつおぶしも携帯していたとある。そのかつおぶしは現代のかつおぶしのようにあそこまでコチンコチンに堅く干したものではなく、もっとやわらかい生利《なまり》節に近いものであったらしい。

「鰹の頭と尾を切り、腹《わた》をぬき、骨をのぞき、二枚の切肉にしたのをさらに二つか三つに切り、それを大釜で煮てとり出し、三十日ほど乾かし、鮫皮《さめ》をもって削り、なわで磨いて仕上げる」（同書より）

この製法だと刀で簡単に削りとることができるくらいのやわらかいかつおぶしになっていたようである。

武士たちは玄米をたべ、かつおぶしを齧ってタタカイの力を得ていたのだろうか。

『魚貝譜』（石黒正吉、東京書房社）に「薬木を削る」という表現がある。

天武から称徳天皇時代（六七三―七七〇年）は肉や魚の禁食令がたびたび出されていた時代で、その頃猪を牡丹と言い換えたようにかつおぶしを薬木と称していた、というところがいじらしくそしてまたしたたかである。

以前、南米をテントと自炊で旅行していた時に、夕食の仕度のためにかつおぶしを削っていると、同行しているインディオが実に珍しそうに目を見張り、「それは何の木か？」と聞いた。たしかにかつおぶしの知識のまったくない外国人からみたら、あれは木以外の何物でもないだろう。炊事担当の冗談好きの仲間が「これは味の木といって日本だけに生える素晴らしい木で、こうして削って煮るとうまいスープができるのだ」と言ったら、タネあかしをするまでしばらく本気で信じていた。

魚をあのように木と間違えるばかりに堅い保存食にした日本人の知恵は実際まったく素晴らしいことだ。

かつおぶしを薬木と言い換えてそれを食していた大昔の日本人の話を読んでそんな南米の旅のことを思いだしてしまったわけだが、戦国合戦の兵糧から清水次郎長一家の逃亡食をへてかつおぶしは今だに日本人の行動食のベスト1ではないか、とぼくは思うのだ。

辺境といわれるようなところを旅行するとき、ぼくは必ず黄金の三品目を持っていく。醤油と海苔とかつおぶしである。

しかしこれも三品目揃えるようになったのは比較的最近のことで、当初は醤油だけであった。一リットル入りの水筒に入れて持っていった。

これはいたるところで威力を発揮した。町から遠く離れた土地をテント泊に自炊というスタイルで旅していくと、手に入る食材はしだいに限られてくる。

日本という四六時中どんな食材でも簡単に手に入ってしまうような国に住んでいると、世界の多くの国々は、いかに食べるものが何もないか、ということに気がつく。山の中などに入ってしまうと、とりあえずその時期そこで作られているもの、獲れるものぐらいしか手に入らない、ということが多い。

たとえば肉は羊だけ、野菜は瓜と玉葱だけ、という土地がずっと続いたことがあった。このとき隠し持っていった醤油が我々を救った。醤油の味つけさえあれば日本人というのはなんとかやっていけるものなのである。

砂漠の旅では料理班の作る毎日の食事がただ米を煮たおかゆ状のものだけだったので、醤油を持っていったぼくは砂漠の中で一時期英雄のようになった。殆ど塩味しかないおかゆにほんの少し醤油をタラすだけで信じ難いほどの懐かしく旨いものになったので、みんな醤油をほしがったのである。

ぼくは麺類が好きなので、外国の辺境地へ向かうとき、都市部でスパゲティを買っていく。スパゲティはたいていの国にある。そいつを茹でて、玉葱と醤油をからめて食えばこんなにシアワセなことはない。ここにかつおぶしが加われば無敵だな、ということにある旅で気づき、その一品を加えた。そうして南米で、すこぶる粋なかつおぶしのすまし汁を作っているときにさっきのその「味の木」の冗談となったのである。

外国に行きだした当初は、その国にはその国の食生活と文化があるのだからわざわざ日本の食い物などを持っていくのはヤボなことだ、などと思っていたが、それは観光旅行レベルの話で、外国で体を使った仕事をする、というようなことになるとやっぱり日本人は日本のめしを食わないと本当の勝負ができない。

テレビのドキュメンタリーで、一カ月ほど毎日海に潜るという仕事をしていたときのことだ。我々の乗った船はフランス人がオーナーで、コックもフランス人。毎日フランス料理という訳だが、しかし毎日海に潜るというのは大変な肉体労働なのである。舌ビラメのムニエルなんかじゃ力が出ねえんだよわしらは！　とついに怒りだし、仕事仲間とその船の倉庫をあさっていたら米を見つけた。

「おお！」という訳でさっそくそれを炊いて、用意のかつおぶしに醤油をまぶし、ついでに生タマゴもぶっかけて醤油かつおぶし生タマゴまぜゴハンという感動的なまでに元気の出るめしを作ったのである。

そうしてこの経験から、やがてもうひとつの国産スグレモノ「海苔」にいきつく。

近頃はわりあい楽にどの国でも米が手に入るようになったから、外国の旅に海苔を持っていくのは大変に賢いことである。いま日本の真空パック技術はたいしたもので、封を切らないかぎりずっとパリパリの鮮度を保っている。しかも海苔はカサばらず軽いから十帖ぐらい持っていくのは簡単である。

鮭の遡上してくるアラスカの海べりでキャンプしていた時、この鮭の切り身とイクラとかつおぶしと醤油をできたてあつあつのゴハンにまんべんなくまぜて、海苔の手まきで食ったときのヨロコビを忘れることはできない。あれはわがキャンプ料理史のダントツ・ベスト1の味であった。

海苔もまた外国人には奇異な目で見られる。アメリカ人はためらわずブラックペーパーと呼んだらしい。そうとしか言いようがないのだろうな。

ぼくは子供の頃、東京湾に面した浅草海苔の産地に住んでいた。何度かその海苔作りの現場を見たことがあるが、それは大変につらい作業である。最盛期は真冬で、山本周五郎の小説『青べか物語』にあるあのべカ舟に乗って海苔を取りにいく。遠浅の海に〝海苔の畑〟がある。竹を沢山差し、漁網のようなものをそれで固定した。「のりひび」がそれである。この漁網には海苔の果胞子を付着させてあり、葉状態に育ったそれを手でむしり取る。持って帰った海苔を桶の水でよく洗い、包丁でザクザク切っていく。これをまた水に浮かべヨシを編んで作った簀の上に薄くのばし型枠の中で形をととのえる。

この作業はすべて寒風の中、素手で行われるから、見ているだけでも寒そうだった。その翌日、まだ陽のあがらないような時間にリヤカーにのせて干し場に運ぶのだ。

一家全員の仕事であった。だから海苔を見ると今だにその大変な製作過程の光景が目に浮かび、いいかげんな気持ちでたべるわけにはいかなくなる。そして今だに海苔はいとおしく、とてもヨワイ。海苔を見ると黙っていられない。胸がさわいで頬ずりしたくなる。

そのことを知っている友人は「ノリコン」ではないかとぼくのことを言う。そうかもしれない。

『食卓の博物誌』（吉田豊、丸善ライブラリー）に、海苔の技術のルーツは古紙再生業にあったと書いてあるのでびっくりした。

「元禄、享保のころ、江戸の人口は百万人を越して当時世界一の巨大都市になっていた。そしてそこから吐きだされるぼく大な廃棄物のリサイクルシステムが生まれていたのである。屎尿《しにょう》は下肥《しもごえ》として周辺農村に供給されて米麦や野菜となって帰ってくる。古着は古手《ふって》屋、金属の廃品は古金《ふるがね》買い、灰は灰買いの手で集められ再利用された。そして紙屑拾いの手で集められた古紙は抄《す》き返して落とし紙（トイレットペーパー）に再生された。その紙抄き場が橋場、今戸など浅草地域に集まっていたため、この再生紙は浅草紙と呼ばれていた」（同書より）

この紙抄き技術が、海苔抄きの技術に転用されていった、という説は大いに頷ける。

初めて和紙の製造現場を見たとき、ぼくは即座に海苔づくりとの共通性を強く感じた程であるからだ。

浅草紙＝浅草海苔、の直結というのはあたかも黒い尻拭き紙のようでイメージとしてやや困惑があるものの説得力がある。

それにしても面白いではないか。

外国人はかつおぶしを木だと思い、さらに海苔を黒い紙と思っていた。その木と紙こそが日本食の確たる〝実力者〟なのである。

しかしこのかつおぶしにしても海苔にしても醬油がないと本当の実力を発揮できないから、ここに醬油を頂点にして、かつおぶしと海苔が左右を固めた黄金のトライアングルが（かなり強引ながら）成立するのだ。

……とここまで書いてきて、果たして大丈夫かな、とフト思った。果たして本当にこの三者は純然たる日本産なのであるか。

かつてぼくは黄金の大衆的日本食ベスト3を、寿司、てんぷら、そばと書いたことがあるのだが、あとでいろいろとその説をくつがえさせる指摘がでてきてあせったことがある。そばはいいとしても寿司は東南アジアにその原型があるようだし、てんぷらはどうもポルトガルらしい。そしていろいろ思考愚考を重ねた結果、実質的にはラーメン、カレーライス（インドや東南アジアのカレーとはまったく違うので）、親子丼が純然たる日本食ベスト3というべきなのであった。

でもって、改めていろいろ調べてみると、よく語られるように醬油は東南アジアを源流とする魚醬《ぎょしょう》と、奈良時代にすでにあった豆、麦、酒、塩で作った「醬《ひしお》」の二系統があるものの、多くの文献や古文書は醬の発展説だ。

海苔は平安時代の頃からあって当初は切り刻まず一枚ごとに押し広げて乾燥させたものを上層階級の人が甘海苔《あまのり》として珍重していたらしい。

『食卓の博物誌』によると、文献に「浅草海苔」の名が初めて出るのは寛永十五年（一六三八）。京都の俳人、松江重頼（維舟）編の俳諧手引書『毛吹草』で、その巻第四の諸国名産紹介の「下総」の項に「葛西苔《かさいのり》　是《これ》浅草苔とも云《いふ》」とあるのがそれだ——と書いている。

かつおぶしの初見は永正十年（一五一三）の『種子島家譜』であるという。当時、種子島を治めていた種子島家が領内の臥蛇《がじゃ》島から受けとった貢ぎ物の記録の中に「かつほぶし　五れん」という一文がある。

その後だいぶ後になって『貞丈雑記』（伊勢貞丈、一七六三—一七八四）に「かつおと云《いふ》魚は古《いにしへ》はなまにては食せず、ほしたる計《ばかり》用ひし也、ほしたるをもかつおふしとは云はず、かつおと計いひしなり」と出てくる。

しかしその頃のかつおぶしは前にも書いたようにやわらかい（そして腐りやすい）生利節であったが、これを現代のような堅いかつおぶしにしたのは紀州の甚太郎という人で、延宝二年（一六七四）のことである（『魚貝譜』より）。

ここでぼくは「おお」と一人で唸るのであるが、文献で浅草海苔の名を見た一六三八年とこれは随分近いではないか。

井原西鶴の『好色五人女』（一六八六年刊）に「醬油のたまりをまゐらば」とあるから、このころすでに現代の刺身醬油のようなものはあったのだろう。

ということは、ぼくのいう黄金のトライアングルを駆使したあつあつゴハンに海苔、かつおぶし醬油かけはその頃すでに食べることができたのである。だからどうした、といわれても困るのだが、しかしなんだか嬉しい。そしてこれだけ歴史があれば、この三品目は日本独自のもの、と言ってしまっていいのではないか。

ところが、このかつおぶし研究（？）をさらに深めていく過程でやっと手に入ったぶ厚い『鰹節（上巻）』（日本鰹節協会刊、非売品）に、宮下章氏のかつおぶしのルーツはモルジブにあり、という新説が出ていてまたもやびっくりした。

読んでみるとこういうことである。

――インド洋北部に位置するモルジブ諸島は十四世紀前半の頃からかつおぶしを作っていた。アラビア人の旅行家イブン・バットゥータ（一三〇四―一三六八）の『三大陸周遊記』の中に「モルジブ人は、アラビア、インド、支那との定期的貿易に従事して、これらの国々へ竜涎香《りゅうぜんこう》、べっ甲、鰹節、ココナツ、ヤシのロープ、貝貨を輸出している。

鰹節は羊肉のような臭いがし、食べれば無類の活力をもたらす」と記している。十四世紀の前半というのは鎌倉時代末期から南北朝時代の初期にあたる。この時代は堅魚《かつお》や煮堅魚という乾燥品や煎汁はあったが、確たるかつおぶしは登場していない。したがって一五一三年の『種子島家譜』に記された「かつほぶし　五れん」は十四世紀末から十五世紀にかけて始まった琉球王国船を中心とする東南アジア諸国との貿易と関連があるのではないか。すなわちモルジブを基点に中国をはじめとする諸国へのかつおぶし輸出の延長線上にあるかつおぶしの渡来を考えたほうが自然ではないか。そうでなければ、都でもまだ燻乾や焙乾技術のないこの時代に都から隔絶した南海の小島にどうしていきなりかつおぶしが出てくるのか説明が難しい。

——以上が宮下氏の新説概要である。

そのモルジブに行って鰹釣りの現場をはじめとしてかつおぶし製造にいたるまでを見た。

鰹釣りは日本と同じ一本釣りで、ナブラに当ると大量のしこいわしをまき餌《え》にして皆で一斉に戦闘状態で釣る。モルジブのかつおぶしは日本でいう荒節や鬼節と同じ燻乾製法で、黴《かび》つけはしないから、完成したそれは生利節のようなかんじである。群島の中の、まさしく「かつおぶし島」とでもいうべき、かつおぶししかない島へ行くと、島中でかつおぶしを干していた。いつ頃からかつおぶしを作っているのか聞いたら、「モルジブという国ができた頃からだ」と鰹釣り舟の船長が話していた。観光協会の人は何やら資料をばさばさやったあと、十三、四世紀からだ、と答えた。正確にはわからないらしい。この島のかつおぶしの食べ方は小さく切ってカレーライスにまぜる、というのが一般的で、カンナでかつおぶしを削り、それをスープのだしにする、という発想はまったくなかった。だから、モルジブでのかつおぶしは、日本のそれとは似て非なるもののように思えた。しかしモルジブが日本よりもずっと早くからかつおぶしを作っていたのはどうも間違いないようだった。

ああ残念、またしても三点セットの一角が崩れてしまったのだ。

アワビよもやまわたくし話

能登半島の輪島で名物の朝市を歩いた。朝市というから随分早朝からやっているのかと思ったらそうでもなくて、十時ぐらいでないと屋台は出揃わない。地元の人はあまり行かないという話で、いまは観光客用としての役割が大きいようだ。

おばさんたちの呼び込みがかなり激しく、のんびりヒヤカシがてら見て回る、という気配でもない。呼び込む店のおばさんと目があったら、「もうダメ！」というかんじである。

魚やカニを売る店が多い。ナマモノを扱う屋台にはどこも「クール宅急便」の旗指物《はたさしもの》が風になびいている。朝市の写真を撮ろうと思って歩いていたのだが、どういう訳かこの宅配便の旗や看板は情景を壊す。風情がなくなる。

この看板や旗があるとそぞろ歩きのついで買い、という気配ではなくなり、モロに〝買い付け〟というかんじになってしまうからなのかもしれない。ファインダーを覗きながらそう思った。

「あんた、写真撮るなら何か買わんと！」

ストロングなおばちゃんにギロリと睨まれた。

「これから舳倉島《へぐらじま》へ行くからあっちのほうがもっと本場ものがあるでしょう」そう言うと、

「舳倉島に行ってもなんにもないよ。あそこで獲ったのをここらに持ってくるんだから」

おばさんは夢のないことを言った。こんちくしょう、と思ったがたしかにそうなのであった。午後に島へ渡ったら本当に魚なんぞ売っている店は一軒もなかった。明治時代にタイムスリップしたような薄暗い小さなヨロズ屋が一軒。食品は缶詰類とインスタントラーメンふうのものぐらいしかなかった。あとは駄菓子のたぐい。海産物は干したカジメ（海草）しかない。

梅雨のさなかで、毎日小雨模様である。

「いまはこの島はねむっておるから何もない」

と、民宿のおばさんに言われた。七月になるとアワビ漁が解禁になり、輪島から大勢の人がやってきて毎日が戦争のようになるという。

知らなかったが舳倉島に住む人は輪島にも家を持ち、夏期だけアワビ採りのために戻ってくることが多い、という。

海岸線に並んでいる家の多くが、玄関も窓も板が打ちつけられているので廃屋になっているのかと思っていたが、そういう二重生活の島の人の家だったのである。最盛期になると、海女が二百人にもなるという。民宿のおばさんも海女であった。いや、島で出会う女の人は殆どが海女であった。

カジメを軒下にぶら下げている家で写真を撮っていたら、その家の住人も海女であった。六十六歳。今でも一〇メートルぐらいは潜るという。アワビ解禁までは浅瀬でワカメを採っている。

この島では海女のことを海士と書いてやっぱり「あま」と読む。島で生まれた女の子は、とにかくみんな海士をめざすそうだ。

「わたしら子どもの頃の遊びは海に潜ることでしたよ。石を抱いて誰がどれだけ息を長く潜っていられるかの練習なんかもしていたですよ」

と、その老海士は話してくれた。

民宿にあった『能登舳倉の海びと』（北国新聞社編集局編、北国出版社）を退屈な島の夜にぱらぱら読んでいたら、なぜそこまでして島の子が海士をめざすのかその理由がわかった。腕のいい海士の稼ぎは三カ月で漁師の一年ぶんぐらいにもなる、と書いてあった。

アワビがいい値になるのだ。ことにその舳倉島周辺のアワビは伊勢志摩産のものと並んで形が大きく、味もよく、輪島の朝市ではこの舳倉島のアワビが主に売られているらしい。

アワビにもいろんな種類がある、ということをその本ではじめて知った。なんと世界で百種類。おお！　アワビはこんなに大部隊大家族の中にあったのか⁉　しかし日本にあるのはそのうちのクロアワビ、メガイアワビ、マダカアワビ、エゾアワビの四種類で、それぞれ大きさも形も色も棲息場所（深度）も違う。

知らなかった。いままで随分いろんなところでアワビを食べたが、アワビはただもうアワビ、だと思っていた。輪島あたりではこの四種類の中ではメガイアワビが一番格下で、値も安いそうだ。

輪島の朝市などで「これおまけに入れとくっちゃ」などと言ってひとつ余分にくれるアワビは、たいていこのメガイアワビらしい。

ぼくは八丈島によく行く。漁師に友達がいて行くたびに採ってきたばかりのトコブシを食べさせてくれる。はじめの頃、アワビの小さいのがトコブシかと思っていたが、やがてそうではない、ということがわかってきた。トコブシはトコブシなのだ。不思議なのは八丈島あたりはトコブシばっかりで、アワビがまったくいないことだ。次第にわかってくるのだが、トコブシというのは全国の浅場に棲んでいて、殻にある穴がアワビは四〜五個であるのに対してトコブシは六〜九個と多い。味も劣っていて、刺身には向かない、という。

八丈島では船揚げ場で焚き火を起こし、トコブシを網の上で焼いたのをよく食べる。ぶすぶすいってきたのを指で殻から引き剝がし、ワタと一緒に食べる。アワビもトコブシもこのワタが断然旨い。最近では、家に送られてきたトコブシをそっくり茹でてしまう。これをナイフで殻から引き剝がし、ワタと一緒にワサビ醬油でわしわし食ってしまう。酒のつまみにいいのだ。

余談だが（余談といえばそもそもみんな余談だけれど……）、かつおぶし好きなのでこのトコブシの〝ブシ〟という名にひどく気をひかれ、トコブシの干物をつくってそれを鰹節削りで細片にし、出汁《だし》をとったことがある。やっぱりトコブシの味がしてうまいんだかうまくないんだかよくわからなかった。むなしいのでそれ一回きりで〝ブシ〟の実験はやめてしまったが、かつおぶしの〝正規軍〟の援軍援助を得て合わせの出汁をとったらもう少しなんとかなったかもしれない、と今になると思うのだ。

むかし富山のある温泉にいったときのことだ。生きたアワビをテーブルの上で焼くという、その旅館の名物料理が出てきた。小さな七輪の上にのせられたアワビが苦しがって殻の中で身をよじり、身の左右のフチを中央にせりあげるように縮めてくねり、ひだひだを震わせやがてじゅくじゅくと身から汁などしみだしてくる有り様は、まったくもってあられもなく、いわゆる一つの猥褻物と酷似していて、見守る一同息を吞んだ。

少々格式ばった顔ぶれの宴席だったので、誰も感想は述べなかったが、一同そのとき同じことを考えていたのは間違いないようで、しばし息詰まるような沈黙があった。

思うにあれは旅館側もそんな演出意図をもっての〝特出し作戦〟にちがいない、と邪推したが、どっちにしてもああいう残酷料理はあまり趣味のいい厨房仕事ではないように思う。

『海の神信仰の研究』（堀田吉雄、光書房）には、

「アワビは海の女根の意である。アワというのは阿波、安房（千葉）、淡路、安波根（沖縄）など海につながる土地の名にも多いように、アワは海と考えられ、ビは美、女性である。すなわち海の女性の美、女神の性器である」

と書いてある。うーむやっぱりそうであったか。

もっとも貝は全般に女性性器の象徴と見なされている。これは外国でも同じようで、ずっと以前オーストラリアのヘイマン島近くにある巨大シャコ貝の群棲地に潜ったとき、その土地のダイバーがそういうスラングを口にしていた。その巨大なシャコ貝はなにしろ巨大で大きさが一メートルもある。シャコ貝はそのギザギザの貝殻をいつも少し開けていて、餌を狙っている。ギザギザの縁は青や赤紫、黄色がかった橙色、蛍光ピンクと

いったおどろくべき可変的極彩色が施されていて、どうやらこれで餌をおびきよせるらしい。

　水中でこの巨大貝のひらひらきらきらの色とりどりを眺めたとき、即座に池袋あたりの酔街《よいまち》ネオンのつらなりを連想してしまった。

　おそらく考えていることの基本的な目的は、オーストラリアのシャコ貝も池袋のネオン街も同じなのであろう。

　小さなシャコ貝も同じように岩の間などにはさまって、このきらきらの誘惑の口を開けている。そこに指でも入れようものなら素早くそれを閉じてしまうから、うっかりすると挟まれてしまってえらいことになる。実際にそうして指を傷つけてしまったスケベな男が友人にいる。

　ところがオーストラリアのそのシャコ貝はなにしろ一メートルの巨大貝だから、口を閉じるまでにだいぶ長い時間がかかる。

「あれれ⁇　なんだなんだ⁇　うーむ、よっこらしょ！」というかんじである。しかも全部きっちり閉めることができない。

　パラオの海にはヒメジャコという小さなシャコ貝がけっこういて、いくつか採ったことがある。切り身にして醤油をつけて食べる。こういうのを自分で採る、というのはなんだかたまらないヨロコビである。

アワビもむかし伊勢の海で採ったことがある。これはけっこう難しい。岩にくっついたアワビの間にネジ回しを差し込んで引っくり返すのだが、一発でうまく隙間に差し込まないと、ピタッと岩に密着してしまって、文字通りもうテコでも動かない。ましてやネジ回しではどうしようもない。

舳倉島の海士はオービガネという独特の形をした返し道具を使ってアワビを一発で引っくり返すようだ。モタついて岩に吸いつかれたのを、強引に引き剥がして殻を傷つけたりするともう売り物にはならない、というからそのへんは厳しい。水中深く潜っていく息が長く続くことと、目がいいことが優れた海士の条件らしい。目がいいとは、潜っていくときに、どこにアワビがいるか素早く見つけられる〝いい目〟をしていることも勝負にモロにからんでくるからだ。

この季節、海士の家の食卓は毎日アワビだらけであるという。殻が傷ついたものや形が悪いものなどがけっこう出るから、そういうものを食べるのだろう。

アワビのことが出ている本を捜して歩いていたら『鮑』（矢野憲一、法政大学出版局）に出会った。いやはやこの本は全編アワビについての縦横無尽の博識話で圧倒された。

これを読むとアワビが日本の海産物文化のかなり重要な位置にいることがよくわかる。こういうきちっとしたアワビ大全の中からぼくなどが要点を抜粋してもしょうがないのだが、それでもまあ話を進めるためにすこし紹介させてもらうと、

「中国はサメのヒレ（魚翅）、アラビア語はラクダ、アイヌ語は熊、フランス語は羊、というようにその国のもっとも関心が高い、利用度の高いものの語句や料理の種類が豊かである。その伝でいくと日本は断然魚、である。古代はとりわけアワビに関するものが多く、昔の日本人とアワビの関係が濃厚であったことがうかがえる。

具体的にはアワビの料理は古代の料理で四十種類ものその加工品がある……」

と。同書にはその主なものが書き並べられているのだが、ざっと見ていくと、のしあわびに代表されるような薄くはぎ取って乾燥させたもの、それを叩いて伸《の》したもの、切り開いて干したもの、串に刺して干したもの、糸で貫いたもの、等々さまざまな用法を駆使している。

中国の技術が色濃い「明鮑《めいほう》」という加工品の仕込みは次のようなものだ。

①アワビに塩をすりこむ。

②熱湯で約二十五分煮る。

③天日で乾燥、または、焙炉にかけてトロ火で乾燥。

④小型で三十日、大型で四、五十日乾燥させ、肉が石のようになれば完成。

食べ方は削ったり煮たりでスープにとったり身そのものを食べたりするようだが、いまは中国の高級料理ぐらいでしか使われていないらしい。

『滋味風土記』（魚谷常吉、東京書房）に蒲鉾の多産で有名な八幡浜でアワビの腸の粕漬けをつくっていて、これがうまいと書いてある。そのままでも十分イケルが、ダイダイ酢を二、三滴落として食べるとたいへんよろしいそうだ。

今日のアワビ料理の多くはいかにしてそれを柔らかくして食べるか、というところにテーマがあるようで、イメージの豪華さや味の上でも目下一番もて囃されているのがアワビのステーキのようだ。

けれど、『飲食事典』（本山荻舟《てきしゅう》、平凡社）には、

「貝の外面が青いのは雄で、雌のほうは赭黄色《あかぎ》をしている。こりこりと硬い。ちょっと歯の具合の心配なむきは遠慮したほうがいい。刺身にむいているのは雄のほうで、貝についたままの肉の表面に荒塩をたっぷりとふって、束子《たわし》などでいせいよくこすると肉がしまってますます硬くなる。硬いものは硬ければ硬いほど美味《うま》いので、わざわざ手をかけて軟らかくするなどは邪道なのである。雄にくらべて、肉が少し軟らかい雌のほうは、塩蒸にむいている。軟らかいものを更に軟らかくするために、しばらく蕎麦粉《そばこ》にまぜておいたり、また大根でとんとんと叩いてもいい」

とある（抜粋）。文章を読んでいるだけでこっちの方の食い方がうまいように思えてくる。

アワビやカキの殻を見ると、いつも「勿体ないなあ」と思う。アワビやカキの殻はとにかくあまりにも立派であるからだ。

カキなどはあの身の大きさに比べると、三、四倍の大きな殻をまとっていたりする。あのぐにゃぐにゃした体（身）のどこからあのような固くて立派な殻を作れるのだろうか？　とソボクに疑問に思うことがある。

アワビはあの殻の内側の光沢の美しさにいつも目を奪われる。

『鮑』ではアワビの殻の利用についても勿論詳しく言及されていたので、これを読んだらやや安心した。

最初に出ていたのが螺鈿《らでん》（貝殻を砥石《といし》などで目的の大きさにすり減らし、木や漆地に貼ったり嵌《は》め込んだりしてつくる装飾技法）で、これは桃山時代あたりから行われていた、と書いてある。

弥生時代前期にアワビの貝殻を包丁として使った、という記録があるそうだ。石臼にへばりついた餅の掃除や、岩海苔を掻きとる道具、米や穀物の計量マスがわり。むかしニワトリ小屋にアワビの殻をぶら下げていたのを見たことがあるが、たしかあれはキツネよけではなかったか？

江戸時代の頃から猫の食器はアワビの殻と決まっていた、というのを読んでうれしくなった。アワビの殻の食器利用は人間もやっていただろう。

しかしこのくらいの利用ではまだ勿体ないなあ、とぼくは思う。うんと大昔、あの殻を紐で結んで繋げて、イクサの時の防具として使わなかっただろうか？

つまりまあ鎧《よろい》の原型である。しかし重くてがらがらうるさいだけで使い物にならなかっただろうなあ。そんなバカなことやった人など誰もいなかっただろうな――ということもよくわかっています。

たくましい逸品たち

原稿仕事が続いていて、このところ数日仕事場に泊り込んでいる。夜更けにひと仕事終えて、ビールなど飲み、買い込んであった雑多な本をパラパラやるのが楽しみのひとつになってしまった。眠るまでのささやかな時間であるから気持ちがのめり込むような小説は駄目で、そういう時はもっぱらどこからどのようにでも読める本を選ぶ。ビールは小瓶。眠る前であるからせいぜい二、三本である。机の下に「RELAX TIME 休足日《きゅうそくび》」といういささか怪しげな名称のついたいわゆる電動式足揉み機があって、ついでにこれを作動させる。このところどういう訳か長いこと机の前で仕事をしていると足がとても冷えてしまう。板張りの部屋であり、靴下を履いているのがわずらわしくていつも素足だ。どうやらそのせいかもしれない。足もとを温めるにはホットカーペットがいいとか暖房付きのスリッパがいいとかいろいろ人に言われるのだが、そういうのも好きではない。むしろ足のマッサージをよくするといいですよ、疲れが足もとからとれていきますからね、と時おり行く針灸の先生に言われていた。そんな折りに通信販売の雑誌でこういうものがあるのを知り、スバヤク取り寄せたのだ。

ぼくはそこそこの通販ファンでこれまでにもいろんな品物を購入したが、期待度と実物実効度との戦績でいうと三勝七敗の負け越し、といったところであろうか。

足揉み機と書いたが、実際には揉むのではなく小さなシリコン製のボールがいくつか激しく上下するような仕組みになっている。タッピング攻撃というわけである。思いがけずこれが実に快適なのだ。足の裏には沢山の重要なツボが集中しているというが、それを刺激すると、ビールのほろ酔いとあいまって、その後の静かないい眠りにつくことができる。

で、まあその日、ひと仕事終えてビールを飲み、その機械に足裏をパタパタやってもらいながら少し前に買ってあった『型録・ちょっと昔の生活雑貨』（林丈二、晶文社）をパラパラやっていた。足もとパタパタ手もとパラパラと言うわけでありますね。

その本で知ったことなのだが、日本の通信販売は明治の初期の頃すでに登場していて、この本はその時代の通信販売の商品型録を集め、解説しているのだ。

通信販売の品物というのは実用新案ふうのものが多く、怪しげなものもいろいろあって大いに面白い。

「痰壺《たんつぼ》」がけっこう並んでいる。こんなものが昔の通信販売で売られていたのか、と妙に感動した。「専売特許、おざしき用・香入痰吐《にほいいりたんはき》」なんていうのがある。「痰吐の際蓋《ふた》をあれば美香の発生する為衛生上便利」と説明されている。うーむ。痰吐きと〝美香〟と〝衛生〟のつながりがあまりにも強引すぎるぞ。

ワンタッチで自動的に蓋があくのは「山本発明　衛生痰吐壺」と商品名がつけられている。しかしこの蓋つき痰壺はドイツのビアジョッキにあまりにも似ているので、見ているとどうにも気持ちがアセルのだ。

「自動蠅捕器」というのも実物を見てみたい。

「ゼンマイ仕掛けのロールがあり、このロールには捕りたい虫（例えば蠅以外にはゴキブリなど）によって味醂《みりん》や酒を塗っておき、その香りにつられた虫がロールに留まっていると、そのロールは静かに回転しながらスルスルッと、虫は捕獲器の中に入ってしまう」（同書より）

「水雷はい蚊取器」というのは金網製の虫籠タイプで、図をみると結構大きく一メートルぐらいはありそうだ。当時はカジカを飼っている家が多く、捕まえた蠅はカジカの餌にされたらしい。

「コロップ抜き」というのが出ていて、これはコルク抜きの道具なのであるが、用途はビールのコルクを抜くため、という。

解説を読むと当時のビールは今のような王冠による栓ではなくワインのようにコルクで栓がされていたとある。かなり気合の入ったビール好き、と自分で思っていたがそんなことを知らなかったのであり、実に意外であった。

目下自分の目の前には小瓶のビールがある。さっき栓抜きで簡単に開けて簡単に一本目を飲んでしまったが、この栓がコルクであったら「おお、これからビールを飲むのだ！」ともう少し思い入れを強くしていたかも知れない。そんなことを考えながらさらさらにパラパラやっていると「足暖炉」という品物が出てきた。

足温器の一種であるが、布団をかければ炬燵《こたつ》の熱源にもなるという。

「実用新案　日本暖炉―事務室に於ける温足火鉢、家庭に於ける炬燵兼用品、一塊のタドンにて優に一日の温を保つ」。図にあるその形がなかなかに優雅である。いまこんなのが通販雑誌に出ていたら急いで注文してしまうかもしれない。

足暖炉の次のページが急に夏ものになって「扇風機」が出てくる。その中に「涼風器」という商品の図が出ていて、これが実に不思議な恰好をしている。

墓石にも見えるし、お盆の灯籠のようにも見える。とにかくそのようなものの上部からウチワが出ている、のである。このウチワがなにかの仕掛けで動くのだとしたら、涼しいというよりも気味が悪くてそれで涼しくなりそうだ。まさかそんなことを意図してこの形ではないと思うのだが、広告にはわざわざ「新意匠」と書いてある。

これを見て思い出し、本棚から引っ張りだしたのが『ぐうたらテクノロジー』(近藤雅樹、河出書房新社)。たしかこの本で昔の扇風機を沢山見たのだ。おうよしよし。ちゃんと出ていた。

この本は明治、大正の頃の実用新案特許の品々を博覧会ふうに総ざらえしていて、やっぱり仕事のあとにビールなど飲みながらパラパラやると大変楽しい。

これを見るとクーラーのない昔の日本の夏は相当に暑かったのだろうな、とつくづく思うのだ。とにかくいろんな人がいろんな駆動システムの扇風機を研究している。

団扇《うちわ》をいくつか芯棒にくりつけ、その芯棒にハンドルをつけてぐるぐる回す、という仕組みはわりと誰でも考えるのだろう。「千代田の大奥」という題のついている浮世絵にはこのプロペラ式の扇風機が描かれているという。

明治十八年(一八八五)に特許出願・登録された「納涼団扇車」というのはまさしくこのぐるぐる回し式のものであった。しかし一台しか売れなかったらしい。

このほかゼンマイで回る「自動団扇」とか筒型をしたスプリング式回転装置に団扇が一本縦についていて、これが横にくるくる回る、という「器械団扇」というのも出ている。

現在のような飛行機のプロペラふうの形のものが特許出願されたのは明治四十二年のことで、これもスプリングで動く。名称はここらで初めて団扇が消え「自働煽風機」と名づけられている。けれどスプリング式なので止まるたびにハンドルを回さなければならないし、騒音もひどそうであまり快適な涼風がやってくるようには見えない。

同じ頃アメリカではアルコールランプの上昇気流を動力とした扇風機が作られていて日本にも入ってきているようだ。しかしこの当時の日本のテクノロジーにはそのような発想はなく、やたらにバネ仕掛けのものが多いのは「茶運び人形などのゼンマイからくりの伝統と発想が根強かったことがうかがえる」とこの本の著者は述べている。ゼンマイ仕掛けというともうはるかイニシエのおもちゃ的エネルギーかと思っていたのだが、『メカニズム解剖図鑑』（和田忠太、日本実業出版社）を読んでそんな単純な見下しを反省した。

ゼンマイのよさは、手軽で確実な信頼性にある。例えば平常めったに使われることがなくても、肝心なときに作動してくれないと困るものなどにまだ幅広く使われているのだ。非常ベルや火災警報装置などがゼンマイ仕掛けになっている、ということや、スペースシャトルで使われているのはゼンマイ式のシェーバー（約五回半の巻き上げで二分半ほど使える）である、などということをこの本で初めて知った。

ドイツでは十七世紀の半ば頃に一人乗りのゼンマイ仕掛けの自動車が作られたという。結局実用にはならなかったらしいが、こういう話を聞くとなんだか無闇に嬉しくなる。もしこのゼンマイ自動車の開発がうまくいって一〇〇キロぐらい平気で走れるような技術開発がなされ、ガソリン自動車の台頭をおさえていたら（そんなことはあり得ないだろうがしかし……）人類の賢い選択によるもうひとつのしずかなるローテク科学の世界が存在していたかもしれない。

漢字で書くと「撥条自動車」ということになるが、この語感がとてもいい。考えてみると自動という言葉そのものがけっこう古めかしいのでありますね。

さっきの「自動団扇」もそうだったが、これをみていて嬉しかったのは、この文字の感覚がなんだかとても懐かしい、ということがあるようだ。

今は殆ど使われなくなってしまったが「魔法瓶」「幻灯機」「蓄音機」なども字面を見ているだけでいろんなことが思い浮かぶ。

とくにぼくは幻灯機に深い思い入れがある。子供の頃、自分の小遣いで初めて買ったもっとも高価な買い物はブリキ製の幻灯機であった。これで映画のようにモノを大きく映すことができる、ということに激しくコーフンした。光源はブリキの箱のなかにそのまま六〇ワットぐらいの電球を入れてしまう、という乱暴なものだったから、すぐに加熱して手で持てないくらいに幻灯機そのものが熱くなった。フィルムは可燃性のものであり、放っておけば必ず燃えだしてしまっただろう。そういうものを子供が自由にいじっていたのだから昔はつくづくおおらかというかランボーであった。

フィルムを映すのではなく、現物を大きく映すことができる「実物幻灯機」というものがあるのを知ったのは幻灯機を買って少し経った頃だった。幻灯機の箱のなか一面に銀紙が貼ってあり、とてつもなく反射のいい状態になっている。箱の一方に四角い穴があいていてそこに置いたモノはとにかくなんでも大きく拡大して投射してしまうのである。現在はそのもっと大がかりなものが会議などの時の拡大投射装置としてあるようだが、ぼくが出会ったのはその原型のようなものなのだろう。

ぼくは値段の高い出来合いのフィルム（絵物語やマンガのようなものが多かった）を何度も繰り返して見ているのに飽きていた。できれば自分が作った物語を幻灯機で映したかったのだが、フィルムでそれを作ることはできない。そんな折りに出会った実物幻灯機は暁光そのものだった。

さっそく模造紙を細長く切ってフィルムがわりにし、絵物語を書いていった。ペンでそのまま書けばいいのだから簡単である。ひとつだけ困ったのはタイトルをそのまま書くと全部鏡文字になってしまうことであった。その対策は紙に書く文字を予め鏡文字にしておけばいい。

面白くなって沢山の物語を作った。絵を描くことはけっこう好きだったのでいろんなモノを描いた。同時に鏡文字を書くのがやたらにうまくなった。そこに手本の文字があればなんでも下書きなしで鏡文字で書けるようになった。しかしいくら鏡文字を素早く書けてもソノコト以外にはなんの役にもたたない。せいぜい友達に訳のわからない特技のひとつとしてちょっとだけその技を見せるぐらいのハナシであった。

しかし、この時の〝映像で物語をつくる〟ということの強烈に刺激的な体験は、やがて三五ミリのフィルムで本格的な映画をつくるようになっていった自分の映像世界への道の最初の第一歩だったのだろう、と思う。

『道具が語る生活史』（小泉和子、朝日選書）に幻灯を日本で一番はじめに見たと思われる人々とその事項が書かれている。

嘉永六年（一八五三）七月十九日の夜、国交をもとめて来航中のロシア使節プチャーチン一行に招かれた長崎西奉行所の役人たちである。

この時、ロシアの軍艦の底のほうの船室が映写会場で、カナキンに二間ほどの象が映されたという。そのあと「彼国の女子の姿……又一人の男子有《あり》て狎戯《なれたはむ》るさま」が映されたというから、これは今でいうポルノのようなものではなかったか、と著者は書いている。おそらくロシア人はこういうものを映したら日本の役人は大いに喜ぶのではないか、とのサービス心であったのだろう。しかし役人たちにはあまり喜ばれず、むしろその次の、草花が芽をだし、花を開き、実を結び、実が熟し、落ちるまでの順を追った正しい記録映画のようなものに喝采したらしい。今と違ってその時代の役人は誠にもって真面目一方の堅物揃いだったようである。

ところでこのカナキンというのがよくわからない。辞書をひいたら「目を細かく織った薄地の広幅綿布・キャラコ」と出ていた。キャラコといったらぼくが小学生の時に着ていた学生服の生地である。それこそキャラコの学生服で鏡文字を一所懸命に書いていた頃である。なんだか意外なところで懐かしい言葉に出会った。

このロシアの幻灯はガラス板に色鮮やかに彩色したものを石油ランプの灯で映し出していたという。軍艦の船室に張られたキャラコのスクリーンに石油ランプの灯で映された象や草木の映像が果してどんなふうだったのかと想像するのだが、うまくその有り様を思い浮かべることができない。

一九九五年の夏、ぼくはモンゴルの奥地に二カ月ほどキャンプして遊牧民の映画を撮っていた。近くに人口八百人ぐらいのちいさな村があり、ナーダム（モンゴル最大の祭り）の前日、つまり前夜祭に、その村の人たちとの親善のために、それ以前にぼくが作った沖縄の海を舞台にした映画の上映会を開いたことがある。

上映会場はその村の公民館であった。日本の、それも海の映画など見たことがない遊牧民であるから、その夜は予め想定していた数よりもはるかに多くの人々がやってきて驚いてしまった。村の祭り行事がなんのかんので総遅れして、映画がはじまったのはなんと夜中の十二時になってしまったのだが、みんな興奮して待っている。

映画はステージに張られた布に映されたが、その布は遊牧民の住んでいるゲル（半球形のテント）の外がわに張ってある布のようであった。すなわち四角ではない雲型の布である。色も白とはとてもいえない、強いていえばせいぜい黒くない色という程度のものであった。

映画はその雲型のスクリーンのほぼ真ん中へんに暗く小さく映しだされた。その映画を作った者としてはまさに最悪の条件の映写であった。

けれど、もしかするとその日のその上映会はその映画にとって最高の条件で上映されたのかもしれなかった。モンゴル語の字幕も入っていない日本語の映画をその夜の観衆は(子供たちも含めて)一時間四十五分身じろぎもせずに真剣に見てくれたのである。その公民館の真っ暗な外に沢山の馬が繋がれていた。観衆が乗ってきた馬なのである。生まれて初めて目撃したホースライディング・シアターなのであった。

この幻灯の記述を読んでぼくはにわかにその夜のことを思い出してしまった、という訳である。

その数日後、モンゴルの猟師の家でロシア製の蓄音機を見た。見ただけでなくまだ十分現役のそれで音楽を聞かせてもらった。レコードもロシアのものであった。大きなハンドルがついていて、その持ち主の猟師はレコードを回しながらしきりにそのハンドルをまわすので、ぼんやりそれを見ているとまるでハンドルを回す力でレコードが鳴っているようでなんだか奇妙におかしかった。

全国どこでも自販機横丁

今回は自動販売機のことについて少し考えてみる。ぼくが考えてもしょうがないんだけれど、でも考えてみる。あれは昔からなぜかどうも気になるやつだったのだ。

たとえばインドネシアのバリ島の海抜三〇〇〇メートルもあるアグン山に登ったときのことだ。夜更けに登りだすので頂上についた時は明け方であり、南の島とはいえ朝はすこぶる寒い。冷たい風の吹いてくるなかで太陽が昇ってくるのを待つ。朝日の光の一閃が体に温かくて嬉しい。やがてその山を降りていく。下りは早いといっても三〇〇〇メートルもあるから麓に降りる頃はもう午後になっている。ぎらつく太陽の下、地面はいつの間にか燃えるようになっている。疲れて喉の乾いたこの身がなにか冷たいものをモーレツに欲しがっている。

喉を削っていくような冷たいビールが飲みたい。それがなければ冷たいサイダー。だめならせめて冷たい水をコップ一杯、いいや半分、ええい三分の一……などとだらしなくココロはのたうちまわっているのであるが、人家は見えども店らしきものは何もない。

こんなところにビールの自動販売機があったらば……などと思うと乱れた心が悶えにかわる。日本だったら相手の心を見透かすようにして必ず自動販売機のひとつやふたつ置いてある。それはじつにありきたりの風景なのである。

ああ懐かしい日本の自動販売機。

——というふうに思ったりしたのだが、しかし、その日の体験で言えば、そんなところに自動販売機などなくてよかったのである。その集落を通りすぎ、ようやく見つけた木陰の安食堂の、川の水で冷やしたビールのうまかったこと。道端などではなくもうそこでのんびり昼寝をしてもいいような場所でもあったから、心身ともに、いや勿論喉元も含めてじつにゆっくりできた。

海外を旅していると、自動販売機（以下自販機）を見かけることは実に少ない。それも、年中暑くてどうしようもないような国ほど自販機の姿を見ない。

欧米もそうである。注意して見てきたがニューヨークでもサンフランシスコでも自販機を見ることはめったになかった。とくに繁華街の通りには皆無である。

日本自動販売機工業会の統計によると、日本の自販機は一九九七年で五四七万台あって、その売り上げは五兆七千億円である（のち二〇〇二年、五五二万台、七兆円）。これに対してアメリカは六七九万台で三兆七千億円（一九九六年）である（二〇〇一年、七六〇万台）。

自販機の数ではアメリカに負けるが、しかし国土の差を考えれば狭い日本にいかにこの機械が氾濫しているか、ということがわかる。そして売り上げは圧倒的に日本が上回っている。日本は文句なく世界一の自販機大国なのである。

アメリカが自販機の数が多いのに売り上げで日本のそれを下回っているのは、そこで売っている商品の差が大きいようである。それからニューヨークなどの大都市の繁華街であまり見かけないように、その設置場所が繁華街に表だってない、ということも影響し、それは自販機の利用率にも関係しているようだ。

日本に初めてやってきたあるアメリカ人のジャーナリストが、日本の街の風景で驚いていたのは、道の狭さとその道の左右に並ぶ旗看板（あの戦国合戦の旗指物のような）と、いたるところで目にする自販機であった。とくに夜中に畑の続く道を車で走っていて、回りに人家がまったくない道のバスの停留所の隣に並んでいた自販機には目を見張っていた。①何のためにここにあるのだ？　②よく壊されずにずっとあるものだ！　と。

アメリカの誰も人の通らないような道路の端にこんなものがあったらたちまちそれは壊され、中のものは持っていかれてしまうだろう。もしかすると機械ごと持っていかれてしまうかもしれない——、とその人は言った。

夜更けでも早朝でも電気をつけて稼働している日本の自販機の群れは彼らの目には相当奇異に映っている、というのはひとつの大きな示唆であった。

『ピラミッドに自動販売機があった⁉』(日高敏、晶文社)は古今東西に材をひろった様々なモノの文化史で、その中に、紀元前二一五年にエジプトの寺院に置かれていた聖水の自販機のことが出ている。

しくみの絵を見ると、投げ入れた硬貨(五ドラクマ=約二二五円)の重みでフタが開いて聖水が自動的に出てくるようになっており、水が流れて軽くなると硬貨が落ちてフタがしまる。全体に今日の水洗便所のしくみに似ている。聖水と便所の水を一緒にしてしまうのもなんであるが、シンプルなシステムは長持ちする、ということであろうか。

この本には自販機の発達の歴史が語られていて面白い。

主なものを列記した年表があって、紀元前のこの聖水自販機のあとは九四六年、鉛筆の自販機(中国)となっている。この時代に鉛筆があったのかどうか、そしてこれがどんなものなのかはこの本ではわからない。

近代的な自販機が実用化されたのは一八八五年、英国でつくられた葉書の自販機が最初とされているそうだ。その少し後、一八八七年にアメリカでガスの自販機が使われている。硬貨を入れるとその分のガスが出てくるらしい。しかしやり方のよくわからない貧しい移民などが扱いに失敗して中毒をおこし、死んでしまうこともあったというから恐ろしい自販機である。

一八九〇年代に入るとアメリカや英国、フランス、ドイツなどの国で、新聞、香水、ワインの自販機、自動包装機、自動貯金証明書発行機、自動写真撮影機、などが次々に実用化されている。面白いのは光線自動販売装置というやつである。硬貨を投入するとランプが点《つ》いて三十分ほど明るくなるという装置らしい。駅などに置かれていて、旅行者がこの明かりの下で本を読んだり手紙を書いたりするのに利用した、とあるから当時の駅などがいかに暗かったか、ということであろう。

日本の自販機は一九〇四年（明治三十七）に登場した切手、葉書自販機が最初とされている。その後鉄道の切符や入場券の自販機が開発され、一九二三年には菓子の自販機という高度な機械が登場している。

一九八六年、モスクワで非常に原始的なクワスの自販機を見たことがある。クワスというのはアルコールの抜けたビールのような味のする、ロシア人が愛する独特の飲みものである。何でも無骨に大きいロシアの機械であるが、これも冗談のように巨大な装置であった。

機械の上のほうに窪みがあってそこにガラスのコップが置いてある。そのコップの下に噴水装置のようなものがあって、ボタンを押すと小さな噴水が出てくる。クワスを飲む人はまずコップをその水で洗って綺麗にし、それからコインを入れてクワスをコップに受け取る、というまあなんともいえないおっとりした仕組みになっている。その頃の日本の自販機といったら百花繚乱、様々な機能をもったやつが街にあふれかえっていたから、逆にこの無骨な機械が妙に好ましく見えたものだ。

あれから大分たっているからロシアにももっと精巧な多機能自販機などが並んでいるのだろうと思うのだが、最近ロシアに行った人の話を聞くとどうもそうでもないらしい。ロシアもアメリカと同じようにいま現在でも街には自販機など殆ど見あたらないようなのだ。

自販機は安い金額で、その場でもっとも欲しいもの(暑い日の冷たい飲み物など)を簡単に手に入れることができる、という点で、たとえば人口の多いインドや中国などといった国により相応しいシステムではないかと思うのだが、現実にはこれらの国にも殆ど存在していない。

筆者の知っている限りでいえば、さらにオーストラリアも、南米も、モンゴルも、韓国も街を歩いている限りでは殆ど自販機を見ることがなかった。

いくつかの自販機関係の専門書を読んでわかってきたのだが、現在、数多くの品物を自販機で買うことができる「自販機文化」が成立している国は、日本とアメリカとドイツぐらいなものである。

ところでぼくが自販機にいささか個人的な興味をもつようになったのはこんな体験が関係している。

地方のあるリゾートホテルであった。傍にちょっとした遊興施設が作られているのだが、ウィークデーのためか人影もなく全体にガランとしていた。無人の屋内遊園地というのはなんだか廃墟のようでもある。子供用の巨大な乗り物やゲーム機などが死んだように静止し、沈黙している。ぶらぶら歩いていくと、いきなり子供の声がした。なにか呼び止められたようだ。びくっとして振り向くと、小さな人間が全身を細かい光で点滅させながら「遊ぼうよ」と言っていた。再びびくっとしたが、すぐにその正体がわかった。ゲームの券の自販機なのであった。

「遊ぼうよ」とその機械は正面の点滅ディスプレイを賑やかに回転させながら喋っている。人間の形をした機械なので、奇妙な虚しさがある。「遊ぼうよ」とそいつは大人の作ったかんだかい子供の声でさらに言った。

やがてそこから立ち去ると「遊ぼうよ」の機械はふいに沈黙した。

不思議に思って再び近づいていくと、そいつはまた電気を点滅させ「遊ぼうよ」と言った。どうやらヒトが接近していくと、それを感知して喋ったり光を点滅させたりするらしい。

あっちこっちが騒々しいときはそれも子供にとっては面白いものなのだろうが、こんな状況では悪い冗談のようになる。このくらいの自動装置はハイテク日本では造作もないのだろうが、なにか全体に寂寥感のようなものが残った。そこそこ面白くて便利で、次々に新しい機能とスタイルのものが登場可能なこうした自動機械に取り囲まれていく日本と日本人、などというものをそのあと少し考えてしまったのである。無骨で単純な仕事しかできないが、けっこう休みなく働いていたあのロシアの自動装置のことを同時に思い出していた。人のいない薄くらがりでじっと人が接近してくるのを待っていることの喋る機械と不思議な対比に思えた。

最初に喋る自販機を発明したのはアメリカのようだ。一九二九年にコインを入れると「サンキュー」と喋る煙草の自販機が実用化されている。冷蔵した罎《びん》入りの飲料水の自販機もアメリカが先で、さらにコーヒーを、ブラックからミルク入り、砂糖入り、砂糖なし、といろいろ好み通りに選択できる装置もアメリカが先に作っている。

これらが開発されたのは日本が高度成長期に入る前のことであり、日本の自販機の技術はその後急成長していったようだ。それは日本の多くの技術産業が、その頃の世界の先進技術を巧みに取り入れていき、やがて先進国のそれらを陵駕していった過程と同じ経路の中にあるもののようだ。

『自販機技術総覧』(恒星社厚生閣)に、日本の自販機が爆発的に流行っていった頃のことが書いてある。一九六〇年代に登場した「噴水式自動販売機」がそれで、当時は十円で冷たいジュースを飲むことができた。機械の上に逆三角型の透明な容器があってそこにジュースが常に噴出していて清涼感を演出している。安いし簡単に飲めるので大いに流行ったわけだが、もともとこのジュースは水に砂糖と香料を混ぜただけのシロモノであったからその後の生活感覚の向上と、当時の自販機のメンテナンスの悪さからくる衛生問題などがあってやがて衰退していった。しかしこの機械の急激な全国津々浦々への登場で、日本人はいっぺんに自販機との付き合いかたに馴染んでいった、という背景を得たのである。

その後、日本得意のテクノロジーの進捗があって、相当に複雑なことができる様々な自販機が開発され、そこで扱われる商品の幅も急速に広がっていったわけである。『自販機マーケティング』（ダイヤモンド・フリードマン社）にはそのあたりの経過が詳しく書いてあっていろいろ参考になった。

自販機の歴史に残る技術革新の最大のエポックは「ホット＆コールド自販機」の開発であるという。今では当り前になっている、季節によってホット（加温）とコールド（冷却）を切り換えることのできるこの装置は、自販機一台でそのまま季節の変化に対応できるわけであり、それ以前のシステムと較べたら〝革命〟的なことであった。

この技術革新はそのあとのヌードルなどのカップもの自販機の登場を促し、さらには自販機内でコーヒーを挽く「ミル付きレギュラーコーヒー機」という、技術先進のアメリカを追い抜いていく、いかにも日本ならではのキメのこまかい自販機の開発にと繋がっていくのである。

そして今では全国のあらゆる場所に自販機が置かれており、そこで売られている品物も清涼飲料水から酒類、食品（菓子、米、野菜、冷凍ものまで）、煙草、雑貨（雑誌、VTR、避妊具）などちょっとした小さな店がまかなうくらいの扱い品目の幅をもってきている。

自販機のことが気になりだしてからは旅先などでそれらがとくに目につく、ということもあるのだろうが、とにかく日本は本当にいたるところ自販機だらけである——ということを改めて思った。それもアメリカ人ジャーナリストが驚いたように、とんでもない道端の自販機までみんなきちんと〝生きて〟いる、というのも凄い。

田舎の小さな集落にいってもあちこちに置いてある自販機が夜など街灯がわりになっているほどで、まずは単純にその濃密さに驚愕するのである。ぼくが一番驚いたのは沖縄の人口五人の島にも自販機が置いてあったことだ。やがては一家に一台自販機生活か——などと考えてしまったほどである。

日本が自販機大国というのは、テクノロジーの進捗とか売り上げ規模などということを越えて、この全国津々浦々隈《くま》なく張りめぐらされている〝自販機網〟と〝人々のそれへの依存性〟ということをさしているのではないか、とその時思った。

アメリカと日本の自販機の扱い品目の差でまず目につくのは酒と煙草である。

アメリカ——煙草四パーセント、酒記載無し

日本――煙草一二パーセント、酒四パーセント

未成年者の飲酒規制の厳しいアメリカではごく特殊なケースを除いて自販機で酒は売っていない。というよりも欧米の街中でなぜ自販機を見かけないかというと、設置場所の大半が商業施設の屋内や空港、駅構内などになっているからだ。街にある自販機も店舗の中にあって、常に管理者が近隣にいる場合が多い。日本のように田んぼの中の一本道のバス停にぽつんとひとつ、などということはあり得ないのだ。

逆にいうとそれだけ治安がよく、そんなに凶暴な貧困者層も少なく、まだある程度の近隣性善説のようなものが存在し、社会は経済性追求が優先されていて、子供たちの飲酒や喫煙に寛容な構造が、この世界にも珍しい全国どこでも自販機横丁の風景をつくっているのではないか。

日本では一九九六年から煙草自販機を深夜は停止する自主規制を、酒類の自販機は屋外のものを二〇〇〇年の五月までに撤去することを決めた。現在酒販免許を持つ小売店で自販機を設置しているのは七万七千店で、その台数は一七万台であるという。けれど国税庁による二〇〇一年八月の中央酒類審議会の報告によると、二〇〇一年時点で、なお残存率は四三パーセントとのことである。なかなか徹底していないのが現状のようだ。

正直な話、わが国のこの対応は少々遅きに失したのではないかとも思う。日本の子供たちはもう十分に〝味〟を知ってしまった。あんなものいつでもどこでも簡単に買って

いいものなんだ、という味である。

しかしいつでもなんでも便利なものにはリスクがある。ぼくは日本における自販機のあけぼの時代とでもいうような、今思えば不味くて体に悪そうな一杯十円のジュースを知っている世代だから、山から降りてきて、目の前の自販機にあるとりあえずの冷えたビールよりも、老人が渓流で冷やしていた麓の茶屋のビールのほうにおいしさを感じることができる。漸くの安堵と充足感でそこから見る風景をより美しいと思えるような気がするし、異国の老人との束の間の触れ合いに気持ちが柔らかくなっているのを感じる。

——けれど、そんなひとりよがりの価値観など今の時代、いかに脆弱でうたかたのものであるか、ということもこの頃わかってきている。自販機大国に暮らすものとしてそのへんのことも少々気になるのである。

イルミネーション・ニッポン

前回、自動販売機のことについて思うところを少々書いたのだが、この機械について関心をもったそもそもは我が町の「ある四つ角」であった。

ぼくは普段殆どクルマを運転して移動しているのだが、通い慣れたルートにその四つ角がある。たいして広い道ではないが住宅地の中で信号はなく、見通しがとても悪い。夜更けなどにここを通過する時、必ずヒヤッとするのである。気配はまったくないと思って通過するのだが、いつもいきなり右側からクルマがすっ飛んでくるような気がする。

理由は自動販売機である。右の角に何台かの自動販売機が並んでいるのだが、その自動販売機から発する光が異常に強く、さらにその中の光が無意味に回転なぞしているのである。分かっていてもいつもそっちからいきなりクルマがやってくるような気がして、この四つ角は精神に非常によくない。

そのあたりは道路の全体がその何台かの自動販売機の照明ですっかり明るく、向かい側の何軒かの家の窓にまでその光が届いている。だからその家は一晩中外から照明されていることになる。

よくあれで我慢しているものだ、と思うのだが、まあよそのヒトのことであるし、こうして夜も明るく照明してくれるから明るくて安全で嬉しい、と思っているヒトもいるであろう。したがってまあそれだけの話なのだが、もしその家に自分が住んでいたら夜な夜な相当にイラついてしまうことだろう、と思った。

そんな思いで見渡してみると今、日本の道や街角のあっちこっちには必要以上に明るすぎる自動販売機がまんべんなく密集している。そこで一日中消費されている電力量は相当なものだろう。

けれど日本という国は、この一晩中煌々と輝いている自動販売機が気にならないくらいその回りの街の灯がさらに十分明るいのだ。

夜遅くまでやっているいろんな店のいろんな光、街頭の光、走り過ぎていく車のヘッドライト、遠くのビルの光、看板の光、ちかごろは空に向かってレーザー光線を一晩中ふりまわしているラブホテル――なんて意味のわからない光もある。

都会の盛り場などに行くと「昼よりも明るい」という形容が大袈裟でないくらいの強引なまぶしさを感じる。地方都市に行っても巨大パチンコ屋の爆発しているような強烈な光の固まりにたじろいでしまう。

今から二十年ほど前のことだが、大阪から上海に行ったことがある。初めての中国旅行であった。当時は国交回復間もない頃で個人旅行は許されてはおらず、十人ほどの団体旅行にまざりこんだ。

出発前に日本の酒をしっかり飲んでおこう、という作戦もあって十三《じゅうそう》という盛り場でビールなど飲んでいった。そしてすぐ翌日が上海である。

空港の暗さに驚いた。最初は停電になっていて非常用のランプがついているのか、と本気で思ったほどである。間もなくそれが中国国際空港における正常な照明の明るさだということがわかった。

前の晩に十三というとびぬけて明るい盛り場にいた、ということも関係しているのだろうが、それにしても上海の空港は暗かった。

その暗い照明の下でごく普通に新聞を読んでいる中国人にも驚いた。

その時の旅は敦煌に向かうかなり長時間の列車移動であったが、一泊した上海の街も、そのあと目にしていく敦煌までの車窓から見る町や家の灯《あかり》もことごとくぼんやりと暗かった。しかしその暗さにぼくは急速に慣れていき、しばらくすると夜のあかりは少し薄暗く感じるくらいのほうが神経や気持ちの平安によいようだ、と思うようになった。

昼間、広大なゴビ砂漠をのったりのったり走っていくと向こうの丘の上に羊を追っている少年が列車に手をふっているのが見えたりする。中国人のガイドに聞くと、その少年の家はおそらくそこから半日ぐらい歩いたところにあって、彼はああして一日一本通過するこの長距離列車を見るためにここまで羊と一緒にやってきたのです——などというのでさらにまた驚いたりした。やがて蘭州というところで一泊した。家の灯はどこもぼんやりと赤黒く、空は常に黒くて大きかった。この時の旅の、我ながら信じられないくらいゆったりとした気持ちの余裕がいまだに懐かしい。そのやすらいだ気持ちを維持してくれたひとつが夜毎の柔らかい静かなあかりだったのではないかと思っている。

ついこの間、十年ぶりに上海に行ったのだが、空港はごくごく普通に明るく、町も高層ビルが林立していて、そのむかし感じた濃厚な闇の暗さというものはもうどこにもなかった。自動販売機の群落こそなかったが、街の照明も日本と殆ど同じで、ファーストフードの店なども並んでいて、東京の夜のそれと変わらない。

高層ビルは日本よりも高い八十八階建てで高さ四二〇メートルなどというものもある。揚子江に沿ったビル街は夜ともなるとみんな美しくライトアップされて、憎いくらいの演出である。近代都市の光景という意味ではすでに日本のそれを凌駕しているように思った。

ところが通訳に聞いた話だが、建築中のビルの上のほうでときおり揺れる火が見えたりするというのだ。

「現場の作業員がそこで焚き火をやっているんですよ。かれらは仕事が終わっても地上には降りず、そこで寝泊まりしています。その煮炊きしている焚き火が見えるんです」

日本の高層ビル建築ではおよそ考えられない、中国ならではの楽しい話であり、それを聞いて漸く少しホッとした。そして近代都市づくりと焚き火、という組み合わせに、その時ぼくはなにかとても懐かしいやすらぎを感じたのだった。

『ビーグル号航海記』（チャールズ・ダーウィン、岩波文庫）の中でぼくがとりわけ感動したのは、パタゴニアのビーグル水道のティエルラ・デル・フェゴ島でヤーガン族の焚き火の火を見るところである。そこから〝火の島フェゴ〟と呼ばれるようになったということだが、その後ぼくも同じ所を旅してやはりフェゴ島で火を見た。勿論ダーウィンが見た頃のようなヤーガン族が裸で漁をしてその暖をとるための火というわけではなく、それは数年前から採掘の始まった油田の火なのであった。

フェゴ島は数百年の時をへだてていまでも火の島であったという訳だが、同じ火であっても昔と今のそれは火の内容がまったく違うものになっているのが興味深かった。

フェゴ島は九州よりも大きな島だが、いまだに町というものはない。だから夜の闇はダーウィンの頃の昔もそして今もたいして変わっていないはずである。だからダーウィンらが見た焚き火の火と、二十世紀最大のエネルギーである石油の火と、遠くから見たかんじではたいして変わりはないのではなかったのか、とそのときその現場で思ったものだ。

上海の近未来都市そのもののような高層ビルの暗い闇の途中で燃えている焚き火というものをぜひこの目で見たいものだ、と思ったのは、なぜかそういうことを唐突に思いだしてしまったからである。

話は少し変わるが『ナショナル・ジオグラフィック』一九九六年十一月号の「宇宙飛行士の見た地球」という特集記事を見て、ぼくはだいぶショックを受けた。予想以上に損壊しているアマゾン河や荒れ地の拡大していく砂漠の姿にも驚いたが、それよりも、夜の地球では日本がまんべんなく一番明るかった、という記述にいささか愕然としたのである。

一定地域の明るさではアメリカやカナダなどの北米大陸の都市の明るさが目立っているが、日本はそのまんべんなくつらなっている灯で日本列島の輪郭がわかるくらいだというのである。

アメリカやカナダのいくつかの都市がいかに明るくても、広大な国土であるから国全体の比率からいったらごく一部が明るいのにすぎない。すなわち行くところに行けばまだ広大な普通の夜の闇の世界が彼の国にはいくらでもあるのだ。

しかし狭い日本はそのくっつきあった街と街がみんな「これでもか!」とばかりとことんまで光を発散しているものだから、日本列島がそっくり列島の形で全身イルミネーション化しているのである。

なんだかこれはすこぶる恥ずかしいような気がする。もし幾多のマンガや映画で語られてきたように、この宇宙のどこかに地球侵略をもくろむ悪い宇宙人がいて、その地球攻撃の夜（攻撃は大抵夜である）接近してきて最初に狙う場所はイルミネーション化していてよく目立つ日本で決まりであろう。

そんな気分で隣の朝鮮半島を見ると、見事に三十八度線を境にしてジュニア日本のように輝く韓国と、真っ暗な北朝鮮の不気味な対比があった。

夜の地球で一番明るい国というのはいったいなんなのであろうか。

考えてみると文明の進捗度合いと夜の明るさというのはそのまま比例しているようだ。東南アジアの開発途上国の夜というのは、どこでもたじろぐほどに暗い。街の通りもそうだし店の中、ホテルの中、ベッドサイドの灯まで暗い。田舎の村などに行ったら夜の闇の中にまたさらにねっとりした闇の濃度があるのがわかるくらいだ。南インドのマドラスではあまり暑いので道端で人々が寝ている。色の真っ黒な人々なので手探るようにして道を歩いてきて、何度も寝ている人にぶつかってしまったという体験がある。そういう妥協のない本当の闇の夜をもっている国のほうが世界にはまだ断然多いようだ。けれどこういう国もやがて経済力がついてくるとあの上海の夜のようにみんな明るくなってきてしまうのだろうか。

逆にいえば、今この夜空に光輝く（地球を代表するイルミネーションのような）日本というのは、とことんまで成長してきた文化と経済を誇る先進国のあるべきひとつの姿である——と考えていいのだろうか。

ぼくの尊敬する本（妙な言いかただが）のひとつに『夜は暗くてはいけないか——暗さの文化論』（乾正雄、朝日選書）がある。折りにふれて読み返す本である。

この本でぼくはヨーロッパ人とアジアの人々の思考の違いの基本や、いうところのビヘイビアの存立基盤というものを自分なりに理解できたような気がした。浅学早トチリの人生であったから、著者の指摘するものとまったく取り違えてひとりで納得しているだけなのかもしれないが、それでも少なくともこの本でぼくは沢山の新たな思考のきっかけを与えてもらったのだ。

たとえばなぜヨーロッパの人はゆったりと「静」のいずまいを保ち、アジアの人はおしなべてせせこましく「動」の生活感覚をもっているのか。

世界のいろんな国の人に比べてなぜ日本人は天気予報に異常に関心をもつのだろうか。

あるいはなぜ時々旅館の畳の部屋にいくと安心したような気持ちになるのだろうか。

なぜぼくは自動販売機の必要以上の光の強さに苛立つのだろうか。

……そういうことの様々をこの本はやさしく解いてくれた（ような気がする）。

同じような興味や疑問のある方はその本『夜は……』を読んでいただくとして、ここで問いたいのは、この明るすぎる日本の夜がはたしてスゴイのかバカなのか、というとりあえずの問題である。

　この本は対比する文化を家のつくりと灯の変遷でわかりやすく説いてくれる。

　簡単に対比すると、

〔西欧〕石の家――穴を穿つような窓――長い期間の居住――暗さの中にある種の価値を見いだす文化（宗教など）――ゆったりとした照明器具の変遷。

〔日本〕木と紙の家――塞ぎ覆っていってつくる窓――短い居住期間、変わりやすい居住スタイル（西洋化）――目まぐるしく変わった照明器具、流行好きと画一化の速さ。

　同書は冒頭まもなく谷崎潤一郎の『陰翳礼讃』に触れ、日本座敷の素晴らしさを論じている。


「われわれは、それでなくても太陽の光線の這入りにくい座敷の外側へ、土庇《どびさし》を出したり縁側を附けたりして一層日光を遠のける。そして室内へは、庭からの反射が障子を透してほの明るく忍び込むやうにする」しかも、その弱い光が「しんみり落ち着いて座敷の壁へ沁み込むやうに、わざと調子の弱い色の砂壁を塗る」

　どういうわけか谷崎は畳のことをいわないが、座敷における畳は光の動きを支配する大きな要因である。いくら暗いのがいいとはいっても、畳まで黒っぽかったら座敷は実用にならない。天井の木張りも黒ずみ、砂壁も沈んだ色合いだけれども、畳は、新しければよけいのこと、たいへん白みが強い黄緑色だ。障子で拡散された外光は、主として畳に反射して上に向かう。天井や壁には光をはねかえす力はほとんどない。通常の常識では、光は上から下へ注ぐのがふつうだろうが、日本座敷では光は下から上へ溢れ出るのである。(同書より)

そして筆者は江戸時代における日本座敷の夜の燭台や行灯《あんどん》の光も同じように下から上へのベクトルになっていると説明している。だから燭台や行灯がすたれたあとを追って畳の部屋もすたれた。すくなくとも燭台と行灯が滅びたとき、畳の部屋の夜の世界は格段につまらなくなったはずだ、と語っていくのである。

江戸時代の行灯の生活が実際どんなものであったか『大江戸生活体験事情』(石川英輔、田中優子共著、講談社)に著者二人の実際の体験が語られている。

江戸時代の行灯は小皿にいれた油を藺草《いぐさ》を灯芯にして燃やす。これを真っ暗な部屋でつけた筆者は「あきれるほど暗い」とまず感想をのべている。ルックスで計算すると、六〇ワットの電球の明るさに匹敵させるためにはこの行灯を百個ならべなければならない、という。

田中優子さんはこの行灯の光で針仕事をしてみる。こういう細かい仕事をするときは昔の人は行灯の引き戸を開けて裸火をじかの光源にする。そうしてやってみると気持ちが集中するからか、さほどの不便は感じなかったという。ただし針を落としてしまったときは、とうとう行灯の光ではみつけることができなかった。

さらに田中さんは行灯の光で浮世絵を見る。豊国、歌麿、春信の三人の浮世絵であった。値段が高かったわりにあまり気をひかなかった歌麿の絵に驚いた、という。

「雪の降りしきる中を芸者とお供が歩いている図柄なのだが、空のグラデーションの中を本当に雪が降っていて、まるで吸い込まれそうだ。足もとにわずかな雲母摺《きらず》りがされていたことに今まで気づかなかった。それが本当に積もっているように浮き上がって見える」（同書より）

昔の行灯の横で語った恋人たちの話はきっとどきどきするほど官能的だったのであろう。行灯はその暗さによってかえって人の注意力、集中力が増し、味わいが深くなるという。本を読む時も同じだろう。行灯の一番見やすい場所で誰かが本を声にだして読み、部屋のみんなはそれをあきれるほど暗い部屋でしずかに聞いていたのであろう。今になってみるとそういう状況が日常的に存在した時代というのはとても贅沢であったように思う。

外に出ると、街灯のない夜は星がうるさい程に輝いていただろう。星あかりで手紙の文字を読む、という江戸時代の小説を思い出した。新月になると文字通り鼻をつままれても分からない漆黒の闇になっていたはずだ。その闇は妖怪や魑魅魍魎が好きなように徘徊できるもうひとつの豊穣の世界だ。そこを信じられないくらい弱々しい灯の提灯が動いていく。

だから満月の夜はつくづく空を見上げてその強烈なあかりに酔いしれたい、と思ったのであろう。団子を飾って月に感謝をささげたかったであろう。月の光をあびながら人々はそれぞれが静かに何かを思ったのだろう。自分の身の行く末を、好きなひとの安否を……。静かに想う時間とそういう思考を促す夜の闇と明るさのきわだった濃淡があったのだろう。

思えばそういうものを「成熟した文化」というのではないだろうか。

油の火→蠟燭→石油ランプ→ガス灯→白熱電球と生活光源の発達は浸透時期こそちがえども欧米も日本も同じ順序をたどっている。

しかし欧米と日本のそれで決定的に違ったのはその後入ってきた蛍光灯への対応であった、と先の『夜は暗くてはいけないか』では問うている。

一言でいうと蛍光灯以前の光源には生活の歴史的な流れの関連性がある。蛍光灯は光の質においてもその照明器具のスタイルにおいても、欧米の人々の暮らしの感覚からはかなり違ったものであった。けれど急速な「和」から「洋」への居住環境の変化や生活ぶりの転換のなかで日本人にはこの〝蛍光灯〟が〝流れの分断〟という意味においてもうまく機能し、融和した――と。

なるほどなあ、とぼくも大いにうなずくのである。いろいろな国の照明装置を見ると、文化レベルの進んだ国ほど個人的な場所では、照明は間接的、部分的になり、光源も白熱電灯系が多いようだ。オフィスでもアメリカなどは蛍光灯を剝き出しにするところは少なく、光を拡散するカバーをつけているところが多い。

しかし目下の日本はとにかくより強くよりはっきり、というのが主流で、蛍光灯などは剝き出しの、その主力である。

しかしどうもあの蛍光灯というのは、あまりにもあられもなく明るすぎる、のではあるまいか。なにもかもそんなにいつもどこも目いっぱい明るくギラギラにしていることはないのではないか、と時折強烈に思う。コンビニエンスストアなどに行った時、何もここまでいたるところ、まるで手術室みたいに影もでないくらいに明るくすることはないではないか、と思うのである。

電車の中でもそうだ。レストランも明るすぎる。凄い美人、と思って一緒にはいった店でテーブルに向かい合わせ、ひそかに落胆したこともある。もっともむこうもそうであろう。

せんだって韓国に行ったとき、不夜城といわれる一角で物凄いかの国の人々のエネルギーを見た。その一角は大小様々な店が並んでいて、そこへ全国からの商売人が品物を仕入れに来るのである。朝まで祭りのような騒ぎが続いているのだ。ここでも何万本という剝き出しの蛍光灯で「昼より明るい」街がつくられており、その光に負けないくらい、それを煽るような、もう狂気に近いようなバクレツ状の音楽が街中に響きわたっていた。

「日本より凄いでしょう」と同行の韓国人は自慢げに言っていたが、有り難いことに日本にはもうこのようなやみくもなエネルギーはなくなっている。しかし上海にはこれからこのような不夜城ができるかも知れない、と思った。

イルミネーション日本ではあるが、実のところ、その明るさにはひと頃のような元気はない。このままどんどん元気をなくしていって、状況により、あるいは機をとらえて、やがてじわじわと明るさの濃淡を選べるような暗さを意識した〝あかりの文化〟にいつか変化していってくれたらいいのだがなあ、と思っているのであるが……。

素晴らしいぐにゃぐにゃ風景

自然保護運動に関心があり、あちこちで起きているそれに関連する問題をできる限り知りたいと思っている。そこにはいろんな事情がからまっているのだが、大抵最終的に行き着くところは「金《かね》」であることが多いようだ。すなわちそのプロジェクトに関わっていくと誰かが儲かる、有形無形の利益を得る、ということで、賛否の方向性ができていくケースが多いようなのだ。

最終的に「金」のためだけに海が埋められ、山が削られ、川の流れが止められていくのを見ているのはどうにも悲しい。だから状況さえ許せば具体的にそういうことの反対運動などにできるだけ関わることにしている。

この間も江戸時代から残る巨大な堰（第十堰）を壊し、百五十年に一度くるかこないかの洪水の防護のために、新たに一〇三〇億円を投じて可動堰を作ろうということで問題になっている徳島県の吉野川に行った。その工事計画について賛成か反対かの住民投票を行うことになった矢先のことである。

第十堰をこの目で見たのはその一年まえであった。二百五十年の時間をへても当時のすぐれた石積み技術が分かる巨大な歴史的建造物で、いまだに川の流れのコントロールをきちんと果たしている。

沢山の人々が回りで遊んでいた。その周辺には百種類以上の生き物が棲みついていて、ヒトもその他の生き物もすっかりあたりの風景と調和していた。

川の自然破壊の問題ではその前に長良川の河口堰建設に対して沢山の論議が噴出し、その巨大な工事の是非をめぐって紛糾した。様々な角度から運用が疑問視されていたのにもかかわらず、巨大なダムはついにつくられてしまったのである。

今、長良川の河口に行くと一八四〇億円を投じられたこの堰が威（異?）容を誇っているのが見える。そしてこのダムの出現によって、懸念されたように長良川下流の自然体系は大きく変えられてしまい、流域漁師は転廃業を余儀なくされている。

あの勇壮かつ、たおやかで力強い江戸庶民の歴史を感じる吉野川の堰も、やがてこんなふうな無機質で高圧的なダムの風景に変えられてしまうとしたらなんとも悲しい話である。

その少しまえ、インドネシアのバリ島に行った時のこと。道々バリの田舎の風景がいたるところでここちよかった。

とくに田園地帯の風景がこころを和《なご》ませてくれた。同じ米作農業の盛んな国でありながら日本のそれとどこか違って見えたのは、そこで働いている人の数がまったく違うことであった。

バリ島の田んぼは一家総出で仕事をしているらしく、あちこち老人から子どもまでわらわら動き回っていて、実に活気にみちていた。機械化の進んでしまった日本ではなかなか見られなくなってしまった「ひとがらみ」の元気のいい風景がそこいら中にあった。この島の田んぼがどれも半円形の丸い畦の切りかたをしていてそれが棚田になっているので、見渡す田んぼの風景が大きくたちあがっているように見える。様々なグラデーションに彩られた緑が大きくパノラマ状に広がり、水牛や犬やブタまで含めたそのあたりの風景がゆったり躍動しているように見える。

第一次産業に人が沢山とりついているのは元気のいい風景に見えるのだな、とその時思った。

同じ田んぼでも日本のように畦をきっちり四角に切り、平面に展開している田んぼとは随分印象が違う。ましてや機械化が進み、そこに普段殆ど人の姿が見られない日本の田んぼの図形は、ある種幾何学的な冷たい印象である。

『たんぼ』（ジョニー・ハイマス、NTT出版）はイギリスの写真家が撮った日本の田園の写真集である。この本が出た時一番気になったのは、ヨーロッパ人が日本の田園の何にもっとも興味をもって見ていたのか、ということであった。そこに掲載された写真を見ればそれは一目瞭然なのだが、答えは簡単であった。

取材地は全国にわたっているが、このイギリス人がもっとも沢山取り上げているのも、畦が円形もしくは不定形になって積み重なっている棚田であった。

そうしてもうひとつ分かったのは、この外国人の目を通して見る日本の田んぼというのもじつに色彩が豊富でゆったりとして美しい、ということであった。バリ島のあのいきいきとして豊かな風景にまけてはいない。しかしひとつだけ大きく違うのは、日本のそれがきわめて限られた場所にしか無い、ということであった。そういう意味では日本のそれはもう生活の風景ではなく、極端にいえば、かつての牧歌的な田園日本を懐かしむ観光風景にちかい、という違いがある。この写真集には田園で働く人の姿は殆ど写っていないということもなんだかそのことを象徴しているようで、バリ島のにぎやかな棚田とは本質的な違いを感じたのである。おそらくこの写真家は、田園を日本の第一次産業の生産の場ではなく、東洋のエキゾチックな風景のひとつとしてとらえていたのでもあろう。


アメリカの西海岸にあるサンタクルズという海岸沿いの小さな町に一週間ほどいた時のことである。アメリカ人のごく平均的な住まいをそっくり借りていたのだが、広いテラスがあり、そのすぐ前は道路を一本へだてて海が広がっていた。素晴らしいカリフォルニア・ブルーの下、ぼくはそのテラスで原稿を書く予定だったが殆ど手につかず、毎日海ばかり眺めていた。

町の人々も毎日海にやってくる。早朝から日没まで、いろんな人がいろんな恰好をしてやってくる。散歩。ジョギング。サイクリング。スケート。若者。カップル。老人。グループ。親子づれ。様々であったが、みんな一様に海を眺め、海の風に触れ、海の匂いをかいで幸せな気持ちになっているようだった。

いやまったく本当にその町の人は海が大好きのようだった。海の中ではサーファーが一日中波になろうとしているし、ダイバーもいる。釣りの人も沢山いる。人間だけでなく動物も嬉しそうだった。犬は人間の数ほどやってくる。海の中にはラッコが泳いで貝やカニなどを採って嬉しそうに食べている。その向こうにオットセイが剽軽《ひょうきん》な顔をだす。クジラが遠くシオを吹いている。

早朝海沿いを散歩すると岸壁の途中でオオミズナギドリの巣があって、そこで沢山のオオミズナギドリが朝の身づくろいをしているのを見かける。ウミネコの群れがいる。海鵜もいる。驚いたのはケイマフリを見つけた時だった。たまたまその半年前、取材仕事で北海道の天売島《てうりとう》でその北国の鳥を見たばかりだった。日本にも昔は北海道のあちこちにこの鳥はいたそうだ。けれどこの美しい海鳥は沿岸漁業の海面を洗うようにして流される巨大な網漁の犠牲などでどんどん追われ、今は人の近づけないこの孤島の岸壁で辛うじて生きているが、絶滅はもう時間の問題のようだ。

そんな鳥が、この町では人家からほんの二〇メートル程のところで生息している。どうしてなのだろう？　とぼくは素朴に疑問に思った。

理由は案外簡単に分かってしまった。この町の海岸は、高さ一〇メートル程の断崖がずっと続いているのだが、ぼくが見たその数十キロというもの、海岸線のどこも、まったく護岸工事というものがなされていないのだ。すべてむき出しの岩と砂が続き、そこを力のある波がどどおんと打ちつけている。

ところどころかなり規模の大きなビーチもあるのだが、そこも人間の手は何も加えられていない。テトラポッドなど皆無。すべて自然のままの海岸線が続いていた。そのへんが日本の海岸風景とは全然違うのだ。これだったら海鳥も海獣も十分生きていけるのだろうなと思った。

西海岸の人たちがなぜ岸壁にコンクリートの壁をつくらないか、ということについては正確にはよく分からない。海岸線があまりにも長く広大で、コンクリートの壁など、チマチマ張り付けていられない、ということがあるのではないか、とぼくはゆけどもゆけども海の続いている海岸線沿いのハイウェイを走りながら考えていた。それからもうひとつ。ここらの海は、人間がこの大陸にやってくる遥かな以前から岸壁に波を打ち寄せていた。二千年前。いや二万年前。いや二〇万年前……？　どっちみちすぐには見当もつかない遥かな太古から波濤はこの大陸に打ちつけていたのである。たかだかほんの数十年前。ざっと考えて実用化されたのはせいぜい五十年前。人間がつくったコンクリートでその岸壁を覆ったってそれで何年岩や土の壁を覆っていられるというのか。海に崖が削られていったらその分人間が後退していったらいいのではないか。これまでここに住む人たちがそうしてきたように、これからもまた……というようなことを考えているのではないか。と、ぼくは思ったのである。

ぼくの一番好きな本はレイチェル・カーソンの『われらをめぐる海』（早川書房）である。この本はぼくにとって正真正銘の座右の書というやつで、外国に長期の旅に出る時など必ず携えていく。なんというのだろうか。この本を読むと気持ちが安らぎ、そしてその逆に〝猛《たけ》る〟のである。ぼくにとってはとにかく不思議な力をもった本である。『潮風の下で』（宝島社）はこのカーソンが『われら……』よりも前に出版した本であるが、日本では大分遅れて一九九三年に出版された。本国で出版されてから実に五十年の歳月が経っている。

この本はアメリカのありふれたあちこちの海岸におけるすべての生き物たちの詳細にわたるきらめくような命のドラマが綴られている。〝地球と命〟ということを心のわきたつ思いで考えざるをえないような話がちりばめられている。これを読んだら、人間が海にコンクリートをはりめぐらす事のあられもない愚を思い知らされる。

サンタクルズの町の人々がそれがなにかのキマリゴトでもあるかのようにみんな毎日海を見にやってくるのは、この町の人々がみんな海が好きだからであり、海が好きなのはその海がいつも綺麗であるからではないか、とぼくは思った。海が綺麗だからそこにずっといる、というのは、ラッコやオットセイや、それからその周辺にいる夥しい数の魚たち、そして海鳥たちについても同じことであろう。

そうしてもうひとつ、ぼくがその町にいる短い間に感じたのは、その町に住んでいる人々がみんなにこやかで屈託なく町を歩いている、ということであった。そんな人を見ているだけでそのいい気分が伝わってくる、というようなところがあった。

「いい人が多いんじゃないの」と、この町に三年程住んでいた息子に聞くと「落としたサイフがかえってくるくらい」と、笑っていた。

数年前、トロブリアンド諸島の人口千五百人ほどの島に行った。マリノフスキーの『西太平洋の遠洋航海者』(中央公論社)にでてくる「クラの儀式」をもっと詳しく知りたかったからである。

その島の住人は、まだ南海の孤島そのものの生活をしており、男はフンドシ、女は腰蓑をつけている。住居は木と葉でつくった高床式のもので、集落の真ん中にはまだブタにまで進化していないイノブタやニワトリや犬などが放し飼いになっていてその微妙な力関係のテリトリーを守っている。のどかではあるが都市の娯楽や刺激は一切ないむきだしの自然の風のなかで生きている人々がいた。彼らはそれなりの自分たちの生活を楽しんでいるように見えたが、タロイモやヤムイモを中心とした食生活は変化に乏しく、島という閉ざされた生活空間のなかで精神的な閉塞感をぼくはずっと感じていた。

その旅から日本に帰ってきた時のことである。なんだか自分の感覚がヘンだ、ということに気がついた。

家に帰ってきた時まず玄関の階段に目がいった。もう二十年も見慣れている我が家の階段であったが、その日は普段気にもとめていないようなその階段の「角度」が非常に刺激的であった。何というか実にきっぱりとして鋭い「かくど」であった。

自分の仕事部屋に入ると正面の障子にすぐ目がいった。沢山の桟で囲まれた障子のマスが全部きちんと同じ大きさで並んでいるのにまず衝撃を受けた。胸がドキドキした。食事の支度ができて、自分の定席に着いた。座った正面の壁に色紙を入れた額が飾ってある。いつも見ているものだ。普段はそこに書かれている崩された文字を見るともなしに眺めていたが、その時はそんな文字よりも色紙の四角い形と、それが入っている丸い額に目がいった。その四角と丸の組み合わせがなんだか妙に強烈だった。

食事が済んで子どもたちの勉強部屋に行った。息子の乱雑に散らかった机の上に三角定規が転がっていた。その三角定規が実にまた刺激的であった。きっぱりした「直角」

にしばし見惚れていた。寝るまえには頭の上の丸い蛍光灯に目がいった。その蛍光灯をとりかこむ四角い傘との組み合わせは、食事の時に見た色紙の四角と丸の組み合わせの丁度逆であることに気がつき、またもや胸が躍った。

翌日も同じように普段たいして気にもとめないようなものばかりに目がいった。電車のドアとドアの間の窓がたった二つしかない、ということに気がついたのもその時であった。

しかしその視覚の違和感は徐々に消えていった。ぼくはそんな思いがけない刺激的な風景を密かに楽しんでもいたので、そのことが少々寂しかった。同時にどうしてなのだろう？　ということも考えていた。

答えはわりあいすぐに見つかった。推論だが、たぶん間違いないだろうと思った。要は「視覚の慣れ」ではあるまいか。

家に帰る直前までいたところはその大海に浮かぶ孤島なのであったが、ぼくがそこで毎日眺めていたものと関連があるように思ったのである。

その孤島でぼくが毎日見ていたのは空であった。そして流れていく雲がいつも気になった。海とその波も、常に見ていた。風に揺れる花や木や草。動き回る犬やニワトリやブタたち。そして人間たち。草むらにもぐりこんでいく蛇のしっぽ。クモの巣に捕えられてもがいている蝶。夜の星や月。毎日のように目の前にあった夜の焚き火。

そういうものを毎日眺めていた。そして分かったのだが、そういうぼくが日課のようにして眺めていたすべてのものは全部自然のものであった。科学や工業の関与しないまったくの自然界の図形であった。

自然のものというのは形が不定形である。別の言葉で言えば柔らかく、危うく、そしてぐにゃぐにゃしている。けれど自然界の造形というものは、たとえば毎日嫌になるほど見ていた海の波や、空いく雲や、風にふるえる草の葉など、それらが不定形である分とても目に柔らかい図形であった。きっちりした直線、直角、四角、真円、正三角、といったものはまったく存在しない。言い方を変えれば、自然のぐにゃぐにゃしたこれらの風景はとても目に優しい。視覚につながる人間の〝こころね〟、気持ちに優しい。

ああ、そうだったのかもしれないな、とぼくは思った。

その逆が都会に住んでいるぼくの日常生活で見ている毎日の風景なのである。

都市の文化生活というものは、たとえば今ぼくのまわり三、四メートルの空間を見回しただけでも部屋、窓、机、額、本棚、階段、ドア、酒の瓶、鉢、テレビ、エアコン、パソコン、ペン、ノート、時計、ポット、電話機、灰皿……。その殆どが直線と直角と四角と三角と真円の組み合わせである。

都市のビジネスの空間といったらまさにそればかりが視覚の中心を複雑に構成してい

るのだろう。

ぼくはトロブリアンドのその島で、普段暮らしている世界とはまるで別な風景、別な視覚の世界に暮らしていたのである。そうしていきなりまたもとの視覚世界に戻ってきたのだった。

「視覚のウラシマタロウ現象」という言葉が頭の中に浮かんだ。

いろいろなことが分かってきたような気がした。例えばどうして職場に花を飾ろうとするのだろうか、というようなこと。あるいはどうして旅に出たくなるのだろうか、というようなこと。

〝文化生活〟という直角や三角や四角だらけの、視覚神経にぎすぎすして刺激の強過ぎる風景のなかにいると、人間はもっと心や気持ちに優しい風景を求めるようになるのではあるまいか。山や川や海や、その上に広がる空や風。そういうやわらかい風景を強烈に求めていくような気がするのである。だからせめて職場の窓から遠く流れる雲を眺め、机の上の花を眺め、気持ちのバランスをとろうとしているのではないか。

私達はくたびれると、温泉に行ってゆっくりいい湯につかり、美味しいものでも食べたいなあ、などと言うが、そのことの深層心理というのは、やはりくたびれた心のどこかが優しい風景を求めているのではあるまいか。温泉宿があるのは、山や海や川や草原などに隣接した風光明媚なところが多い。温泉に入って、美味しいものを食べる喜びもさることながら、そういう自然がしっかり残っている場所に行って、四角や三角や直線や直角の図形の希薄な、もっとぐにゃぐにゃした風景を眺めてぼんやりしていたい、という深層心理がそんなふうな行動を欲求しているのではないだろうか。

ぼくが自然破壊に通じる大規模な公共事業のプロジェクトにいつも抵抗意識をもつのも、そんな気持ちに起因しているのではないか、と思うのである。もう日本人は海、山、川をとことんまで壊し尽くしてきた。せめて今そこにある自然、辛うじて残されたやわらかい自然の風景を残しておかないと、次の世代の人たちにもう本当に申し訳がたたないのではないかと思うのである。

旅の話、宿の話

チベットに行ってきた。これまで随分いろんな国を旅したが、あれほど宗教に色濃く包まれ、信じることに忠実な人々に満ちみちた土地を旅したことはなかった。それが非常に新鮮な思考の刺激になった。とりわけあちこちで見かける巡礼者の姿に心を奪われた。

二、三人で歩いている巡礼者もいたが、訪れた時がちょうどチベット暦の正月だったからなのか大人数の集団のほうがよく目についた。

私たちのような国の者から見ると、彼らの姿は泥や埃に汚れ、顔や手足なども陽にやけて真っ黒になっており、つまりはまあその全体が凄まじい恰好にうつるから一見〝ダナラヌ〟人々の群れ、のように感じてしまいがちだが、実際には巡礼者当人らからいったらこれほど充実して楽しい、人生最大のイベントはない、と考えているヨロコビの旅であるらしい。たしかにあちこちの寺院で出会う彼らの表情は生き生きとしており、何人かの巡礼者に話を聞いたが、みんな屈託なく実に楽しげに充実し輝いて見えた。

ラサのジョカン寺の門の前には毎日早朝から街の人や巡礼者など老若男女がぎっしり詰めかけ、競うようにして五体投地礼を続けている。その姿は最初見るとびっくりするけれど、何日か見ていると次第に彼らがそのことを恍惚とした表情で繰り返していることに気づき、つきつめるところ、これはアメリカ人の早朝ジョギングや、日本人の早朝のラジオ体操とどこかで通底したものがあるのを感じるのである。もちろん日本のラジオ体操とチベットの五体投地礼では、その行為に投じる思いや心の深さに雲泥の差があるのだけれど……。

この国の巡礼者をなにか〝タダナラヌ〟人々、というふうに思いがちなのは、これまで彼らを紹介する写真や文章、テレビの映像などがその姿を決まって紋切型に、一向専《せん》修《じゅ》、峻厳にして苛烈な苦行の民、などという、いわゆる絵に描いたようなそういう枠のなかにおさめたがっていたからではあるまいか。

しかし聞いてみると、巡礼者はその行為が厳しければ厳しいほどご利益がある、という考え方だから、厳しければ厳しいほど彼らは幸せに思うのだ。そして同じ行を共にする同じ村の知り合いたちとの巡礼の旅は、彼らにとって基本的に楽しい日々なのである。

現地でそれらのあるがままを目のあたりにして、その昔日本の写真家や映像作家が紹介してきたものが、いかに意図的な方向づけをした「そうであれかし」の風景であったか、ということを知っていささか笑ってしまった。これはインド、バラナシのガート

（ガンジス河の沐浴場）で、日本人からみたら相当に違和感のある風景——たとえば強烈な宗教歌のなかで一心にガンガーの水を浴び、あたりに死体やさまざまな汚穢《おわい》物の流れてくる川の水を口にふくんで礼拝する夥しい数の巡礼の人々を、ことさら暗く深刻な風景に撮っていた写真家などの意図するところと同じなのだろう。

実際に目のあたりにするインド人の巡礼者は底無しに明るかった。彼らのその巡礼も村の仲間たちと一生に一度のあこがれの聖地への旅であるわけだから、待ちにまったヨロコビの旅なのである。インドを旅した時、その各地で明るい陽光の下、お花見と運動会と町内旅行が一緒になったような大騒ぎを見た。そして今回あちこちで見たチベットの人々の巡礼の旅も、その根ざすところはまったく同じなのであった。

帰ってきてすぐに前から読みたくてしかたのなかった『チベット旅行記』を読み、当時の旅の形をいろいろ知った。この本を読むのは自分が実際にチベットに行ってからにしようと思っていたので漸く解禁にありつけたのである。

なるほど当時は旅装も貧弱で地図もなく、山賊も多く、常に死と直面したような旅を強いられていたが、そうした極限状態の中の旅は「人生」そのものだったのだな、ということをこの本を読んで明確に理解することができた。そして今現在も続いている活発で熱心なチベット人の巡礼の旅が、旅の形としてはもっとも目的意識のはっきりした、いまだに行える「人生的な旅」であることを理解し、あらためて羨望の思いにいたった。

今の日本人の旅には程遠い、しずかに内面的に充実しているだろうその旅のスタイルに対してである。

日本人にもかつてこうした信心の旅があり、盛んであったことを『落語にみる日本の旅文化』（旅の文化研究所、河出書房新社）でさまざまに知った。その代表的なものが伊勢詣《まい》り、大山詣りで、なるほどこれはどちらも落語で聞いてその最初の知識を得た記憶がある。

この本のなかでとりわけ興味深かったのは神崎宣武氏が「大山詣りと講社の旅」の論文で書いていることである。

「一生に一度の伊勢詣り」とか「おかげまいり」といわれ、当時一番人気のあったこの地に旅する人は享保三年（一七一八）正月から四月十五日までに四二万七五〇〇人おり（伊勢山田奉行が参宮者を幕府に提出した資料）、この数値をもとに「旅は農閑期にあたる正月から春先にかけて集中したことを考慮するなら、その数のせいぜい五割増の数値を年間の参宮者数とするのが妥当であろう。したがって、江戸中期には、年間約六〇万人から七〇万人が伊勢参宮を行っていた（中略＝実際には通行手形を所持しない抜け参宮と呼ぶカウント外の者も相当数いた）。当時の日本の総人口を大ざっぱな推計で二〇〇〇万人前後とすると、約二〇人に一人が伊勢に歩を進めていたということになる」と説いている。さらに「最近の海外旅行者（ビジネス旅行者を除いた実質的な観光旅行者）は年間約九〇〇万人で人口比でいうとほぼ一五人に一人となる。つまり、当時の伊勢参宮客だけをとってみても、現在の海外旅行ブームにさほど劣らないほどのにぎわいだったのである」

筆者がいうように当時はこの伊勢詣りのほかに大山詣りをはじめ出羽三山（山形）、善光寺（長野）、熊野（和歌山）、金比羅（香川）、宮島（広島）などへの宮詣りもさかんに行われていたし、その旅の期間も半月から一月にわたるくらい長い期間を必要としたであろうから、当時の日本の旅の殷賑《いんしん》ぶりはたいそうなものだったのだろう、とうかがい知ることができるのである。

『旅行用心集』（八隅蘆菴著、今井金吾解説、生活の古典双書三、八坂書房）の序文は、

「夫《それ》、人々、家業の暇《いとま》に伊勢参宮に旅立するとて其用意をなし、道連等約束し、いつ何日《いつか》は吉日と定、爰彼処《ここかしこ》より餞別物抔《など》到来し、家内も其支度とりどりに心も浮立斗《ばかり》いさきよきものハなし……」

で始まっている。

本文はその旅に持っていくものから、旅先で注意すべき動物（蛇、毒虫からはじまって狐狸の化かしにいたるまで）と人間、襲いかかるおそれのある病気、宿の判断、川の

渡り方、股擦れ、足豆の治療の仕方にいたるまでまことにもって細かく具体的に指南していて今日にも大いに参考になるくらいだ。

そうなると当時のまあ言ってみれば日本の旅人の大多数を占める〝巡礼〟たちがどんな宿にどんなふうに泊まっていたのか、ということが気になる。

そうして偶然見つけた本が『旅風俗』（講座日本風俗史・雄山閣出版）であった。江戸時代の旅の道中編、宿場編の二冊に分かれている。

道中編はさっきの『旅行用心集』のケーススタディーのようになっていてすこぶる面白かった。そして宿場編を見ると日本の旅の発達史のようなものが見えてくる。

当時の宿は原則として泊まるスペースを与えるだけで、食事はそれぞれが自炊というのが普通であり、大名も自分たちの連れている料理人に賄わせ、風呂なども桶を担いでいって自分たちで沸かしていることが多かったという。

よくひどい宿のことを今日でも「木賃宿」というが、当時はこう呼ぶ宿が主流で、これは自炊する場合に必要な燃料代（つまり薪＝木のことだろう）を払うだけでよい宿のことを言ったのだ。

まあこのような話はこの時代のことに詳しいひとにはなんのこともないのだろうが、俄《にわか》興味のぼくにはいろいろと面白かった。

全体を通じて分かったのは、この時代の人々にとっての〝旅〟はやはり、確たる目的がないとなかなか出かけることができない、覚悟と度胸と決断のいる大きな〝仕事〟であったらしい、ということである。

今の日本人の旅の目的はいったいなんだろう、とそのチベットの旅の帰りに考えてみた。日本人は世界でも相当に旅行好きな国民と言われているが、その目的としてすぐに浮かんだのは「買い物旅」である。それに類したもので「世界グルメ旅」のようなニュアンスのものがある。旨いものさがしとかブランドもの買いあさり旅、などというのはどうもやっぱり恥ずかしい。もう少し人生的哲学的な旅はないのだろうかと思ったが、今の日本では無理のようである。研修旅行の最たるものは「修学旅行」なのだったろうが、今は殆ど形骸化しているらしい。「社員旅行」は衰退の一途だ。「不倫旅行」なんていうのをよく聞くが、本当にそんなにあるのだろうか。「日本再発見の旅」とか「フルムーン」などという仕掛けの旅もあったが、当然根づくことはなかった。

ぼくはこのところ「取材旅行」ばかりだ。取材旅行の対象地はさまざまであるから宿もいろんなところに泊まる。いい宿もあるし、とんでもない宿もある。泊まってみないとわからないほうが多いけれど、これだけあっちこっちに泊まっていると最近はなんとなくそのよしあしがニオイでわかるようになってきた。どうも犬みたいだ。

ニオイというのは取り敢えず言葉のアヤで、つまりはまあ気配、雰囲気というやつだ。

もっともこの間は本当のニオイで最初からこれはどうも手ごわそうだぞ、と直感した宿があった。長崎のある離れ島の旅館であったが、泊まれるような宿はとにかくそこしかなく、テントも持ってこなかったのでお世話になるしかなかった。

ニオイはモロに便所の糞便の臭いであった。風向きなのか位置の問題なのか、どうしてそんなに凄いのかわからなかったが、とにかく強烈な臭気であった。

「うーむ」と思ったが、しかしよく考えればぼくも昔はくみとり式の便所の家に住んでいたことがあったから、これは懐かしい少年時代の臭いなのでもある。しかも泊るのはたった一晩である。これから二、三年ここにお世話になるということだったら少し考えてしまうが、離れ島でもあるし「これもまたよし」というふうに判断した。こういう臭いというのは暫くすると慣れてしまうものであるし……。

おばあさんが出てきて、まあなかなかに愛想よく迎えてくれた。よおしよおし……と思ったのはそこまでで、あとはいやはややっぱりとんでもなくひどい宿であった。

いちいち書いていくときりがないので問題点だけ申し上げると、通された部屋が①煤だらけ②窓の障子が穴だらけ③その窓がうまく開閉できない④やっと開けたらその向こうが牛小屋で牛の糞の臭いがどっと攻め込んできた⑤風呂はその家の家族の使っている風呂で空のシャンプーやら化粧品、子供の風呂遊び道具、風呂の掃除道具などでごしゃごしゃ⑥湯がちょろちょろ⑦めしのおかずはなぜかサザエばっかり⑧布団は掛け布団しかなくそれを敷布団兼用にする⑨夜中にいきなり障子の破れ目から大きな蛾や蝉が飛び込んできた⑩親父はここがある釣り好きの俳優の常宿である、ということを自慢しつづける。

と、まあ主なことだけでこれだけある。いろいろ考えてしまったが、この宿の親父はこの三十年くらい現代のヨソの宿に泊まったことがないんじゃないかと思った。それから親父のいうその俳優がもし本当にここを常宿にしているのだったらその俳優は汚穢臭好きの自虐フェチなのではないのか。

まあこんなふうに旅ゆけばいろんな宿がある。ではついでにそのほかの問題宿をあげていくと、

①久しぶりに出掛けた家族旅行。団欒の夕食時にいきなり着飾った衣装でお供のものとやってきて挨拶を述べる有名観光旅館の女将。あとでわかったのだが、その大仰な挨拶は各部屋でやっており、要するに毎晩その着物を見せに回っているらしい。

②どうってことない料理の並んでいる夕食時に部屋にやってきて居座り、その料理はおれがこしらえたんだと煙草吸いつつ自慢する民宿の親父。

③朝食に変化を、という確固たる信念があるらしく朝飯の客を大広間に集めて妻の捏《こ》ね取りで餅をつく親父。そのつきたて餅を歌と踊りで「ハイサ、ホイサ」などといいながら客に配って歩く迷惑朝食。そんなのを拍手するやつなんかがいるからますます親父

はその気になってしまう。ゴハンが食べたかったのに……。
④腐臭のする安ホテルの一室。もしや死体でもあるのかと思ってあちこち調べたが、なにもない。しかし本当に気持ちが悪くなるほど臭いので部屋を変えてもらいたいと申し出たら、満室との返事。いまから別のホテルを探すのも大変なので強い酒をガーッと飲んで強引に寝た。寝ている間に体にその腐臭がしみ込んでしまったようで、しばらく気持ちが悪かった。
このほか外国でのことだが本当にポルターガイストらしきものがでてくるホテルに泊まったことがある。また、南米の宿では夜中に帰ってきたら我が部屋で従業員の男女がモロに怪しいことをしていた——等々思い出していくときりがない。

日本の宿の問題点はおしなべていうと、
①何事もとりあえずきちんとしているが、とにかく高すぎる都市の高級ホテル。冷蔵庫の缶ビールが一本八百円、ルームサービスのカレーライスが三千六百円、というフザケタ値段が全てを物語っている。清潔そうに見えるが、窓の開かないホテルが多いので実は不衛生。外国の一流どころに較べて問題外に部屋が狭い。宴会営業が儲けの主力で客室の仕事がおろそかになっている。
②入り口に着物姿の仲居さんをずらり並べて「いらっしゃいませー」などとまったく心のこもっていない大声で挨拶させる日本旅館。相変わらずのビニール袋入りのへなへ

なに薄いタオル。病院を連想するペタペタスリッパ。干したことのない布団。大量餌やり空間のようなバイキングの朝飯。

等々。こっちのほうもきりがない。『高級ホテル・高級旅館の「罪と罰」』(小田創、はまの出版)は、日頃旅のまにまに同じように思っていることがいっぱい書いてあったのですこぶるおもしろかった。

熱海などはこの数年、マンモス観光旅館が次々に潰れて未曾有の危機にあるらしいが、この本を読むとその理由がよく分かった。儲け主義が先に走り、各旅館が旅館の中にお土産屋、ラーメン屋、ゲームセンター、マッサージルーム、日焼けサロン、二次会用のバー、スナック、居酒屋、キャバレー、カラオケ屋などをつくり、いわゆる疑似歓楽街を創って客を街に出さないようにしてしまった。

人が徘徊、回流しない温泉街は魅力を失い、それによって急速にエリア全体の集客力を失っていった。——ということが結構大きかったようだ。

旅をする人は必ずしも都会にあるのと同じような歓楽街をそこに求めているわけではないと思うのだ。むしろ都会にない素朴な温泉町の風情を求めて行く人が多いはずである。金を吸い込むことだけを優先させて、旅する人のための旅の魅力の場をこしらえ提供する努力を怠ったのだ。自業自得というわけでもある。

しかしその一方でぼくには単純な疑問もある。では旅に出る人が旅先の宿に一体どんな「旅の心」や「旅のやすらぎ」を求めているかというと、どうもそれはまことに心もとない気もするのである。

たとえば今述べた熱海のような、旅館の中をひとつの歓楽街にしてしまうという仕掛けの旅館は全国に沢山ある。そういうものを目のあたりにして不思議に思うのは、それらの旅館の中のバーやスナックなどに大抵いつも沢山の客が入っているのだ。それらはみんなその旅館なりホテルなりがやっている模擬店のようなものであり、つまりは「まがいもの」である。それでも宿泊客で一杯になっているのを見ると、客のほうも結局そんなものでいい、と思っているのだろうな、と解釈するしかない。

北陸のある旅館は館内の「朝市」を売り物にしていた。といっても本当に漁師や農家の人が自分のところでとれたものをもってくる本物の朝市などではなく、その旅館が自前でやっているものでつまりは名前だけ。しかもその「朝市」の開催時間が夕方四時からの「朝市」というよくわからないものであった。

けれどそれでもお客は宅配用のダンボールを持ってそこに群がっているのである。客も旅館側もつまりはその程度のところで「いい」と思っているのだろうか。

日本の旅は確実に衰退していくのだろうな、というのがぼくがこの頃感じていることで、その理由のひとつはこのように旅館やホテル側がわけがわからないことをしているのと同じように、旅に出ていく人々もべつにその旅をするに確固たる信念やポリシーなど何もない、ということがはっきり見えてきているからでもある。日本人の旅でいかにも日本人的なのは「どこでもいい」という旅の目的地だろう。強いていえば温泉があって美味しい食べ物が出てきて、お土産が買えて、安いところ、という具体的な項目があるくらいではないか。

江戸時代の「巡礼の旅」の後にも、昔は新婚旅行のための名所であるとか、湯治客のための場所であるとか、ある特別のものを食べられる土地（北陸のマツバガニ）とか、有名な風景が見られる一帯（富士山や阿蘇や季節の花や）などというものを求めた旅がかなり明確に存在した。けれど今はそのようなものが旅人を呼ぶ力にはなりえなくなってしまった。つまり旅する人もそれを迎える宿も、両者ともさして目的もこだわりもない、いい加減な妥協のもとに成り立っているのだ。

もう〝旅〟にひとりひとりの確たる目的のあった時代は日本ではすでに終焉を迎えているといっていいのだろう。

アミノ酸の呪縛

先日久しぶりに格式ばった会食の席に出た。着慣れないカラーにスーツというのもいけなかったのだが、フォークとナイフのフランス料理というのにいまだに馴染めずにいる。

すっかりくたびれてしまった。

そのレストランは一流中の一流で、勿論料理も最高なのだろうが、同席している人々が新しい料理がでてくるたびにそのうまさかげんにことごとく驚嘆する。しかしぼくはそれほどには感激しなかった。まあそういう高級な料理の味を理解する味覚能力も食味経歴もまったく貧困であるということが一番大きな理由なのだろうが、しかし、それにしても、料理というのはそんなにみんなでいちいち「おいしい」ということを確認しあいながら食べるものなのだろうか？　ということが気になって仕方がなかった。

テレビのグルメ番組などは、それを食べてみる人が（まあ仕事なのだからしょうがないのだろうけれど）きまって大袈裟においしいということを顔や言葉で必死に表現するので、見ていて恥ずかしくなることがある。そういうことを表現する語彙や伝達の術が豊富ならばここちよく騙されていいのだが、日本のタレントは勉強しないから「おいしい」とか「柔らかい」とか「あまい」とかの幼児レベルのことしか言えない。とくに男のタレントなどがそれを口にいれたとたん目のあたりで「おっ」というようなオドロキの表現をし、顔を静かに左右に振りつつ「いやあこれはこれは、なんというか、じつにおいしいです。ふっくらとして、さっぱりとして、いやあうまいですよ!」などといろんなことを口走っているのをみると「嘘だなあ!」と即座に直感してしまう。

ぼくは知っているのだが、男が本当においしいものを口にした時というのは殆ど喋らなくなるのだ。

いくつかの現場を体験している。

たとえばこんなことがあった。

もう二十年ほども昔の話だが、男四人で南米のアンデス山脈の麓のルートを南下していた。自分で荷物を背負いどこまでも歩いていくという、今でいうバックパッカーのスタイルである。毎日テントで寝起きしていた。食料は時々行きつく村で手に入れる羊の肉と瓜のたぐいばかりで、時折トマトとトウガラシの仲間。運がいいとパンが手に入った。

最初のうちはなんとかそれでやってきたが、料理は恐ろしく単調である。ぼくは羊の肉は好物なのでまだよかったのだが、メンバーの中にはいつまでたっても羊になじまず食事のたびにげんなりしているやつがいた。

毎食、とにかく羊なのである。

羊の肉と瓜とトマトを煮たもの。

羊を焼いて塩をつけたもの。

羊とパンをまぜてトウガラシで煮たスープのようなもの。

羊と瓜を炒めたもの。

などという毎日だった。食べないと翌日の旅がきついからなんとかだまって食べる。旅で食事が単調かつうまくないのは全体の士気に影響してくる。最初の頃みなぎっていた冒険的な旅への意気込みはすっかり消えていて、こんな旅を終わらせてもう一刻も早く日本に帰りたい、という気分になっているのがよくわかった。

夜、一つのテントで寝るのだが、酒も満足に手に入らないから、酔って気分をなごませてゆっくり眠りにつく、というのとはほど遠く、なんとか明日のまた長い旅のために強引に眠りにつくしかない。もうずっと一緒に行動しているので、話もすっかり出つくして新たに寝ながら話すような楽しい話題は何もなかった。

しかし、ある晩、ひとりの仲間が突然ヤケクソのようにして「ああ、オレ、いまギョーザ食いてえ！」と叫んだ。

闇のテントの中はそれまでいつものように寝入りばなの小さなうめき声や咳払いやいろいろ変化する息づかいなどに満ちていたが、まだみんな基本的には寝ついてはいなかった。

ひとりの男のその突発的な「ギョーザ」の声にみんな一気に目をさましてしまった。あとで聞いてみて分かったのだが、その時、みんないろんなかたちのギョーザを思い起こしたらしい。

ぼくは寝袋の中で静かにひっそり「餃子」という文字を頭に思い浮かべていた。その文字が大きく書いてある昔よく行った新橋烏森口の中華料理屋を懐かしく思い浮かべ、「ああ、餃子、食いたいなあ」と思った。「日本に帰ったらすぐに行こう」と。

別の一人はテントの向こうの夜の空に巨大なギョーザを思い浮かべたらしい。もう一人はギョーザのあの独特の匂いがいかにもリアルに鼻孔をくすぐった、と言う。

しかしその段階ではまだよかったのである。

「ギョーザ食いてえ」とヤケクソ気味に叫んだ男がそのあと言ったことがあまりにも刺激的であった。

「ギョーザはよう、六個並んでいたんだっけ。五個が標準なんだっけ?」

それまで勝手に大空いっぱいの巨大なギョーザとか暖簾の中に踊る「餃子」の二文字を思い浮かべていた連中が今の質問で一気にリアルに実物大のギョーザを思い浮かべて

しまったのだ。ほかほか湯気あげた蠱惑《こわく》にみちた濃密誘惑物体が楕円形の皿の上に六つほど並んでそれぞれの目の前に漂っていた。

そうなるともう駄目だった。にわかに全員が今すぐ餃子を食いたくて食いたくてたまらなくなってしまったのである。

「ギョーザ」

というヒトコトだけではまだ耐えられていたささやかな理性が、

「ギョーザ六個！」

というヒトコトによってあっという間に瓦解したのであった。

何を叫んだとて食べられるわけでもないのだが、そのあとみんな雪崩をうったように、口々に今すぐ食いたいものを叫びはじめた。「マグロの握りとコハダとひらめとあなごオ――」と一声鋭く天にも届けとばかり叫んだのを皮切りに「おれは鉄火丼だあ」「神田五十番のモヤシラーメン！」「銀座天國《てんくに》のかき揚げ丼」「カツドン大盛り！　しかも豚汁つき！」「おれはおれは誰が誰が何といっても早稲田いちはしのザルソバ三枚、しかも連続わしわし食い！」「新橋なんどきやの牛丼おしんこダブルつきぃ！」「おれはまっしろーいゴハンにアジの開きに白菜のおしんこにパリパリ海苔に、それにそれに、納豆もつけちゃう！」「わあ、それがいい。それにシラスとダイコンオロシをつけてくれえ‼」

もう誰も手がつけられない阿鼻叫喚の無法地帯と化していた。みんな食いたいものを口々に叫び、そしてやがてくたびれて、ひっそりと黙り込み、テントの中には悲しみの静寂が訪れた。

この虚しい騒動に参加しつつ、その後の静寂のなかで気がついたことがあった。

それはみんなして支離滅裂に叫んでいたと思われる食いたいもののそれぞれに、実は厳然と共通したものがある、ということであった。

簡単なことであった。

そのどれもが醬油もしくは味噌味が基調になっていたのである。間違っても「おれはシタビラメのムニエルが食いたい」とか「マカロニグラタンをすぐさま出せ!」などと叫ぶやつはいなかった。

我々はつくづく日本人なんだなあ、という思いをあらたにしたのと同時に、我々日本人はどこへ行ってもアミノ酸文化の味覚の拘束から逃れられない食生活の中に生存しているのだなあ、ということがよくわかった。

『ニッポン劣等食文化』(山路健、農山漁村文化協会)は、これまで一般的に語られてきた日本の食文化論とだいぶ違う。日本食というのは世界の食文化のなかでもとりわけ味つけやその料理法が繊細で、食材にしても調理方法にしてもバラエティ豊かな優れた歴史とその背景の中にある——というような言われ方をしているけれど、実態は違うのではないか、という大きな疑問符をなげかけていて、とても刺激的なのである。

「日本料理は一八〇〇種類もあるといわれ、欧米料理の二・五倍近くもあるというが、その中身は和洋中の折衷料理が多い。日本料理は、食材が多様化していて一見、種類が多いように思えるが、料理技術が多様化しているわけではない。料理の味付けは、すべてアミノ酸系の日本人好みの味に染め上げられているので、料理に個性がなく、味に幅がない。個性に欠けている日本料理が世界料理として通用しないゆえんである」（同書より）

これまでながきにわたって日本には様々な国の様々な料理が入り込んできた。新しがり屋の日本人は外国のそれらをさして抵抗なく次々に受け入れてきたのだが、それらの料理の多くは本場の味をそのまま受け入れていくのではなくその多くをたちまち和風化してしまう。そしてその和風化の味の基本は味噌、醬油のアミノ酸なのだ――。とこの本は説いているのである。

どうしてそのようになっていくか、ということの一つの原因は「（この日本人が発明した）醬油の味があまりにもうまいので、日本人は万能の調味料として醬油を常用し、風味や味づくりに苦労することなく、すべて醬油でまに合わせるようになったからである」とも書いている。

このように断言されてしまうと料理の専門家の中には異論を持つ人も多いだろうが、しかしぼくはこの本を読んでそのいたるところに感心した。体験的にまさしくそのとおりだな、と思うことが沢山書いてあったからである。

さっきのギョーザ阿鼻叫喚の南米の旅には後日談がある。その頃の我々は海外の旅に出る時に少々〈いきがって〉いたところがあり、人間の住むところかならず食料とその調理文化があるのだから、日本からは何も持っていかないようにしよう。全て現地で調達していけばいいのだ、という方針でその地に立ったのだが、せめて醬油ぐらいは持ってくればよかった、ということに気づき無念の思いを嚙みしめていた。今でこそ醬油は世界の主要国では確実に手に入るが、当時は絶望的だった。醬油さえあれば、羊のスープだって瓜とトマトの炒め物だって格段においしく食べられた筈なのである。

辺境地の旅はその風土に慣れてきてしまうと緊張感はなくなり、景色にも飽き、ただもう単調な毎日に辟易としてくる。楽しみは唯一食事だけ、というような精神状態になっていくのだが、その食事に楽しみがなくなるとチームワークは勿論のこと心身の健康にまで影響してくるようになるのだ。我々のそれはまさしくその危機をはらんで、相変わらず羊と瓜の人生だった。

ところが、ある日、バイクで南米大陸縦断をしている日系人と会い、その人が持っている僅かな醤油を貰うという思いがけない幸運に出会ったのである。喜悦に近い興奮が我々全員の間に走った。

すぐさまコッヘル（簡易鍋）に湯を沸かし、そこにその醤油をたらした。大急ぎで醤油スープをつくったのである。いやスープなどというしろものではない。たんに湯に醤油を溶かしただけの「醤油お湯」というようなものである。まあ強いていえば毎日その鍋で羊を煮ており、羊のあぶらがこびりついて取れないような状態だったから「羊風味の醤油お湯」といったものであったろうか。

これを四人平等にシェラカップ（アウトドアでよく使う目盛りつきの万能カップ）に注ぎ、ほぼ同時に飲んだ。

うまかった！　つくづくうまかった。生きていて良かった、とさえ思った。

これまでの生涯で一番うまかったものを正直に申し述べよ、と言われたら、ぼくは躊躇なく、この時の一杯の「醤油お湯」をあげる。

その時の全員がそう言っていた。そのうまさは涙がでる程であり、異口同音に大きなため息がもれた。本当に感激したのである。そうして知った。男が本当においしいものに出会った時は言葉は何も出ない。ただもう、静かに「唸る」だけなのである。

以来、ぼくは辺境地に出かける旅にはかならず醤油を一リットル入りの水筒に入れて持っていくことにしている。タクラマカン砂漠にあるロプノール（スヴェン・ヘディンの『さまよえる湖』）へいく「楼蘭探検隊」の時は醬油を誰も持ってきていないので、ぼくは醬油を保持している、というだけでかなりの特権を得た。といっても〈特別配給のビールをひとつ余計にもらえる〉という程度だったけれど。しかしこの時もお粥に醬油をいれて味つけすると俄然うまくなるので、みんなは口々に元気になったぞ、とぼくに言ってくれたのである。

この数年の間に読んだノンフィクションでもっとも面白く読み、そして感動したのは本書の「漂流者と魚の眼玉」で前述した『エンデュアランス号漂流』である。

この中に記述されている話の実に三分の一が食い物のことであった。ある時、「今いちばん食べたい〝夢の食べ物〟はなんだ？」という話をみんなでする。そこにあげられたのは次のようなものだった。

「デボンシャー・ダンプリングのクリーム添え。プディングのシロップがけ。マーマレード・プディングのデボンシャー・クリーム添え。ブラックベリーとアップルのタルトのクリーム添え。ポリッジの砂糖・クリーム添え。アップル・ダンプリング」

と、圧倒的に甘いものに集中している。

「少数派ながら、甘いもの以外の一皿をあげた者もいた。スクランブル・エッグとトースト。ベイクド・ポークのビーンズ添え。ポークのアップルソースがけ、ポテト、カブ。そしてブラックボロはシンプルなパンとバターを食べたがった」

そうして乗組員の一人は書いている。

「砂糖入りのポリッジ、カシスとアップルプディングのクリーム添え、ミルク、卵、ジャム、蜂蜜、パン、バター、そういったものを、腹がはちきれるまで食べたい、そしてこのとき肉を勧めるやつがいたら、撃ち殺してやる」

甘いものが苦手なぼくはこのずらり並んだ品目がいったいどんなものかよくわからないのだが、それらを食べたくてもどうにもならないそのやるせない思いはおおいに理解できる。

いろいろな世界を旅してきてなんとなく感じているのは、その国の料理の単純な基本である。以下はぼくのささやかな体験とそれに関する本などを後で読んで勝手に類推しただけのものでしかないのだが、とくに〝簡単にやっつける〟時の調理の基本はこんな分類ができるのではないだろうか。

欧米――挟む
中国――炒める
韓国――まぜる
東アジア――蒸す
南米――焼く
日本――のせる

おわかりと思うが、これらの基本はファーストフードを一番の例にとっている。街角で腹が減った時にひょいと食べられるものである。日本の「のせる」は牛丼屋などの丼物がその代表的なものだが『江戸のファーストフード』（大久保洋子、講談社）などを読むとむしろ歴史があるのは寿司であり、これもつまりは「のせる」のであった。

韓国では冷麺でもビビンバでもコムタンでもなんでも、とにかくまんべんなく混ぜるところから食生活が始まる。

『日本人は何を食べてきたか』（神崎宣武、大月書店）には、日本食の基本は「煮る」ことだと書いていて、それも納得できる。縄文人の自然採集物はカシ、シイ、トチ、クリ、クルミなどの木の実からワラビやクズなどの茎や根、それに魚介類が加わる。古来から日本人の食事には鍋が必要であり、それがやがて魚でも野菜でもとにかくまず煮るところからはじまる日本料理の基本のスタイルになった。そしてその味つけは味噌か醬油になっていったのだ、と。

なるほど、またもや我が体験談で申し訳ないのだが、外国で、肉にしても野菜にしても煮た物を出されるといつも物足りなく感じていたのはやはりこの最後の味つけの問題なのであった。先に引用した『ニッポン劣等食文化』の一節に日本人はなんでもすぐに日本の味つけにしてしまう、という指摘があったが、なんと言われてもこの体にしみついてしまった民族的なアミノ酸の呪縛から逃れることはできず、もうそれでいいのだ、と思っているのである。

モンゴルにはジンギスカンという料理はない。あれは日本人だけが食べているモンゴルにないモンゴル料理という不思議な日本食なのだが、どうしてモンゴルにあのような食べ方のものがないのかというと話は簡単なのであった。

モンゴル人は絶対に肉を焼かないのである。その理由を書いている余裕はないのだが、肉と内臓をとにかく煮てしまう。味は塩だけである。これに醬油をつけて食べた。いやはやうまいのなんの。モンゴル人もその醬油をつけて食べるのがすっかり気にいってしまって帰りには瓶ごと取られてしまった。このように世界のどの国に行っても醬油さえあれば今やぼくは無敵なのである。

手食の四〇パーセント

旅では必ずその国の人々の食事の風景に出会う。日本や西欧諸国に比べて発展途上といわれる国々の食事風景は、おしなべて貧しい感じがする。

食卓は黒く脂が光り、薄汚れた食器に種類が少なくて粗末な料理。ハエなどがとびかっているなかでなにかよくわからないものをモソモソ食べている風景をよく見かける。地面にクルマ座になってしゃがみ、鍋の中のものを手でじかにとって競い合うようにしてむさぼっている風景などもあちこちで見てきた。

国が貧しいんだなあ。大変だなあ。自分はあのような食事をとらなくてもいい文化圏の中に住んでおり、平和で安定した時代に生きていてよかったなあ。

——というような感想をもってそんな風景の中を通過してきた。

思えばかなり幼稚な旅のしかたをしている頃だった。今はそういう風景の見かたがだいぶ変わってきた。

話は前回書いた「アミノ酸の呪縛」と少しつながっている。

ある高級レストランで数人と食事をしたとき、そこにいる人々が出されてくる料理にたいしていちいち「おいしい！」だの「素晴らしい！」だのと感嘆詞を繰り出していたことについて反発した。

そんなにいちいち美味しいというコトを常にみんなでうるさく確認しあわねばならないのだろうか。

それはフランス料理の店であった。店も客も気取っていた。日本人が、とりわけ女の人たちがフランス料理好きというのはよく聞く話だ。結婚式などで圧倒的にフランス料理ふうのものが出てくることでもよくわかる。今はおしなべて女性のほうが男より強い時代であるから、結婚式の料理を何にするか、ということの主導権も花嫁が握っていて、おそらくあのようなコトになっているのだろうと推察している。

結婚式の退屈なスピーチを聞きながら、次つぎにテーブルに運ばれる大量生産の〝フランス料理もどき〟の各種料理を眺めつつ日本人の食はもしかするとこの数年ものすごく幼稚化しているのではないか……というようなコトを考えていたのだ。

フランス料理がいい、というのは日本人のように、食べ物に関して中途半端にリッチな感覚をもってしまった国民のある種の恥ずかしい〝ていたらく〟ではないか、とこの頃よく思うのだ。

いったいフランス料理のどこがいいのだ、とぼくは本当に思う。かつてパリのいくつかの有名レストランというようなところで彼らの自慢の料理を食べたことがあるが、フランス料理のアヤシイところはおしなべて素材がはっきり見えないところである。

肉でも魚でも野菜でもぐちゃぐちゃにしてしまう。そうして大きな皿の真ん中にちょこっとそのわけのわからないかたまりをのせて「フランス料理はソースです」といわんばかりに赤だの緑だの黄色だののペンキみたいな色のソースをどろりとかけて、ますますその食物の正体をわからなくさせてしまう。

そのかわり、その料理をのせてきた皿は華美な意匠がほどこされてじつに美しい。その皿の上と左右には沢山のフォークとナイフとスプーンが威圧的にならべられている。テーブルまわりもまことに立派。清潔なテーブルクロス。食卓の花。頭の上のシャンデリア。小さく低く聞こえている荘重な音楽。

まわりのそういういろんな装置が「どうだまいったか」と言っている。

パリのこういうレストランで食べている日本人は、すぐわかるのだそうである。

①最初は静かであり、とくに料理がでてくるとだんまりになる。

②食事中、背中がまるまってしまう。

③ワインを注がれる時についグラスを持ちあげてしまう。

④酔ってくるとうるさくなる。

だれのことかというと、つまりぼくのことなのである。典型的なおどおど食事である。

装置にやられているのだ。しゃくにさわる。

いくつかの本を読んで、フランス料理のぐちゃぐちゃの理由の一端が少しわかってきた。

フランス料理はルイ十六世などを代表とする王侯貴族らのすさまじいグルマン狂奔によって沢山の料理人を雇い、他と競い合うことによって発展してきた。『美食のフランス』（ジャン＝ロベール・ピット著、千石玲子訳、白水社）はそう説明している。

こうした中で、素材をより遠くの地方から求めるようになっていった。たとえば魚介類などがそうである。しかしその時代は道路も整備されていないし、速度の遅い馬車などではこばなければならない。海岸からパリに着くまで何日もかかってしまう。そこで素材をその産地で一次加工しなければならなかった。煮炊き、塩づけ、酢づけなどである。パリの料理人はそういうものを素材にして料理をつくらなければならなかった。だから素材の原型を崩し、他のものと混ぜ合わせ、その味も濃くしていかざるをえない。しつこい味のフランス料理の誕生である。

素材がそうであるからもともとあまりうまくもないものを沢山出してしまうとまずいのがバレてしまうので、大きな皿の上にちょっとしかのせない。さらにその料理よりもっと味の濃いソースなどをたっぷりかけてしまう。

そんな程度のものを日本の女性は「この量が少ないのが上品でいいわね」などといっ

て褒めそやすのである。さらにいえばこの大仰な沢山のフォークやナイフを使って食べるのが高級っぽくていい、と思っている日本人が結構多いらしい。

フォークやナイフといった食器が高級なのだろうか。これもとんでもない間違いで、フォークは野獣の爪、ナイフは牙である。あるいは槍と刀の武器の変形（『「食」の歴史人類学』山内昶、人文書院）。

これにくらべたら箸の華麗な多様性のエラサはどうだ。あれひとつであらゆる食物を「はさみ、つまみ、支え、運び、むしり、ほぐし、はがし、切り、裂き、刺し、のせ、抑え、分ける……」とその汎用性は無限に近い。

フォークにできることはなんだ。フォークでゴハンをつまんでみろ！　などとえばっていてもしょうがないのだった。

インドを旅したとき、そのあらゆる食事風景が「手食《てしょく》」であることに圧倒された。何度かぼくも教えられるままにやってみたが、これがなかなか難しい。

カレーを食べる時に「手の先を象の鼻先のようにして食べろ」と言われた。しかしそう言われても、ぼくは象になったことはないのでその感覚がよくわからない。

マナーとして指の第一関節のところまでしか汚してはいけない、とも言われた。

しかし食べているうちにどうやっても勝手にカレーが指の上のほうまであがってきて

しまう。これはいけないというのでそれを舐めると最悪のマナー違反になってしまうという。なかなか難しい。

一緒に旅していたインテリのインド人に、ある時こんなことを聞かれた。

「私たちはどうして手で食べるのかわかりますか？」

うーん、と思った。まず頭に浮かんだのはインドの貧しさであった。その次にカーストのことがチラチラした。インドの大衆食堂の皿がバナナの葉であった。「カーストの違う人と同じ水で洗った皿でモノを食べたくない」という話を聞いたことがあったからだ。

両方ともインド人には言いにくいことであった。黙っていると彼は教えてくれた。

「それは私たちがとても贅沢だからです」

話はそれ以上すすまず、その意味が分からなかった。彼一流のアイロニーかと思っていたのだが、その後いくつかの本を読んで、彼の言わんとするところが漸く分かった。

「インド人は手食によって食物をまず手で一回味わう。その固さ、柔らかさ、温度、粘りけ……。その後、口にいれてもういちど味わう」

世界の文化人類学に詳しい石毛直道氏の著書に「ある時手にちいさな傷があった。手食していたのだが、その指先にヒリヒリくる感触がなかなかすばらしかった」という一文を発見したとき素直に頷くことができた。

以前ぼくはスリランカのある家庭に入ってカレーを作ってみたことがある。日本のカレーとかれらのカレーとの勝負、という趣向だった。もとより勝ち目のないタタカイであったが、日本カレーのためにコシヒカリをもっていった。メシで勝負というつもりであった。しかしこれは大いなる間違いで、日本のあのもちっとした粘っこいゴハンではモコモコとみんなダンゴに固まってしまい、とても手食にならない。インドやスリランカのカレーは、あのさらりとしたスチームドライスでなければ美味しくないのである。そしてあのパサパサした感触が手食に美味しいのである。

その後いろいろな国で手食の風習に触れ合う度に、カナケのするナイフやフォークなどでいったん食物を摑んで口にするよりは自分の手でじかに食べたほうがよほど美味しい、ということに気がついたのである。

例えば夏冬のシベリアで、ヤクート族がストーブの前に出してくれたまだ少し凍っているトナカイの生肉を、両手で慈《いつく》しむようにして崩してほぐし、黒コショーをたっぷりかけて食べたあの優しく甘い味は忘れることができない。

あるいはモンゴルの遊牧民にシュースという羊の肉と内臓を一緒に煮る料理を作ってもらい、たっぷりと重みのある肉の塊を醬油をかけて両手でむさぼり食った時の喜びの感覚を忘れることはできない。

もっといえば小学生の時に母親が作ってくれた大きな海苔ムスビを遠足でたどりつい

た雄大な雲の下の風景の中でかぶりついた時のうまさといったらなかった。大きくなれと願う母親の作ってくれたオムスビは沢山のご飯をギュッと握るのでいつもどしりと重く、優しい愛情の感触がその手のうちにあった。

そういう記憶にくらべて、これまで何度も行った高級レストランで食べたものの味の記憶というものがさっぱり何もない、というのはいったいどうしたコトなのだ。

日本の女性たちが目を細めて褒めそやすフランス料理も、ほんの二、三百年前は手で食べられていた、ということをいろんな本で知った。ぼくが一番可笑しかったのは中世フランスのシャルルマーニュ大帝の食卓に一定の間隔で窪みがつけられていた、という話だ。

大皿に盛られてきた食物をこの窪みに手で取りいれ、そのまま食べていたという。宴席に並ぶ人々はいかに早くその熱い料理を自分の窪みにいれて早く食うか、ということに汲々としていたのである。

『食悦奇譚』（塚田孝雄、時事通信社）には（早く熱い料理を食べるために）人々がいかにいろんな工夫をめぐらしたか、という話が出ている。たとえば自分の右手を長時間熱湯につけたり、熱湯でうがいしたりしてあちこちを鍛える。

ピテュロスというグルメは、熱い料理を口の中で十分咀嚼できるように動物の皮膜で作った〝舌カバー〟を考案し使っていた。その皮膜はある動物の処女膜だったという。

あちこち皿がわりの窪みのあるテーブルはやがて改良されていき、普通の平らなものになった。しかし手食は変わらず、人々は手を拭くときに自分のシャツの袖で拭いていた。

やがてテーブルクロスが考案されると今度はそのテーブルクロスの端で口や手を拭うようになり、やがてそれぞれの手拭き用の小さな個人用クロスが考えられ今のナプキンに発展していった。しかし骨や滓《かす》はかまわず床に捨てられていたというから、当時のフランス料理の現場はなかなかの激しい風景だったのだろう。

『箸の文化史』(一色八郎、御茶の水書房)に世界の食法の分類が出ている。

それによると地球五十億人のうち、手食はアフリカ大陸、西アジア(イラン、イラク、トルコなど)、インド亜大陸、東南アジア、オセアニア、中南米などで全体の四〇パーセント。箸食が中国、朝鮮半島、日本、台湾、ベトナムなど三〇パーセント。ナイフ、フォーク、スプーン食がヨーロッパ、アメリカ、ロシアなどで三〇パーセント。

箸文化圏、フォーク、ナイフ文化圏よりも手食の文化圏が断然多い、というこの比率をみていくらか安心した。自分の体験上、本当に美味しいものを美味しく食べている民族がまだ沢山いる、ということについての安堵である。

ナイフやフォークの食べ方に憧れる日本人がひいてはフランス料理の信奉者になって

いってしまうというのは嘆かわしいことである。だからぼくはこの項では箸文化の功罪についてもう少し書きたかったのであるが、もう紙数がないのでそのことについてはまた改めて触れていきたい。

ヨーロッパの食卓で日本人は中国人と間違われそうな気がするが、そうでもない。中国人はもっと堂々としているからだ。傍若無人と言い換えてもいいかもしれない。かれらは食事の合間もすさまじい勢いで会話し、口に入った骨や滓などをどんどんテーブルクロスの上に吐き出してしまう。料理店の客なんだから何をしてもいいだろう、という考え方なのだ。その迫力は日本人にはない。日本人は相変わらずやっぱり出された食べ物を「美味しい」とか「すごいー！」などテレビのバカグルメのようにして騒いでいるだけである。

フランス人の食事が私たちと大きく違うのは料理のうまさではなく、そこで交わされる会話のうまさなのかもしれない。

「それから、それについて話すのさ」というバルザックの話。

テーブルの上にワインが一本ある。

――ねえ君、このワインはまず、目でじっくり愛でるのだ。

――で、それから？

――それから、香りを味わう。

――ふむ、それから？

――それから、テーブルに戻す、恭しくな、でもまだ飲まない。

――で、それから？

――それから、それについて話すのさ。

バター梅ごはんの陰謀

今は男もいろいろ料理をする。とくにアウトドアがらみになると、けっこうかいがいしく包丁を握りフライパンなどを振り回している男が多い。

アウトドア料理における料理の格付けＡＡＡ（超特級）クラスは焚き火料理である。どうも男というのは焚き火を目の前にすると誰しも単純にコーフンするようである。そのコーフンは焚き火をこしらえる前から始まっている。キャンプ地が決まるとそこらを歩き回り、手頃な薪《たきぎ》を見つけてくる。日頃都会生活をしている者にとって焚き火をこしらえるということが、そもそも退屈な日常的感覚を逸脱してつくづく魅力的なのだ。

理屈っぽい言い方だが、放っておけば朽ち果ててゆく枯れた木々を一カ所に集めてきて、火力というエネルギーの集合体に変えてしまうということも、現代人にとってはじつに贅沢なときめきなのである。であるから、そういう焚き火を前にすると男たちはその火を使って自分の手で何かをこしらえてみたい、という誘惑にかられるのだ。不安定な焚き火の炎を使って何か料理を作るという非日常性も、やはり焚き火偏愛者の胸を激しくゆさぶる。

ぼくもその焚き火偏愛者の一人である。

これまでずいぶんいろんな焚き火料理に挑んできた。焚き火料理といってもそういう料理のジャンルがあるわけではない。焚き火の火でそれぞれが思い思いの料理を作っているというだけの話だ。あえて恰好よく名付ければ野外ハダカ火独創料理というようなものだろうか。

ぼくがよくやる焚き火料理のひとつにアルミホイル焼きがある。適当に切ったアルミホイルにその場所で手に入れた魚や肉、キノコや野菜などをくるんで火のなかに放り込む。複数の人がいる場合は自分が放り込んだのを忘れないように頃合いをみて引っ張りだし、醤油や塩、コショーなどを適当に振りかけて食べる。焚き火というのは火力が強いので、うっかりすると焼きすぎてしまう場合が多いけれど、それもまあ自分の責任だから焦げたものでも文句はないのである。

昔のブラックバス釣りの人々は、釣り上げたそいつをそこらに放り投げていた。持って帰るわけでもなく、とりあえず釣った証拠という程度のことだったらしい。彼らはなぜかそれを食べないのだ。そこでそういう打ち捨てられた魚を拾ってきて、ワタを取りその辺に生えている野草を腹に詰め込み、アルミホイルに包んで蒸し焼きにする。これを醤油とマヨネーズで食べるとこの肉食の魚のシャキシャキした歯触りが素晴らしかった。野草がハーブのような効果を出して、じつに高級っぽい味になる。

焚き火にはまたフライパンがよく似合う。少々油があれば、何を炒めてもそこそこに説得力のあるものができる。こういうアウトドア好き焚き火料理好きの友人を何人も知っているが、その料理にその人の人生観のようなものが妙にくっきり現れるので面白い。とにかく、やみくもにタマネギに固執する奴。炒め物はモヤシに始まりモヤシを頂点としモヤシに尽きると言い張る奴。ひたすらコンニャクを炒めることにヨロコビを感じている男、等々。そういう思考に至るまで、それぞれにそれぞれの人生的理由がきっとあるはずなのだ。

こういう焚き火料理の体験をベースに、ぼくも幾つかの料理のレパートリーがある。よくやるのが麺を使ったよろず全般で、一番手っとり早いのがうどんやスパゲッティやラーメンなどを茹で、フライパンであれこれ炒めるというスタイルである。有り合わせながらも肉と少々の野菜がそこに加われば、もう誰も文句は言わない。肉や野菜がないときは、魚の缶詰などをまるごと投入すれば、またそれはそれでなかなかの存在感をあらわすのである。

焚き火キャンプから離れて、家の中で料理に挑むこともある。しかしこれもつまりは焚き火料理の延長で、コントロール自由なガスの火を使いながらも、まあ言ってみれば焚き火料理と同じようなことをしているのである。

しかしどうやら妻は迷惑そうである。やたらにあちこちフライパンを振り回すので、油は飛ぶわ流しは水浸しになるわ冷蔵庫の中はぐちゃぐちゃになるわ……。どうもやっぱり男の料理というのはソトで勝手にやっていてほしいらしい。

ところが最近、すこし様子がかわってきた。突然、ぼくが電子レンジに目覚めてしまったのだ。元々あまりこういう機械には興味がなく、その存在は知っていたがどうでもよかった。妻や娘が電子レンジで何かしていたのは知っている。電子レンジで何かしたのを食卓にだしてくれたのも知っている。しかし食べている者からしたら、それがガスの火であろうが電子レンジでどうかしたものであろうが、「食べる」という意味においてあまり関係なかった。時折電子レンジの話題が食卓にのぼっても、「科学の力はすごいなあ」などという程度で話はおしまいだった。

それがせんだって『電子レンジで朝ごはん』（村上祥子・中山庸子、講談社）という本が台所のテーブルの上にあり、なんの気なしにそれをパラパラやっているうちに《究極のバター梅ごはん》というところで目が止まった。そこにはなんと「一分でできる」と書いてあるではないか！

日曜日の昼近く、どこかに出掛けたらしく妻の姿もない。やや二日酔い気味ではあったが、やや空腹でもあった。「茶碗一杯の冷やご飯を電子レンジで一分間加熱し、そこにバターと梅干しを乗せる。青のりを少々振りかけ箸でほぐしながら食べる」、とそこには書いてあった。材料が全部あったので、やってみたらこれがなかなかうまい。なによりわずか一分で完成というところがすごいではないか。

思えばその時までぼくは電子レンジを自分で操作したことがなかったのだ。なぜ一分でこのようにご飯があっけなく炊きたてふうに熱くなってしまうのか、素朴な疑問ながら本当に不思議なことであった。

——それからつまり、ぼくは電子レンジに目覚めてしまったのである。なぜ、電気の力でこのようなことができるのか。電子レンジの〝電子〟とはいったい何なのか。初めてそのことに対して真剣に興味を持った。

書庫のあちこちを見て回り、それらの答えになりそうなことが書いてある本を捜した。『テレビの秘密、ファックスの謎』（竹内均編、同文書院）にその疑問に対するストレートな回答を見つけた。まあそのときぼくが抱いたそのような疑問の回答は、今これを読んでいる人の多くが先刻ご承知のことなんだろうと思うのだけれど、初めて知ったぼくはとにかくたいへんに感動してしまったので改めてここに書かせてもらう。

①電子レンジは電波で物を温める。

②その電波は周波数二四五〇マイクロヘルツのマイクロ波である。（なんだかスゴそうだが、実はそれがどういうコトなのかよくわからない）

③そのマイクロ波はマグネトロンという真空管で作られている。

④このマイクロ波が電子レンジの中を飛び回り、その電波の振動で食べ物の分子が振動したり回転する。

⑤その運動の摩擦で熱が発生する。

まあざっと箇条書きにすると、こんなかんじである。

ぼくがもっとも驚いたのは、その分子の振動が一秒間に約二四億五千万回である、ということであった。なんだかわからないが、この二四億五千万回というのはすごいことだと思った。なんだかわからないけれど、一秒間にこんなに振動したりするのだからご飯が一分間でたちまち温かくなってしまうのも当然だと思った。

しかしどうしてそんなに激しく振動するのだろう。そこのところがよくわからない。『続・先生を困らせた324の質問』(山崎昶、三田出版会)によると、電波は波長によっていろいろ種類があり、超長波、長波、中波、短波、超短波、極超短波というようにはっきり分かれていて、さらにその先にマイクロ波というものがある。電子レンジが放出しているのがそれである。どうやらこのマイクロ波の振動エネルギーが、ちょうど分子の回転運動のエネルギーと同じぐらいであるらしい。

まだすっかりとはわからないが、しかしなんとなくわかってきたのはこの二四億五千万回という振動は、どうやら水分子に作用しているらしい。水分を沢山含んだ素材ほど電子レンジで温めやすいと『電子レンジで朝ごはん』に書いてあったことをそこで思い出した。

　水も牛乳もお酒も、電子レンジで簡単に温めることができると書いてあったのだが、最初はそれが初心者のぼくにとってはじつに不思議に思えたのである。

　電子レンジは「科学の火」なのだ——という説明に説得力があった。

『20世紀をつくった日用品』（柏木博、晶文社）に、電子レンジの歴史が書いてある。

　多くの発明品は戦争がらみで産まれることが多いと言われるが、この電子レンジのエネルギー、マイクロ波もまさしくその状況下、イギリスのジョン・ランダルとH・A・ブートによって発明された。この二人の科学者の発明には「どうやって七面鳥をローストするかということではなく、ナチスのガチョウを料理するか（ナチスをどう始末するか）ということに焦点が当てられていた」という背景がある。マイクロ波はまさしく兵器として開発されたのだ。

　戦後、別の科学者がその研究実験中、ポケットに入っていたチョコレートがいつのまにか溶けて柔らかくなっていることに気がついた。そこで彼はポップコーンで試してみる。ポップコーンは見事に弾け、次に試した生卵も温まる。それがやがて家庭用電子レンジという方向に進化していったという。

　一九五八年に発売された最初の家庭用電子レンジは一二九五ドルとかなりの高価だった。日本に初めて電子レンジが登場したのは一九六一年というから、かなり早い段階で我々の前に現れたということになる。しかし当初はレストランなどの業務用であり、家庭用が登場したのは一九六五年のことだった。

二日酔いの朝のバター梅ごはんによってぼくは図らずも電子レンジの仕組みや歴史を即席に学んでしまった。なんでも体験してみるものだ、などとつくづく思った。

やがて電子レンジで芋類など簡単に熱くすることができるということも知った。

そこでパチリとひらめいたのが《ベイクドポテト》である。昔からジャガイモ料理は好きなのだが、ドイツ料理などにでてくるベイクドポテトというこんがり焼けたジャガイモの丸焼きに、電子レンジで挑めるか？　という興味と意欲がひしひしわき上がってきた。

ぼくはもうそのころにはすっかりあのバター梅ごはんの村上祥子さんのファンになっていたので、この人の書いた『電子レンジらくらくクッキング』（村上祥子、ブックマン社）という本も手に入れていた。いろいろ読んでみると、電子レンジとオーブンを組み合わせると、どうやら本格的なベイクドポテトを作ることができるらしい。妻に聞いてみるとなんと我が家の電子レンジにはオーブン機能も付いているというではないか。

電子レンジが例の二四億五千万回の振動によってモノを内側から温めていき、オーブンは外側から温めていく、ということをその頃ぼくはすでにしっかりと学習していた。

早速実践である。

妻が外出しているのを見計らって作戦開始。本に書いてあるとおり、やや大きめのジャガイモをよく洗い、予め包丁で十字型の切れ込みを入れる。そいつを電子レンジで温める。

ターンテーブルが回転し、勢いよくレンジがバチバチバチと唸りだす。小さな箱の中で火花が乱れ散る。さらに小さな稲妻のようなものが走る。バター梅ごはんの時と比べると、ずいぶん騒々しいのだ。水分の多いご飯と違って堅いジャガイモを柔らかくするには、それだけ電子とジャガイモの激しいせめぎあいがあるのだろう。なにしろ二四億五千万回の振動なのだ。そんなふうに思いつつ、その激しい雷鳴箱のような電子火花バチバチ状態を眺めていた。

十分ほどたって取り出してみたが、どうしたことかちっとも柔らかくなっていない。それどころか温かくもなっていないのだ。

ちょうどその時、買い物に出かけていた妻が帰ってきた。「コレコレこういう訳でこういうコトをしているのだが、どうもうまくいかないんだ」と言うと、妻は電子レンジの中のジャガイモを見て「あらまあ」と驚いた顔になった。「こんなんじゃダメなのよ」と厳しいひと言。

ぼくは洗ったジャガイモをアルミホイルに包んでいたのだが、アルミホイルのような金属質のものは電磁波をそっくり跳ね返してしまうので、熱が伝わらないどころか甚だ危険であるという。

なるほどあらためて本を読んでみると「アルミホイルにくるむ」とはどこにも書いてなかった。電磁波は焚き火とは違うのだな、ということを初めてそこで知った。

あらためてジャガイモをラップにくるみ、再び挑戦した。こんどはうまくいった。中の柔らかさを確かめるために竹串を刺す。外側はまだ堅いが内部にいくほど柔らかくなっているのがよくわかる。

続いてオーブンである。今度はアルミホイルを使ってよいのだ。電子レンジで四分、オーブン十五分で見事にベイクドポテト（にそっくりなもの）ができた。わが電子レンジ料理第二号作品の完成である。

ほくほくのジャガイモにバターをのせて溶かし、塩とコショーでそいつを食べる。ビールがうまい。

こうなるとポテトだけでは寂しいので、ここに何かほしい。考えてみると、元々ぼくは銀座にあるレストランのハンバーグステーキに添えられているベイクドポテトがいいなあと思い、今回それを目標としてベイクドポテト作りに挑んだのである。従って次はその隣にあるハンバーグにも挑戦したくなった。どうもハナシの順序が逆のような気もするのだが、まあいいのだ。『電子レンジ料理』（ベターホーム出版局）という本を買ってきて研究を重ねた。

しかしいきなりハンバーグ作りというのはさすがに難しく、これは妻にイロハから教えてもらいながら作った。タマネギの効果的なみじん切りの方法というのがあるのをはじめて知った。牛肉と黒豚の挽き肉をそのみじん切りのタマネギに混ぜ、塩とコショーで味付けをする。それを手頃な大きさに丸めてとり、交互に両手に叩きつける。「そうやって中に入っている空気を叩き出すのよ」と妻はその行為の意味を教えてくれた。

そういえば、ぼくがよく行く銀座のレストランの厨房から、今のそれと同じようなパンパンパンという力のこもった音がしょっちゅう聞こえていたのを思い出した。あれはこういう意味のもとにやっていたのか。

料理というのがある種の理科もしくは簡単な科学であるということがしだいにわかってきた。おもしろい。おもしろい。

数日後に《豚肉と白菜の重ね蒸し》というものに挑戦した。落ち着いてレシピどおりやれば、なんとかできるのだ。これは妻の手助けをあまり借りずに作ることができた。「なかなかいい味にできてるわよ」と妻からお褒めの言葉をもらった。嬉しいものである。

翌日、妻は『冬野菜のほくほく料理』（林幸子、家の光協会）という本を買ってきてくれた。読むと寒い冬においしそうな料理がいくつも並んでいる。《白菜のホワイトソースグラタン》というものにいたく心を惹かれた。白菜料理は前回の重ね蒸しで一度体験している。なによりもグラタンというコトバに気持ちがぐらぐらした。こういうものをどうやって作ればいいか、これまで考えもしなかったし、その作り方も仕組みも見当が付かなかったのだ。けれど今のぼくにはやろうと思えばできるのだ。

さすがにホワイトソースの作り方は難しく、この部分は妻に手伝ってもらった。けれど料理の大筋は自分でやった。最後にオーブンで二十分間も焼く。やがてぐつぐつと泡立っているそいつを、いっぱしのシェフのようにしてテーブルの上に運ぶ時がけっこう誇らしくて嬉しいのだ。「これもなかなかやるね」と妻が笑って言った。おいしく食べてくれる人が目の前にいるのはさらに嬉しい。さて次は何を作ろうか。目下その冬野菜料理集を眺めながらいろいろ考えているところだ。

電子レンジ料理はおもしろい。その単純さはどこか焚き火料理に似ているところがある。ぼくはあっという間にこの機械の魔力にはまってしまったが、そもそもの始まりはあの日曜日の台所にあった一冊の本からであった。

あの日、なぜあの本があそこにあったのだろうか。妻が単純にしまい忘れただけなのだろうか。あるいは妻がそこにわざと置いていったのだろうか。真相はわからないが、まあいいのだ。

樹の上、洞の中

偶然のなりゆきだったが、宮古島の家具工場を訪ねた折、そこで三線《さんしん》を作っているのを知った。三線とは三味線の南島仕様で、沖縄や八重山諸島一帯のそれは猫のかわりにニシキヘビの皮を使う。話のついでにニューギニアから輸入しているというそのニシキヘビの皮を見せてもらった。長さがざっと六メートルほど、幅は広いところで六〇センチから七〇センチは優にある。ニシキヘビは獲物に巻きつき締め殺すわけだが、そのため一番力を込める下半身のほうの皮が圧倒的に厚い。はからずもヘビの上半身と下半身の区別が皮の厚さでわかる、ということを知ってなんだか嬉しかった。それにしても円筒形であるヘビの全身を平面展開して一本の幅広い帯としてみると、ニシキヘビの模様というのは随分美しいものだということを知るのである。

三線の骨格をなす木は信じがたいほどずしりと重く、しかも見るからに密度濃く硬い。これは何という木ですかと聞いたところ、あのニシキヘビと一緒に輸入しているニューギニア産の鉄木《てつぼく》というものですよ、と教えてくれた。初めて聞く名である。家具工場の周りにその鉄木の破片が落ちていた。文鎮ほどの大きさだったが、黙って手に取ったらとても木材とは思えないような堂々たる硬さと重さである。このような木がどんな状態で生えているのだろうか、ということを想像してみたが見当もつかなかった。

こうした実物を見たあとの知識の聞きかじりというのはけっこういつまでも残っているもので、その後まったく別の興味で読んだ『アジア・アメリカ生態資源紀行』（山田勇、岩波書店）の中にまた鉄木が出てきたので嬉しくなった。カリマンタンのダヤク族が住んでいる「ロングハウス」の大きな柱群に鉄木を使っていると記してあった。鉄木はとにかく硬く重いので、伐採もたいへんなようだ。切ったあとの切り株もなかなか腐らないので、そのままジャングルに頑固な障害物として残っている。水に入れると完全に沈んでしまう〝沈木《しずみぎ》〟としても有名らしい。

ロングハウスは東南アジアの山岳地帯にまだ沢山残っている大型長屋で、何百人もが共同生活を営むこの大きな建物は時折建て替えられるようだが、その時柱群や支柱にしている鉄木は新しいロングハウスの柱としてそのまま新築現場に運んでいって使う、ということもその本に書いてあった。ロングハウスの柱になるぐらいだから、その鉄木はずいぶん大きなものなのだろう。

東南アジアの各地にロングハウスと同じような機能を持った大型長屋が散在している。『ボルネオ島最奥地をゆく』（安間繁樹、晶文社）を読むと、ボルネオではこれを「ラミン」と呼んでいる。ボルネオのラミンは一般に全長五〇メートルから七〇メートル、屋根の高さは八メートルから一〇メートルほどもあり、高床式でだいたい地上二メートルほどのところに床がある。庇《ひさし》の下には幅二メートル前後の廊下が続き、全体が板壁で十五から五十の部屋に仕切られ、各戸平均五、六人の家族が住んでいる。

この本にも書かれているように、これはもう長屋というよりも大型建造物といったほうがぴったりくるようだ。

ボルネオのロングハウスに鉄木が使われているかどうかは、この本ではわからなかった。鉄木が実際に生えている状態を写真などで見てみたいと思い、色々な本を調べてみたのだがなかなか見つからない。インターネットでは高さ二〇メートル以上に達する常緑高木と説明されているが、その写真は見つけられなかった。

〝太平洋鉄木〟〝シロヨナ〟という樹名があり、アフリカには〝アフゼリア〟という同種の木がある。非常に堅牢なので港湾施設の建築用材や橋梁材に使われたりするらしい。シロアリや水への耐性も強いのだろう。

これまでのあちこちの旅の途中で、そんな鉄木で作られたのをそうとは知らずに何度か見ていたのかもしれない。

ぼくが鉄木で一番興味を持ったのはロングハウスの柱群にしているという点で、それは即ち近代建築のいわゆる鉄骨部分のような役割を果たしているのだろう。だからこの鉄木だけを組み立てていくと、かなり頑丈な塔のようなものが作れるのではないかと思ったのだ。鉄木だけで建てられた古代の物見塔のようなものがあれば素晴らしい光景だろう、と勝手に夢想するのだが、古代には部族闘争の見張り台ぐらいしか物見塔の必要性はなかっただろう。その程度の目的だったら高い樹の上に登ればそれで十分だろうから、わざわざ塔など作る必要もないのだろうな、とすぐに寂しく納得してしまうのである。

『地球生活記』（小松義夫、福音館書店）は世界の様々な民族の住居を訪ねて歩いた素晴らしく貴重な写真主体の大記録本であるが、そこにはマレーシアのイパン族のロングハウスの様子が詳細に取り上げられていた。この家の柱に鉄木が使われているかどうかは特に記載がないのでわからないが、高床式のそのロングハウスを支える柱はびっくりするほど細い木であり、それが何本も床の下の隅々まで張りめぐらされている。

ロングハウスに限らず高床式の家というものにも以前から魅力を感じていた。同じ本にインドネシアの漂海民バジャウの高床式の海上の家が出ている。大地ではなく珊瑚礁の海の上に建てられている家で、これこそ子供の頃からそんな家に住めたらいいなあ、と夢見ていた究極の風景でもあった。しかし子供じみたそのような憧れは旅の折に見かけるからいいのであって、実際そこで生活するとなると嵐の時もあるだろうし、ちょっとした外出も船でなければできないし、何よりも一日中海風に晒されている生活というのは相当タフでなければ耐えられないだろう。今の年齢になると冷静にそう理解できる。

もうひとつ、子供のころ憧れていたのが樹上住宅だ。これは小学生のころに仲間たちと実際に近くの裏山で、子供が作ったものにしてはなかなか侮れないようなかなり頑丈・立派な小屋を樹の上に作ったことがある。ある程度それで幼な心の夢は達成していた。

高い樹の上の家にどうして憧れるのだろうか。これはまあ男なら誰しも共通して、叶わぬまでもいつかどこかでと望んでいる。隠れ家指向のナニカなのだろうか。

『小屋の力──マイクロ・アーキテクチャー』(ワールドフォトプレス)は、これもまた大判できわめて中身の濃い、世界中の主として〝小屋〟を徹底取材した勇気のある出版物、そして胸躍る一冊だ。その中にそのものズバリ「樹の上の小屋」という一項目がある。あせるようにしてページをめくった。ここには樹の上の様々な形態の〝ツリーハウス〟が沢山紹介されていた。

一つは高さが三〇メートルはあろうかという樹のてっぺんにバンガローふうの小屋がまさしく樹の頭のようにどかりと載っている写真だ。そこに昇っていくまでの階段や梯子は、その樹の幹や枝を巧みに利用して作られている。てっぺんの小屋に着くまで三つの小さなまことに危なっかしい踊り場がある。見た感じ、小屋そのものには四、五人ぐらいしか泊まれそうにないが、それでもこんな所で親しい仲間とひと晩酒を飲みながら過ごせたら素晴らしいだろうな、とそれらを眺めながら再びまた子供のころの熱い思いを蘇らせるのである。ただしこの地上三〇メートルの家。寝ぼけていたり酔っていたりした時に「ちょっと外で小便を……」などというのはいかにも危険そうだ。

前後にはカナダやアメリカの、どうやら有料バンガローらしい特殊なタイプのツリーハウスの写真が出ている。これらはもう立派なもので、灯りなどもついていて些か野趣には乏しいが、それでもこんな家に泊まった夜の記憶は一生忘れないだろう。

イラストも何枚かある。十八世紀の頃と明記されたどこかの南方ジャングルの樹上小屋が出ている。武装した人々の姿があるので、このツリーハウスは見張り台もしくは襲撃者に対する狙撃用に作られたものだろう。樹の上の家に憧れるのは、この上から密かに侵入者の様子を眺め不意をついて攻撃したりできる、というような〝高見の快感〟が常にあるからなのだろう。しかしそれも一人や二人の襲撃者ならともかく大勢の敵に囲まれてしまったら樹上小屋の運命ほどはかないものはない。

この本を読んで初めて知ったのだが、世界ツリーハウス協会というものがあって、同好の士が国際的に世界各地のツリーハウスの研究や訪問をしているのだ。思わず入会したくなってしまった。

ツリーハウスよりももっと大きな夢を感じるものが塔である。先ほど鉄木のところでそれだけを使って塔が作れるではないか、と書いたのは、すなわちそんな個人的な夢に関係している。

先だってスコットランドへ短い旅に出た。慌ただしく駆け回ったその国の、町々の至る所で塔を見かけた。元々ヨーロッパの多くの国は住居を石で作るから、木材や紙や土壁で建物を作る日本の建築文化とは様々な部分で建築構造も存在理由も大きく異なる。石で作る建築物は基本的に木や土壁のものとは比較にならないほど堅牢である。だから高層の建物も作りやすい。古くは砦や城などが多かったのだろうが、塔については現代では町の象徴的な記念碑や時計塔などとして位置づけられることが多いようだ。日常的に塔というものをあまり見ることがない日本という国で育っていると、未知の国のそんな塔がつくづく魅力的に見える。

近頃手に入った画集『NOMATA PAINTINGS』(野又穫画集、トレヴィル)は、僕の貴重なタカラモノの一冊となった。野又さんの絵を初めて見たのは雑誌『文學界』の表紙だった。やや縦長のその画面には塔が描かれていることが多い。落ちついた濃淡の静かな気配に包まれたそれらの絵は、いつもしばらく見入ってしまうほどの不思議な魅力に満ちていた。

それらの塔はかつて地球のどこかに存在していたような、或いはこれから地球のどこかで作られるような、恐ろしく長大な過去と未来の時空間を貫いて静かに屹立しているもののように見える。その夥しい数の塔やそれに類した建造物のどこにも人や動物の姿はなく、気配すらもない。そこから聞こえてくるのはせいぜい風のざわめき、天空をゆく音のない雲のゆらぎの気配程度のものである。あくまでもどこまでも沈黙し続けるその塔を見ていると、いつのまにかゆっくりそこを昇っている自分を感じる。描かれている塔によって高さはまちまちだが、途中に穿たれた窓の大きさなどからおおよその高さの見当がつく。いつしか僕は苦労してその塔の一番の高みに立って、あたりの風景を眺めているのだ。一冊の画集の中の何葉もの風景の中を、近頃これほどゆっくり落ちついて旅したことはない。

子供の頃の夢の家のもう一つは、今で言うイヌイット、当時エスキモーとして認識していた北極圏の人々の氷の家である。かつてエベンキ族のユルタという名の氷の家の実物を見たことがある。ロシアの北、零下四〇度ぐらいの世界であった。それは民家の物置小屋になっていて、氷室《ひむろ》のようなものであるから鹿の生肉などがぶらさがっていた。片隅に熊皮のようなものが敷いてあるベッドがあり物入れのようなものもあったから、何かの折に誰かがそこで寝起きしたこともあるようだった。けれど外気を遮断してあるとはいっても、全体がつまりは冷凍庫の中で暮らす気分であるのは間違いない。

子供の頃にエスキモーは氷の家に住んでいる、といろいろな本を読んで知っていたから、ぜひともその住居としての氷のイグルーをいつか見てみたいと思っていた。けれどイヌイットの村を訪ねたことのある友人に聞くともう氷の家に住んでいる人々はほとんどおらず、今は観光的なものとして時折作ったり狩猟に出たときの一時の避難用の小屋として作る程度だという。

『「イグルー」をつくる』（ウーリ・ステルツァー、あすなろ書房）は、おそらくその狩猟用の前線基地としてのものなのだろうが、何もない雪原から、まずのこぎりで雪のブロックを切り取り、この民族によって長い時間をかけて培われた独特のらせん構造を描いた円形の雪の家を作っていくさまが、豊富な写真と説明できっちり描かれている。まさしくタイトルどおり『「イグルー」をつくる』であり、誠に単純明快な写真絵本であるけれど、熱いコーヒーなど飲みながら気持ちよく読み終えて、そして体のどこかでその氷の家の気配などを感じたりするのである。

モンゴルには時折行くが、遊牧民はこのイグルーと同じような形をした半球型のゲルという移動式住居に住んでいる。柳の木を骨格として、馬の毛で作られた黒いフェルト、その外側を覆う白い厚布、主にこの三つの素材で作られていて構造は簡単だがいかにも堅牢である。天井の真ん中に穴があいており、それはストーブの煙を出す穴であり、換気用であり採光用でもある。モンゴルへ何度も行っているうちに大小様々なゲルで生活したが、草原を吹き抜けていく風がこの半球型の家の外側をちょうどうまくなでるように回転して流れていくので、中では常に風の音が聞こえている。草の海、風の海の中での眠りはいつも申し訳ないほど心地のいいものだった。

『モンゴルの馬と遊牧民』（野沢延行、原書房）を読むと、この一見極めて単純な構造のように思えるゲルの中も、その中に生活道具入れや男性と女性の座る場所、客の場所なども細かく決められていて遊牧民の長い歴史の中でそれらは厳しく守られているのを知った。

モンゴルを旅している間に、何冊ものモンゴル関係の本を持って行ったが、それらの中では本書が最もわかりやすい遊牧民の「暮らしの手帖」のような生活本であった。移動式の家はいかに余分な生活用具や備品や衣服や趣味、調度品などを持たないでいるか、ということが第一の命題であり、それはまた今の自分とはまさに対局に位置する生活指向であり、そのことの示唆と刺激がとてもまぶしかった。

いろいろな家とその暮らし方がある。かつて中国の黄河沿いの奥地を旅している時、荒れ地にビルのようなものが見えていたので驚いたことがある。近づいていくとそれはビルではなく、ちょっとした小山であった。ビルと間違えたのはその小山のあちこちに沢山の穴があいていて、そこから明かりが漏れていたのだ。つまりそれは山の崖を利用した集団洞穴住居なのであった。三階か四階建てぐらいの高さだったろうか。洞穴に住んでいる現代の人々なのであった。

中国のある地方では地下で集団生活をしているところもあるという。さきほどの『地球生活記』の中でもチュニジアの地下住宅が紹介されている。地下の家は夏は涼しく冬は暖かいので、水まわりのシステムさえきちんとしていればなかなか快適なのだという。オーストラリアの砂漠の真ん中、クーバー・ピディ地区はオパールの産地で有名だが、蟻の巣のように至るところに縦穴が穿たれており、地下一〇メートルほどのところに暮らしている人々を実際に見たことがある。

閉所恐怖症気味のぼくは樹上生活と違って地下の穴蔵暮らしをあまり夢とは思わないが、さきほど紹介した『アジア・アメリカ生態資源紀行』の中に中国雲南省の文山地区の大きな洞窟の中に家を建てて暮らしている人の話が紹介されている。幅約一二五メートル、高さ五〇メートルほどの洞窟の中に何軒もの家が建てられていて数家族が住み着いている。採光条件は悪いけれど雨の心配は一切不要、従ってどの家も屋根というものは必要としないので天井裏はムキダシの物置になっている。嵐にやられることもないだろうし防犯上の安全性も高そうだ。そういうところで暮らすのもなかなかいいのではないかと思った。水は洞窟を流れるかなり冷たくてきれいなものを使っている。けれどこの著者が訪れた時には洞窟の中の戸数も住人も増え、さらに犬や豚や鶏や牛などの家畜もその中で飼われているので、その臭いと過剰人口による息苦しさは相当なもので、とても長くいたいとは思わなかった——と書いている。

洞穴の中だからこそ快適生活を送るための生物の数量制限が必要だろう。深刻な環境汚染に晒されている地球のわかりやすい実験モデルのようで、その意味でも興味深い話だった。

日本の乾杯

いま流行りの言葉でいうと、「この国の宴会のカタチ」というものに不満がある。

まず乾杯、というのがいまいましい。その次にお酌というのがどうも煩わしい。しかしこれらはあまりにも大きな問題なので、今回は乾杯問題だけを追求していくことにしよう。

数日前のことだ。T市である仕事が終わり、関係者が集まっておつかれさまの宴、というものが開かれた。座は二十人ほどであったろうか。

乾杯は生ビールである。

なんとなくぼくが主賓のようになっていて、まずぼくのところによく冷えたうまそうな生ビールがジョッキに入ってやってきた。

次々と各人の前にジョッキが到達する。この宴のために午後から水ものは断ってきた。渇いていたほうがビールは絶対にうまい。間もなくその至福の時がやってくる。

しかし生ビールの到達は、ぼくのまわりの人々六人ほどで途絶えてしまった。いっぺんにあまり沢山生ビールは注げないし、持ってこられないのだ。待つことしばし。やがて生ビール第二陣がやってきた。「おお、キミの到着を待っていたのだ」

けれど、第二陣も五、六人で終わってしまった。まだ半数の供給しかないのである。その店は流行っているようで、あちこちの宴席が騒々しい。お客さんたちはみんな生ビールを注文しているようだ。

再び待つことしばし。ぼくの前の生ビールはすでに泡が消え、ジョッキの表面に水滴のようなものが現れている。

第三陣も五人分ぐらいのものであった。宴席の人々はあたりさわりのない話をしているが、みんなぼくと同じような気持ちになっている、というのがよくわかる。

こうして待っているあいだにも目の前のビールはどんどんヌルクなっていく。折角一番おいしい状態でやってきたのだ。一刻も早く飲みたい。生ビールだって一番おいしいうちに一刻も早く飲まれたいと思っている筈だ。飲みたい者と飲まれたいものが同じ気持ちなのである。これほどもどかしいものはない。飲みたいと思う者の手のすぐ届くところにありながら、手も足も出ないのだ。いや、手も口も出せないのだ。切歯扼腕。唯々諾々。

あたりを散発的にとびかうさしさわりのない話も、いまやどこか空疎である。そのような話に加わらないで、人の世の苦悩と煩悶を一身に背負った表情でじっと目の前のジョッキを見つめている人もいる。

それにしても第四陣の到着が遅い。

もうぼくのところに最初のジョッキが到着してから五分はすぎているだろう。泡はすべて去り、ジョッキの表面を覆っていた白い冷気の曇りも消えつつある。

一座の空気があきらかに険しくなってきた頃、漸く第四陣が到着した。ああやれやれ。あともう少しで取り返しがつかない状態になるところであった。渇きの極限にきている体である。だいぶ時間が経ってしまったが、まだ冷たい生ビールのヨロコビは味わえる段階だろう。

ところがだった。これで全員の生ビール到着、かと思ったのだが、幹事の注文が間違えていてあと一人分まだ足りないのであった。

ああ。

おまけに今しがたサーバーのガスが切れて、ボンベを取り替えているところだという。

ああ。

再び待つことしばし。ポツポツとあたりさわりのない軽口はでているが、何故かビールに関する話題は皆無である。

ついに漸くにして全員の生ビールが揃った。苦しみの時代は終わった。あの苛立ちも葛藤も鬱屈も、飲んでしまえば問題はすべて解消するだろう。飲めばワカルのだ。

しかしここで幹事が立ち上がった。

「それではビールが揃いましたところで、今回の催しの最高責任者でありますM先生に、ここで乾杯の音頭をとっていただきます。先生どうぞ」

M先生がヨタヨタと立ち上がった。立ち上がるとポケットに手を突っ込み何か捜している。待つことしばし。ようやく小さく折り畳んだ紙を捜しだし、それを広げた。

「えー。それでは、只今ご紹介にあずかりましたMでございます。えー、それではまずはじめに……。えー、本日は……」

その紙に何かぎっしり小さな文字が書かれているのが見える。先生はゆっくりした口調でまず今回の催しが行われるきっかけとなった話を語りだした。

「えー。私がこのT市にはじめてやってきましたのはですね――あれは今をさかのぼること三十数年前のことで……」

話はじっくりと長くなりそうであった。悲しみと落胆のあまり、床に倒れ伏したくなってきた。

何かというと「酒宴」「宴会」「寄り合い酒」「飲み会」の多い人生を送っているが、いろんな文献にあたると、どうも日本人というのはずっと大昔から「宴会」を開いてきたらしい。

『日本書紀』に「新室《にひむろ》に縦賞《あそび》して」と、新築を祝う酒宴の風景が描かれている。夜を徹して歌い踊っていたとある。時代の幅はえらく大きいけれど、古くは『魏志倭人伝』、近くは『今昔物語』などにも酒宴の記述がある。これらの時代の酒宴の多くは大きな祝い事に絡んでのもので、みんなで同時に酒を飲むことは日常ならざる出来事であったということがわかる。非日常的な貴重なイベントであったわけだから、酒宴の位置づけも現代とはまるで違っていたのだろう。

『シーザーの晩餐』（塚田孝雄、時事通信社）に、紀元一、二世紀のローマ人の酒宴がどのようなものだったか――が詳しく出ている。それを読むと現代日本の、〝眼前生ビールのおあずけ煩悶〟など実にまったくどうってことないのだな、ということを知るのである。なにしろ酒宴に至るまで、宴席を設ける側も招かれる側もたいへんな準備をしなければならないのだ。

宴を設ける側は招待客の一人一人に召使をやって出席を懇請する。その挨拶と同時に手紙を持たせるのだから、このあたりは現代日本の結婚式の宴に似ている。招待客と日取りが決まると宴の亭主は酒、料理、調度品などの準備にかかる。場合によってはこれが一カ月に及ぶ大事業となる。

さて当日である。宴は夕方から始まることが多いが、客たちは奴隷に着替えを持たせてローマ市内の体育場にまず集まる。そこで鞠《まり》遊びやレスリングなどで体をほぐした後、浴場（ローマ風呂）の熱浴室（サウナ）や温浴室、冷浴室などに入り、とにかく全身を柔らかくほぐす。それから床屋に行って髪を整え入念に化粧（男であるが）を施し、いよいよ宴の開かれる屋敷に赴くのである。

昔のヘルスセンターのしくみや温泉宿への社員旅行の一連の流れにも、これは通じるようだ。そういえば昔テレビでよく宣伝していた巨大ヘルスセンターには殆どハリボテの〝大ローマ風呂〟というのがあった。しかしそのお湯は東京湾の海水を沸かしたものなのであった。ああ貧しい。

贅を尽くした宴席の豪華さについては飛ばし、問題はローマ時代のそういう宴席ではどのような酒の飲み方をしていたか、というコトである。

飲み物はワインであり、客たちは臥所《ふしど》に横たわる。あとでわかるのだが、長時間にわたるヘヴィな宴会なので、客たちは最初から寝ころがって宴に臨む、というわけだ。そこでの乾杯は演説を伴ったものだというから、今日の乾杯のスタイルはこの時代にすでに原型があったのだろう。演説と乾杯は何度も繰り返され、ワインは次々に開けられる。様々な種類の大量の料理が供される。やがて一座の熱気で室内が暑くなると上半身裸になる者がいたり再び風呂に入りにいく者があらわれる。そんなふうにしてどうもだらだらと何時間もこの宴は続いていったようだ。宴には席亭の気に入った人が招かれているが、客たちの間で激しい議論がおこり、酔った勢いで喧嘩になって刀で切り合うこともあったというから、現代の、酒の勢いで「ヤロウ表へ出ろ」のまさに原型のようだ。宴たけなわとなると、ちょっとした楽団の演奏があったりお抱え芸人の奇術や踊りなどの演《だ》し物も披露された。ここには書かれていないが、酔って楽団の演奏にあわせて歌ったり踊ったりの人も出たかもしれない。そうであったら現代のカラオケ酒場の原型ということになる。こうしてみるとスケールの差は大きいものの現代の殆どの宴の原型はローマ時代にあるようだ。

乾杯の時に、気分が高揚し、しかも楽しく和みつつ笑いの幾つかを誘う挨拶をするのは、紀元一、二世紀からの酒宴における重要なセレモニーであったらしい。

日本の宴は代表の一人が挨拶をして乾杯してしまえばあとは一座でひたすら飲んでいくだけというスタイルが多いから、酔いに徹することが出来て、こういうのはむしろ楽な形式なのかもしれない。

以前ロシアで伝統的な正しい宴に招かれ、やがて順繰りの挨拶と乾杯の儀に直面し、往生したことがある。小さなグラスを手に持ち、気の利いた小咄をし、最後に「では世界平和のために、乾杯！」とグラスを掲げ、一気にぐいっとやるのである。十人ぐらいの座を一回りも二回りもするのだからたまらない。同じようなことを中国でもやる。中国では白酒《パイチュー》などを手に持ち、ひとしきり挨拶をして、「カンペイ」と声をかけてぐいっと喉に放り込む。やりつけているので皆の挨拶が巧いのに驚いた。

日本では宮古島の人々がこの挨拶付き乾杯「オトーリ」を延々やるので有名だ。オトーリは三五—四〇度の泡盛でやるから、まじめに付き合っているとたちまちぶっ倒れる。オトーリをやると、飲みすぎてのケンカ騒ぎや、酔っ払い運転事故の元にもなるので自粛しようとする動きが数年前にあった。島の役人や警察が集まってオトーリを自粛するにはどうしたらいいかと会議を開き、いつのまにかその座がオトーリになってしまったというマンガのような本当の話がある。いま宮古島ではオトーリ用に五—八度ぐらいに薄めた水割り泡盛の一升瓶などが売られている。なんだか笑えるヘンな話なのだ。

乾杯は世界中の酒盛りについてくる。先頃スコットランドに行き、ウイスキーの蒸溜所が集中しているスペイサイドとアイラ島で、蔵出しウイスキーを囲んだ宴を何度か体験してきたのだが、乾杯は最初のひと声だけで、じつにあっさりとしていて楽だった。

掛け声はスコットランドでは「スランジバー」、イングランドでは「チアーズ」、スウェーデンでは「スコール」、スペインでは「サルー」、トルコでは「シェレフェ」、ベトナムでは「ヨウ」。

何度か訪れたことのあるモンゴルには独特の乾杯の形がある。乾杯の前に立て膝をつき、酒の入った杯に中指をつけて空に向かって三回酒を弾《はじ》く。まず天の神、地の神に酒を捧げるのだ。それから「トルヤガー」と口々に言って馬乳酒やモンゴル焼酎アルヒをぐいと飲む。

ところで、この乾杯とはいったいなんなのだろう。どうして酒の時だけあのようにグラスだの杯だのをみんなしてぶつけあうのだろうか。

これから一座の皆が待ちに待った大好きな酒を飲むのだから、嬉しくて嬉しくてそのヨロコビの心を表すためにあのようにグラスや杯をぶつけあうのだ、という安易な解説をする人がいたが、それではごはんだって、ごはん好きの人がお腹をすかして集まり、それではこれからごはんを食べましょう、ということになったら嬉しくて嬉しくてみんなでごはん茶碗をぶつけ合ってもおかしくない筈である。ラーメン好きの人々はラーメンドンブリをぶつけあうだろうし、茶碗蒸し好きの人は茶碗蒸しを……というようにキリがなくなってくる。

いろいろな文献を繙《ひもと》いていくと、もう少しちゃんとした説にいきあたった。それもかなり高級な文献である。

『旧約聖書』である。

有名なノアの方舟のくだりにこういう話の展開があった。農夫ノアは神の命に応じて流れ着いた土地にブドウの木を植え、やがて実ったブドウの実からワインをつくりそれを神に捧げるのである。これによってキリスト教ではワインは神の血である、というオスミツキを得ることになり、それ以来、ミサにはワインが必要不可欠のものとなる。

キリスト教では聖水をはじめとして聖なるものはその半分は神が支配し、半分は悪魔が支配している、という考え方がある。そうなると勿論このワインも半分は神、半分は悪魔が支配している、ということになる。なるほどたいしたものである。確かに酒の半分は絶対に悪魔が支配しているだろう、とは現代のバチアタリ異教徒（ぼくのことです）でも頷ける教えである。

話を続けると、その神の血であるワインを飲むとき、悪魔を飲んではまずい。そこでワインの入った杯を激しくぶつけ合うことによって、その大きな音に驚いた悪魔が杯から飛び出した隙に飲み干してしまう、というウルトラ技を考え出した——とまあこういう話なのである。間違ってその逆はないのだろうか、とフト心配になったが、よく考えると我々の乾杯は殆どあの時に神のほうを追い出してしまっていたのに違いない。

奸計渦巻くナポレオンの時代に、いかに親しい間柄でもしょっちゅう酒に毒を仕込んだり仕込まれたりして油断がならず、この杯には毒など入っていない、ならば主人も客もそれぞれ杯の酒を混ぜ合わせてみよう、という証明のために互いに杯の中の酒が飛び散り混ざり合うように激しく杯をぶつけあうようになった、という説もある。

ぼくはこっちのほうの説が好きである。乾杯が命がけである、というのがなかなかいではないか。それがためにヨーロッパでは杯にドクロなどのおどろおどろしいものが混入していたのではないだろうか。

この酒を入れる器を考えたとき、どっちにしても乾杯というしきたりは、日本人には新しい酒の風習であったのではないかと思うのである。

『酒の文化誌』（吉澤淑、丸善ライブラリー）に世界の酒杯と容器についての詳しい話が出ている。

「（日本も）古来、酒は神事の主役の一つであることから、酒の容器や杯は一義的に神饌具《しんせんぐ》であった。弥生時代から用いられていると思われる素焼土器「かわらけ」などはその後も長い寿命を保ち、現在も神饌具として用いられている」

その後時代が進むと平安時代には蒔絵《まきえ》や螺鈿《らでん》の技術がすすみ、これらの装飾を施した銚子や杯が用いられ、やがて陶磁器製のものに移っていく。

こういう素材の杯では乾杯などといって杯をぶつけあったらえらいことになってしまう。そしてまた日本の場合、酒を酌み交わす場は長いあいだ厳粛な気配の中での執り行いが多かったようだから、いかにも乾杯の動作はなじまない。

『もしも宮中晩餐会に招かれたら』（渡辺誠、角川書店）というまあ読んでも自分にはまったく関係なさそうな本に、びっくりする話が出ていた。宮中で行われる正式な晩餐会はいきなり始まる、というのである。挨拶もなく乾杯もなく「いただきます」もなく、いきなり飲んだり食べたりするらしい。しかし大事なことはそれがまことにゆったりとさりげなく、掛け声などなくとも殆ど同時に始まっていく、というところがいかにもやんごとない高貴なる人々のしわざである。本当にちゃんとしたところの料理は客の前に出された時が一番美味しい状態になっている、というからこういう方法がやっぱり理にかなっているのである。

はっきりしてきたのは、どうも乾杯というのは下品なものらしい。そうしてわかってきたのは、日本の乾杯というのは、宴がこれから始まるよ、という合図、かけっこでいうところの「ヨーイドン」というやつに近いらしい、ということである。そういうものがないと、酒や料理が目の前に出てきたとたん、すぐに口だの箸だのをつけてしまう連中が多いので、それを牽制するために開発普及していったのが〝日本の乾杯〟なのではあるまいか。確証はないが、たぶん、そうだと思う。

そういうハヤル気持ちを鎮め、期待をさらにたかめ、効果を倍増させていくためにゆったりとした〝乾杯の挨拶〟というものが意味をなしてくる。T市におけるM先生の所業はやはり正しかったのである。

『活字の海に寝ころんで』あとがき

岩波新書の三冊目である。一九八七年に『活字のサーカス』を、一九九八年に『活字博物誌』を上梓した。いずれも同社の月刊誌『図書』に連載していた（一部筑摩書房の『頓智』連載のものも含まれる）読書にからまる超個人的な感想や、そこから触発された思いや、そこから飛び出していく怪しい思念などをがしゃがしゃとかきまぜて書き綴った。

ここにとりあげている本は圧倒的に小説以外のものが多い。小説を書くのを本業としているものが本について書いた三冊の新書シリーズにほとんど小説が入っていないのはいかがなものか、とも思うのだが、日頃、世界のいろいろなところを旅していると、小説という作られた世界の話よりも、目の前に次々に現れてくる本当の世界の話、本当の出来事、その理由、といったものにどうしても一番の興味が向いてしまう。本書では発表の順番をちょっといじり、冒頭に「辺境の食卓」というものを特集的に並べた。この数年、極限地帯や極限状態に置かれた人間が何をどうやって食って生きてきたか、ということに大きな興味があり、とりあえずその入門編のようなものを最初にまとめたかった。

ところで冒頭のその「辺境の食卓 1 チベットとアマゾンの日常食」で高校生の頃、登山家が食べる〝ペミカン〟というものについて興味を持った、と書いたが、その後『南極・越冬記』(平山善吉・連合出版)を読んでペミカンの内容が分かった。乾燥肉や豆や乾燥野菜などが入った古典的な携帯用簡易栄養食なのであった。体力のため、エネルギー保持のために食べるもので、いかにもやっぱりまずそうだった。平素我々はいかに無意識のうちにうまいものを食って堕落しているか、ということも同時に分かり、しばらく気持ちがぐったりした。

いろんな本を読んでいて近頃漸く分かってきたのは、面白いのはやはり「人間の行動」である。目下は民族による「しぐさ」と「反応」に興味を持ってきているので、いずれそんな世界への瞥見的アプローチを考えている。

活字たんけん隊

博物誌の誘惑

どうも博物誌とか文化史といったタイトルのついている本にヨワイ。書店で見つけると「ハッ」としてその本を手にとる。自分の目が喜んでいるのがわかる。中をパラパラやり、まあ大抵たいした内容の吟味もなくいわゆるミズテンで躊躇なく買ってしまう。家に帰り、机の上に置いてタメッスガメッまたパラパラやる。面白そうな内容だとすぐに読んでいくが、にわかには興味のわかない内容だとそのまま書架に収める。いつかこの本の内容が必要な時がくるだろう、という極めて個人的な、そしてささやかな、いわゆるひとつの〝未来への知識の蓄財〟とするのだ。

だから博物誌、文化史と名のつく本が書架に沢山ある割には読んでいないものも多い。でもそういうタイトルの並んでいる背表紙勢ぞろいを眺めると、なにか精神のどこかが燃えてくる。気持ちがはずんでニタニタしたくなる。どう考えてもマトモではない。「博物誌文化史フェチ」という症例があるとしたら間違いなくそれにあてはまるひとりだろう。

　これらの本を持っていて安心するのは、たぶんそれを読むととりあえずその世界のことを入門的にまとめて知ることができるからだろう。でも実はそんなのはまことに都合のいい話で、それをきちんと読みこなし、理解できたら——の話である。したがって近頃ますますモノゴトを理解するのに幾多の隙間ができているなあ、と自覚できるわがヘチマ的脳味噌頭ではどだい無理な望みなのである。

　まあしかしそれでも内容の面白さに引かれて、きちんと読んだ博物誌、文化史も結構ある。わがヘチマ頭の理解度の深浅は別にして、千円とか二千円ぐらいの値段でその世界の知識をある程度まとめて体系的に知ることができるこれらの本の効用効能というのは実際たいしたものではないか、といつも思うのである。

　例えばついこのあいだ読んだ『毒薬の博物誌』（立木鷹志、青弓社）には、ローマの将軍カルプルニウスが毒を塗った指でクリトリスを愛撫して何人もの妻を殺した、などということが書いてある。その毒というのがトリカブトであるという。まあとりあえずそういうことを知ってなにがどうなるということでもないが、しかしなんだか凄いなあと思うのである。同時に狂言の「附子《ぶす》」もこのトリカブトである、ということ、ソクラテスが毒ニンジンで処刑された、という話もこの本で知った。

『草根木皮の博物誌』（李家正文、泰流社）という実に魅力的なタイトルの本は様々な植物の効能を書いているのだが、そのなかで蒜《ひる》（ネギ、ニンニクなどの総称）についてこんなことが書いてある。

「古代インドのマウリア王朝の阿育王はあるとき病気になった。なんと口から糞を吐き、体中の毛穴からも汚い汁が噴出した。（中略）医者はその少しまえにちょうどこの王とおなじような症例の女を診ている。女は死んだが、腹を裂いてみると虫が沢山でてきた。医者はこの虫が腸をふさいで糞が口から出るようになってしまったと考えた。そしてこの虫を殺すもっとも効果的なものが蒜であるということを発見し、その療法をこころみると、やがて王の肛門から死んだ虫が沢山でてきて王は全快した」

この虫は回虫である。

まあこういう話も、知ってどうなるということでもないが、しかし知ってみるとなんだか少し得したような気持ちになる。

こんなふうに博物誌、文化史というのは大体いつも思いがけない話を突然沢山教えてくれる。それは読んだその時まるでなんの役にもたたないようであるが、やがてなにかの時に思いがけないようにいきなりなにかの役にたつ、ということがけっこうある。だからあなどれないし、油断ならないし、そして結局いつもどこかが面白いのである。

ぼくの書架にあるこれらの本からきわめて私的な「面白博物誌文化史コレクション」というのをつくってみた。

『風の博物誌』（ライアル・ワトソン、河出書房新社）。タイトルからして大きな夢があり、そしてなにかとても静かな格調がある。語られていく事例の幅の広さと考察の深さ、そしてとにかく話のスケールが凄いこと。

一九九七年、この本がオーストラリアと日本の合作でドキュメンタリー作品になったとき、請われてぼくはそのナレーションを引き受けたことがある。つまりそれほど全身で傾倒していたのである。今でもこのジャンルの本では抜群の存在であると思う。類型本がまったく出ない、というのもこの本の完成度の高さゆえ、であろう。

『トイレの文化史』（ロジェ＝アンリ・ゲラン、筑摩書房）。著者がフランス人なので内容、事例の多くがフランスに偏っているのがやや気になるが、それでもその徹底したトイレ文化論の視線が快適快感快便感覚である。

実はこの本と対になるような位置で『トイレットペーパーの文化誌』（西岡秀雄、論創社）という本があり、ぼくはこっちのほうがはるかに面白いと思っている。タイトルのとおり、こっちは「拭く」ということだけにこだわった一冊で迫力がある。

この本で、人間はこれまで紙以外に草、石、トウモロコシ、縄、砂、木、などありとあらゆるものを使って尻と糞をふいてきたことがわかった。そしてそれらのなかでも、水と手、というのがもっとも優れている究極のクラシック作法である、ということを知った。

次は『蚊の博物誌』（栗原毅、福音館書店）。ぼくも蚊が好きで『蚊学の書』という本を編著したが、この本はそれらの原点をなすもの。まさに一点集中本の本領発揮本である。

『木の実の文化誌』（松山利夫・山本紀夫、朝日新聞社）はとても丁寧で夢のある本。読むとすぐさま森のなかに入っていきたくなる。木の実はまさしく文化なのだな、と思った。なにかの本でおぼろに記憶していたことのひとつに「バターの木」というのがあって、それはまさしく木からバターがつくれるというのである。

大袈裟なほら話であろうと思っていたらこの本でネパール丘陵地帯にはえる樹高二十メートルほどにもなるインディアンバターツリーのことである、と知った。ほんとうにこの木からは高濃度の樹脂が取れ、石鹸をつくっている。財産になる木だからその一本一本に愛称がつけられているそうだ。

木にはいい木と悪い木があって、一番凄いのは「イポー」という猛毒の木だ。この本ではないが、そのことが書いてある本を昔読んだ。今さがしたが見つからない。この木が生えているところには周囲に他の樹木は生えず、近くにある水のなかにも魚は住めない。近くの空をとぶ鳥は地に落ち、知らずに近づいてその木の下で休んだ旅人は死んでしまう、という。はてなんという題名の本であったか思いだせないのがもどかしい。『梢の博物誌』（柴崎篤洋、思索社）。樹木の一番上のあたり、つまり梢のへんというのは人間がなかなか覗きにいけないところである。ある意味では深海よりも太陽系の惑星よりも未知の世界といっていいかもしれない。

以前「ナショナルジオグラフィック」で梢の世界を研究するために、ドーナツの複雑な恰好をしたような巨大な風船的な物体の上に研究者グループが乗って、ヘリコプターで森林の頂上部分に下ろし、長期にわたって梢のあたりの生態をしらべる、という記事が載っていた。実に単純な方法であるのが妙に面白かったが、同時に実に魅力的な光景でもあった。研究者たちはその上で眠るのである。梢の上のビバークというのはどういう眠りなのだろうか。そしてどんな夢をみるのだろうか。

類型本に『樹上の出会い』（三谷雅純、どうぶつ社）があるが、アフリカ中央部が舞台になっているのでそこで語られている事例はダイナミックである。

『氷の文化史』（田口哲也、冷凍食品新聞社）。これを読むとだれかに氷と日本の歴史を話したくてたまらなくなる。たとえば源氏物語や枕草子に氷のお菓子がでてくるのだ。それをどうやって調達したか、などという話である。その頃すでにかれらは日本酒をオンザロックで飲んでいたらしい。

『雑穀博物誌』（草川俊、日本経済評論社）もまた魅力にみちた一冊である。そのとおり稲科ではアワ、ヒエ、モロコシ、キビ、ハトムギなどのことが詳細に語られる。おそらく多くの日本のよい子はあの「桃太郎」の話を聞いたときにキビ団子を大層うまいものと思い、一度食べてみたいと思ったはずだ。しかし、これを読むと相当にまずそうだ。

西部劇の焚き火をかこんだキャンプシーンなどでよくでてくる豆が昔から気になっていたが、この本を読み、あれはいんげん豆のことであると知った。アメリカ人は今でもいんげん豆の缶詰を食べるようだが、これも映画で見て感じたようなうまいものではけっしてないらしい。そうだろうなあ。

『盗みの文化誌』（泥棒研究会編著、青弓社）はさまざまな盗み論を五人の論者がそれぞれの側面から自由に書いている。

とりわけぼくがコーフンしたのは、落語の「らくだ」にでてくる死骸に「かんかんのう」を踊らせて長屋の大家から葬式の酒や料理をせしめる話について三木聡氏の書いている「死骸の恐喝」についてであった。

この一件は唐突な落語話ではなくそれとほぼ同じようなことをする中国の「図頼《とらい》」というものからきているのではないか、という説である。中国というのは途方もないモノスゴ話の宝庫のような国で、小説を書く者としていつも彼の国には深い興味をむけているが、またもや、という感じである。

『恐怖の博物誌』（イーフー・トゥアン、工作舎）はじわじわと怖い一冊であった。

ここでは人間の恐怖の対象となる、生き物、現象、制度、感覚などあらゆる範囲にわたって検証と考察がなされていく。これを読むと、恐怖には民族や時代の差がなく古来からニンゲンは同じようなものを同じように怖がっている、ということを知る。つまり有史以来、世界中の人が同じように蛇を気味の悪いものと思い、闇に脅え魔術を警戒し、いつとも知れぬ敵の襲来に恐怖している。そして読み進むうちに「人間とはなにか？」という実にシンプルな問いかけに行き着くのである。

勿論そうはいってもぼくはただ問いかけてみるだけで、むなしく「わからない」と呟くだけなのだが。

『「感覚」の博物誌』（ダイアン・アッカーマン、河出書房新社）は嗅覚、触覚、味覚、視覚、共感覚について詳細に分析している本である。しかしそれにしても人間の感覚とその吸収欲は凄まじい。本人が意識しないうちに常に数万単位の各種の刺激をこれらの感覚吸収器官が働き、感じとり、対応しているのである。感覚が豊富ということはつくづくご苦労さまなことである。

味の項目のところでこんなことが書いてある。

大人の舌には〈塩味、酸味、甘味、苦味〉の味覚芽《みかくが》がおよそ一万個ちらばっているが、ウサギは人間より多く一万七千個、牛にいたっては二万五千個もあるという。まあかならずしも沢山あるから高度な味覚を感じているというわけでもないのだろうが、しかしこの数の差は意外であった。同時にウサギの食べているはこべの味、牛の食べている干し草の味というものが実際どんなものか知りたいものだ、と思った。けれどそういう知りたい欲求というものがすなわち人間をさらにややっこしい生き物にしているのだな、ということもこれを読むとわかってくる。そして同時にさきの人間の恐怖の発生メカニズムの一端が見えてくる。

『恐怖の博物誌』にはどの民族も生後十八ヵ月までは動物をこわがることはないが、五歳ぐらいまでにだんだん動物をこわがるようになっていく。二歳未満の子供は蛇をみてもへっちゃらだが、四歳ぐらいになるとひどく蛇をこわがることになる、という記述がある。つまりこれは経験の蓄積が恐怖の感覚を生んでいく、ということなのだろう。いろんなことが中途半端にわかっている厄介な動物が人間である、ということがこの二冊の本で少しわかった。だからこの上ウサギや牛の味覚まで知らなくてもよいのだなあ、と反省した次第。

一点集中入門書としての博物誌の見本みたいなのが『ミミズの博物誌』（ジェリー・ミニッチ、現代書館）である。この本を読みチャールズ・ダーウィンに『ミミズの作用による栽培土壌の形成及びその習性の観察』という著書があり、ミミズ研究の大家でもあるということを初めて知った。

「ミミズは人類が鋤を発明するはるか以前に地球のあらゆる土地を耕していた」という

ダーウィンの一文から始まるこの本はミミズ嫌いのひとはひっくりかえるようなミミズだらけの本である。ミミズが生物界最大の大食漢であるということは別の本で読んで知っていたが、この本を読むとかれらは同時に生物界では人間の一番の隣人であるということもわかった。それなのに、今日本にはミミズがどんどん少なくなっている。農薬や土地改良（ミミズからみたらとんでもない改悪）によって住む場所がどんどんなくなっているのだ。今は釣り人が餌のミミズに困っているというが、こんなふうに変えられていく日本の土地はミミズならずとも不安である。

『サバンナの博物誌』（川田順造、新潮選書）は、知らない世界の自然や生物の営みを楽しみながら知っていくという博物誌を読む喜びを十分満たしてくれる素晴らしい一冊である。著者はレヴィ＝ストロースの『悲しき熱帯』の訳者である。学生の頃この名著に感動したのだが、このサバンナの話にも随所に深い思考を促す激しい熱風の気配を感じる。上質のエッセイでもある。

たとえばそこに住む人々みんなに嫌われていてまったく無視されているハゲワシについて温かく語る一文など実にここちがよく、ぼくは感動した。

あめひ虫、というのがいてこれは直訳して「雨・火虫」である。

「雨季の夕方、滝のように雨が通りすぎたあと、濡れてしんとなった薄青い空気の中で、木も草も、作物も人間もほっと息をつく。そんなとき、まるで今の雨がふりまいていったかのように、どこからともなく姿をあらわす」

それがあめひ虫で、これは人間にとりつくとあやしい液をたらし、そこが十円玉ぐらいの火傷《やけど》のようになる、まことに嫌なしわざをするのである。ハンミョウの仲間であるという。日本にもハンミョウはいるが、せいぜい豆を食うぐらいの悪さであるからやはり彼我の大地のスケールの差がそうさせているのだろうか。

『鳴く虫の博物誌』（松浦一郎、文一総合出版）はタイトルのとおり鳴く虫だけの話が書いてある。そのなかにハンミョウがでてくる。「おかしな鳴く虫たち」という章にミミズや蓑虫、タニシなどとならんで「みちおしえ」の異名をもつ虫として語られている。

晴れた日の野山を歩いていくとこの虫が何匹も地面に待っていて、もう一歩というところにちかづくと、サッと横っ飛びに羽をひろげてとびたち、少し先のところにおりたって、こちら向きになって待っている。これを何度もくりかえすのでまるで道を教えているようだ、というので「みちおしえ」という名がついたのだという。なるほど子供の頃そういう虫がいたのを覚えている。

この本はいたるところに鳴く虫を題材にした俳句が引用されていて、いかにも優しい日本の虫の歳時記の気配もある。

ところでこの稿を書くためにさっきの『サバンナの博物誌』を読み返していたら『木の実の文化誌』のところで書いた「石鹸の木」によく似た「バターの木」の話が出ていた。そうかどこかで読んだというのはこの本だったのか、と少し安心した。

アフリカとネパールではかなり土地の様相が違うのでまったく別の種類のものかもしれないが、双方の抽出物の作り方の記述をみるとよく似ているので同じ木かもしれない。もし同じものだとしたら大昔のほとんど文化の交流のないところで同じような利用法を考えだしていたというわけで、またもや大変興味深い話になる。しかしそのことの解明は、またいつかどこかで見つけるだろうなにかの『博物誌』に偶然でていることを楽しみに待つことにしよう。

不可解の含有率

新幹線で東京に戻る途中、本を読むのに疲れてぼんやり外を眺めていたら、大きな工場のような建物の外壁に「死んでも貸します。なんでも貸します」というやけに大きな看板文字が目に入った。一瞬のことだったのでそれがいったい何だったのかよくわからなかった。しかし、とにかくそこが必死に何か貸したがっているのだな、ということはよくわかった。

それにしても「死んでも貸します」というところがどうにも凄い。死んで何を貸してくれようとしているのだろうか。

こういう「ナゾ」の含有率の高い〝問い掛け〟というのはアトをひく。しばらくそのコトを考えていたが、考えて何かわかるという訳でもない。そこのところがどうも悔しい。なんとかしてほしいのだ。

東京の首都高速道路四号線の左右のビルの屋上に、赤い地をバックにただカタカナで「ワールド」と書いただけの広告看板がやたらに林立し、走っていくと次々に現れる。

ハテこれはいったい何だろう、と思った。とにかく道路沿いにただそれだけの文字が果てしなく続くので気味が悪い。同じ方向に住んでいる友人にそのことを言ったら「知らない」と言う。ぼくは東京にいるときはほぼ毎日そのルートを自分でクルマを運転して走っているので、とくに強烈に目についているだけなのかも知れない、と思っていたら後日、写真週刊誌がそのことを取り上げ、正体と理由を書いていた。気になっていた人はほかにもいたことを知り、さらにソノモノの正体がわかって少し安心した。もっとも風景としての不気味さは変わらないのだが。

新幹線の車窓の話にまた戻るが、その日さらにぼんやり外を眺めていたら静岡を過ぎたあたりで自由の女神が見えてきた。ビルの屋上に立っている、日本には「よくある」やつで、なぜかパチンコ屋とラブホテルに多い。

どうしてこういうところに多いのかわからない。理由がわからなくて目立つもの、というのはどうも見ていて困る。

ある物好きな人が日本に自由の女神がどのくらいあるのかと、一定地区の数をベースにして概算したらざっと三千個くらいはある計算になったという。あのパチンコ屋やラブホテルの屋上に立っている自由の女神をアメリカ人が見たらどう感じるのだろうか、と時おり思う。日本人がアメリカへ行ってカジノの屋上に大仏がでんとあぐらをかいて座っているのを見るようなものなのだろうか。どうもそれとも違うような気がするが、これもよくわからない。

ニューヨークの自由の女神はアメリカの独立百周年を記念してフランスから贈られたものだ。女神像の松明《たいまつ》の先端から足元まで四十六メートル。構造は中に鉄骨の骨格があり、随所に鉄筋の張出しがでて全体を構成。銅板で外側の形がつくられている。フランスでいったん組み立て、解体して船でニューヨークにはこんだ。ニューヨーク側は土台を造った。土台をいれた全体の高さは九十二・九メートル。十一年がかりの大工事であった。

女性像であるのはラテン語の「自由」が女性名詞であることに由来している。解放を象徴するフリギア帽を被り、手に槍、剣、旗、松明を持ち、圧制のシンボルであるヒュドラ（多頭をもつ蛇）を踏みつけている。

この自由の女神はニューヨークだけのものでなく、アメリカのシンボルとなりアメリカ人の誇りになっている。高い建造物のモニュメントとしては世界で一番有名であろう。実際にその姿は美しく、見る人を安堵させる。

こういうわかり易い象徴的建造物をもっている国が羨ましい。

隅田川沿いにある黄金色の巨大なウンコのような屋上建造物もはなはだわからない物体のひとつだが、日本のパチンコ屋の屋上の自由の女神を見るときのような気恥ずかしさはない。ウンコ的物体があまりにも輝かしく、黄金色に堂々として謎に満ちたまま鎮座していているからであろうか。そこにもうひとつオリジナルの力強さ、というのがあるのかも知れない。

だから思うのだが、パチンコ屋もいまや全国にありふれた自由の女神のチープなコピーなんかじゃなくて、太陽に轟然《ごうぜん》とかがやく巨大なパチンコ玉を掲げている意思と決断の巨人像（できればおじさんの）なんていうほうが説得力があるのじゃないか。ただしこんなのが本当に作られたら近所の人は鬱陶しくて眩しくて迷惑であろうが……。

『宝島―VOW』という全国面白不思議風景の投稿雑誌（不定期の小型ムックスタイル）があってぼくはけっこうそのファンである。その何号かに「迷惑な仏壇」の話がでていた。電動広告の一種らしいのだが、道端の電柱のようなものの上に巨大な仏壇がのっかっていて、これが自動的に「チーン」などとカネを叩き、読経などをはじめるのだという。

夜中に道を歩いていていきなりそんなものが頭の上から聞こえてきたらこれは気持ちが悪い。苦情が殺到して広告主はついにこれを取り外したそうだ。日本人というのはまったくなにをするかわからない。

『新ニッポン百景』（矢作俊彦、小学館）は変な日本がいっぱいでてくる。あまりにも変なものが多いので見ているとイライラしてくる。こういう書き方をするといかにもエラそうな言い方になってしまいそうだが、日本というのはいろいろと余分な金を持っているだけで、たいしたことを考えていない民族であるのかも知れないな、とこの本の風景を見ると思うのである。

第九十四景「だからどうした」には福井県のある町に作られた全長四百六十メートルの滑り台のことが出ている。この長い滑り台をつくって「我こそは日本一の滑り台なり」と自慢した。すると群馬県のとある村がそれに横ヤリを入れた。その村にも長い滑り台がある。全長三百八十メートルである。長さでは福井のそれに負けるがそちらは斜面に沿っていくつも折れ曲がった滑り台である。しかるにわがほうは真っ直ぐな一本の滑り台である。従って日本一は依然としてわがほうである、と。するとそこにまた別の滑り台が文句を言ってきた。今度は茨城県のある市がつくった休暇村の滑り台で、これも直線でなんと全長八百七十七メートルもある。あやや、と福井、群馬の滑り台は怯《ひる》んだが、しかしその茨城の滑り台をよく調べてみると、そっちのほうは山肌に溝を切るようにつくられており、しかもステンレス製の滑り台の上をソリのようなもので滑る仕組みになっている。

それではいわゆる正しい滑り台の範疇を越えているからこの日本一争いに加わる資格はない、ということで三番目の横ヤリは無事かわせた、というお話。

それにしてもこのような物に億の税金を投入してこしらえ、日本一争いをしているのがわが日本なのである。

ぼくはどうもギネスブックに挑戦、というのがよくないような気がするのだ。遊びゴコロの世界一争いを、日本人は本気の競争にしてしまう。いつだったか日本のあるギネスブック挑戦集団が、世界一大きな襟巻きを編んで、「あれでは冬が寒かろう」とニューヨークの自由の女神に送ろうとした。けれどこれはニューヨーク市から正式に断られたそうである。

この本の著者も書いているのだが、こんなふうに全国各地でわけのわからないものを競って作るようになったのはあの「ふるさと創生資金」の全国金ばらまき時代のあたりからであるという。そこにバブル景気が連動後押しをして、日本各地に次々といろいろ不思議なものができてしまったようだ。

JR湖西線、近江高島駅前の広場には高さ七・五メートルのガリバーが立っていて池のなかにある五隻の船をひいている。閑散とした駅からはときおりアイルランド民謡「庭の千草」が流れる。ガリバーの前にはガリバーより大きい城があってその城壁の上には小さな兵隊の人形が立っている。この遊園地のモニュメントのようなものはふるさと創生資金で作ったという。

どうしてこの町のこの駅にガリバーなのかというと「ガリバーチャレンジタウン」をアピールするために作ったのだ、と町役場は説明する。しかしその意味はよくわからない。

こういう意味不明の造作物はいまや日本中にある。茨城県石岡市の第三セクターによるテーマパークには高さ十メートルの巨大な獅子頭がどでんとある。古代から近世までの家屋を復元したテーマパークになっているのだが、この獅子頭はその守り神なのだという。建設費約六千五百万円。

日本人は昔から奈良や鎌倉の大仏をはじめとしてとにかく大きいものが大好きなようだ。『ぬっとあったものと、ぬっとあるもの』（ポーラ文化研究所）の表紙は緑の山のなかからぬうっととびでている大船観音の写真だ。

このなかに加賀の観音像についての記述がある。いちど駅からその巨大な姿を見てびっくりしたことがある。高さ七十三メートル。掌は十一畳敷きで百六十人が乗れる。その腕に抱く幼児が奈良の大仏ぐらいの大きさだという。中に入った筆者は「この巨大な観音像は、仏像であると同時にたまたま観音の形をした高層ビルなのだと気がついた」と書いている。それを読んでああそういうことなんだな、とぼくも大いに納得した。この加賀観音像のいささかこけおどしともとれる巨大さとキンピカぶりは、かつて民衆が神仏に対して抱いた畏怖のもと、救いを求めた額《ぬか》ずきの対象としてかたちづくられたものとはだいぶ違うような気がする。それはあきらかな近代商業戦略のもとに作られた現代の大仏ならではのものである。どこかで意味が違っているのだ。その意味の違いを端的に表現したのが「観音の形をした高層ビル」という指摘であった。『巨大ピラミッドの作り方』（非日常研究会、同文書院）といういささかヒトをくったタイトルの本のなかに「奈良の大仏のつくりかた」という項目がある。あの時代に、はたしてどのような揺るぎないローテクで、あの堅牢な大仏を作ったのか興味があったのだが、この本はその疑問に簡潔に答えてくれた。

簡単に書くと、内型（雄型）と外型（雌型）で鋳造している。奈良の仏像は十八メートルあるが、まずその基本の形、塑像《そぞう》を作る。塑像は人型をした籠のようなものになるらしい。もちろんその中は頑丈な木で支えているのだろう。この塑像の上に縄をぐるぐる巻き、表面に土を塗り付けていく。次にこの塑像よりひとまわり大きい外型を作っていく。いっぺんに全部、というわけにはいかないから下から細かく段を分けていったらしい。

内型と外型の間の隙間に溶けた銅を流しこんでいき、それを積み重ねていく。この本によると奈良の大仏は全部で八段に分けて鋳型の像を作っていったとある。いずれにしても当時の人手たよりの大がかりなこの作業は長い年月がかかっているし、常に危険と隣合わせの作業を強いられた筈である。

補鋳《ほちゅう》が終了すると金メッキの仕上げがある。その前の垢落としの作業は青梅を磨り潰《す》《つぶ》した液を使ったという。メッキ塗装の熔媒である液体水銀の猛毒の中の作業が最後であったろうが、仕上げまでにかなりの犠牲者をだした。

『超高層大仏をつくる』(永田良夫、川田工業)は茨城県牛久にある阿弥陀像を建設した話だ。この大仏は浄土真宗東本願寺派が経営する「牛久アケイディア」の敷地十一万坪の中に建てられた。アケイディアというのは理想郷アルカディアの英語読みだという。この阿弥陀像はそれまで国内の近代的巨大仏像づくりの類例の多くが鉄筋コンクリート製であったのにたいして、鉄骨を組み、表面に銅板を張る、という近代工法の枠をこらして作られた、という点で建築界からも注目されたようだ。

とにかく大きく、台座を含めてなんと総高百二十メートルある。これは霞が関ビルとほぼ同じ高さなのだ。この史上最大の超高層仏像はエレベーターで地上八十五メートルの展望台に昇ることができる。そこまでいってもまだ胸の高さなのである。

もしこれを奈良の大仏を造った人々が見たらひっくりかえるであろう。未来はまったく物凄い! と。

しかしたまたま現代に生きて、奈良の大仏の工法とこの史上最大の大仏の工法の両方を知るものからいうと、なんだか「未来」はまだまだ先だ、というような気持ちになるのである。

なにがそのような気持ちにさせるのか。一言でいうと、我々はまだ大仏を作っているだけなのだ……というある種の「むなしさ」をそこに感じるからである。なるほど十八メートルの奈良の大仏からくらべたら近代工法による百二十メートルの超高層大仏はたしかに凄いが、しかしこれはもしかするとあの福井と群馬の滑り台の抗争とたいして違いのないレベルのなかにいるのではあるまいか。別の言い方をすると、それは「奈良の大仏」からちょっと先にいる「未来」の風景でしかないような気がする。

沢山の人目にふれる「なんだか大きなもの」を造るにはそれなりの覚悟と責任が必要である。けれど今という中途半端な未来は、その大きなモノを作る意味と理由をひどく希薄にしているような気もするのだ。

話はいきなり変わるが、ぼくはSFを時おり書く。けれど、SFの定番であるまだ見たこともない未来の人々の住む世界を頭のなかで想像するのは相当に難しい。どんなふうにその世界を空想しても結局今の価値観をひきずっていて、その延長線上の単なるテクノロジーの進歩の上の未来絵図を想像しているのにすぎなかったりするからだ。

旧約聖書に出てくるバベルの塔は古代バビロニアの階段式ピラミッド型寺院らしい。高さ九十メートル。土台は一辺が九十メートルの正方形だったと伝えられている。ノアの子孫たちはこのバベルの塔の頂を天に至らしめん、としたのだが、人類の造る高層建造物はいまだに天に至っていない。ちなみに二〇〇九年現在、地球上で一番高い建造物はアラブ首長国連邦のブルジュ・ドバイで八百十八メートル。これでもまだ天までは遠いようだ。

道連れの旅

旅の本を沢山読んできた。いろいろなスタイルの旅本があるが、いちばん好きなのは未知の土地へ向かっていく探検、冒険的な色合いをもった体験記である。小学生の頃に学校の図書館で読んだスウェン・ヘディンの『さまよえる湖』がぼくの読書のそもそもの始まりであったから、好きな本の傾向やジャンルはその方向線でずっと変わらずにきた。辺境の異文化地帯、人の住めないような砂漠や離島、奥深いジャングル、山や氷の世界。未知の海域や古代文明のサンクチュアリ。ぼくの好きな旅話の舞台は地球の四方八方にどんどん広がっていった。

名作と言われる古典的な探検記、冒険記の殆どは読みつくしてしまった。それでも何か新しい面白そうな旅の本は出ていないだろうかと、書店の棚や出版広告、書評などで常にその手のものを探している。

地球は夥しい数の旅人の足跡によって、もう殆どくまなく紹介されつくしてしまったようだ。けれどすでにルートのできあがっている地帯を再度なぞっていくような旅であっても、先人とは違う方法で行く旅の記録もある。

たとえば永瀬忠志さんが書いた『サハラてくてく記』（山と渓谷社）である。サブタイトルに「リヤカーマンアフリカ大陸横断一一、〇〇〇キロ」とあるように、この人の砂漠の旅はずっとリヤカーを引いて歩くのである。基本的には野宿を宿泊のベースにしているので、そのきわめてアジア的な物運びの道具の中には彼の生活道具がびっしり入っている。旅人はそいつを引いてとにかくひたすら灼熱の太陽の下、広大な砂漠をじわじわと這い進むようにして南下していく。

旅の後半は殆ど赤道沿いにアフリカ大陸を横断する苛酷な移動の連続だ。砂地を噛む重いリヤカーのタイヤの荷重に苦悩する。つきまとう強烈な暑さと疲労。

そして読みながら常に気になるのが、このリヤカーとそこに積み込んだ積載物の安全である。砂漠地帯を旅していくといっても、あちこちで小さな集落やそこそこの町に行き着く。リヤカーごと屋内に入ることはできないから、安宿に泊まるときでも国境のイミグレーションでの手続き中もちょっとした買い物でもリヤカーを置いて空身で行動しなければならない場合が頻発する。具合の悪いことにリヤカーはアフリカ大陸の人々にとってはきわめて珍しいものであるから、旅人の行くところ常に大勢の人々がリヤカーのまわりに集まってくる。防護のために一応シートを張ったりするのだが、鍵もつけられないシートの中は全くの無防備そのものである。

移動する国によって程度の差はあるものの、日本と比べればそこには基本的に〈治安〉〈安全〉〈信頼〉などというものは存在しない。そのためこの砂漠のリヤカーマンはあちこちでいろんな被害に遭遇する。そのありさまは、おとなしく鈍重、かつ無防備な小動物に襲いかかるハイエナやハゲタカの群れを彷彿とさせる。

もとより辛い旅ではあるが、この旅行記を読む者は旅人が止むにやまれぬ用で単身出かけてゆくだりで「今頃あのリヤカーがひどい被害にあっていないだろうか」と常に不安に満ちた思いにさらされる。旅人が戻ってくると、そこに忠実で寡黙な下僕のようにリヤカーがきちんと旅人の帰りを待っている。そういう場面に激しく安堵したりするのである。全体に滑稽でペーソスに満ちたこのリヤカーマンの旅はもどかしいが、どこか奇妙にいとおしい不思議な読後感に満ちている。

このリヤカーマンは、次にモンゴル一〇〇〇キロの徒歩縦断を計画しているようだ。「人口密度が低いので水や食料を沢山持っていかなければならないだろう。そこで久しぶりにリヤカーを復活させるつもりだ」というので楽しみである。モンゴルはそのかなり奥地までぼくも行った。モンゴルの人々は農耕民族ならではの人力移動道具であるリヤカーを見たことがない筈だから、ここでもアフリカなみの好奇の目にさらされるだろう。しかし治安はアフリカよりもいい筈だから、かの地よりもう少し安心できる旅になるのではないだろうか。早くその旅の話を読みたいものだ。

動物と行く旅、というのも最近大いに気になる旅のスタイルである。『ロバと歩いた南米・アンデス紀行』（中山茂太著、双葉社）は、タイトルのとおり現地で手に入れたロバと一緒にボリビアからアルゼンチンの南米大陸最南端の町ウスアイアまで歩きつづける話である。

ロバの名は「パブロフのぼるくん」。背中に跨《また》がってサンチョ・パンサのように南の端を目指すのではなく、ロバはあくまでも荷物を運ぶのが仕事だ。さきほどのリヤカーマンのリヤカーと違って、こちらは自分でどんどん歩いてくれる。そのぶん楽なように思えるが、読んでみると実際にはなかなかそういうわけにもいかないのだ。リヤカーと違って自由に動くぶん、ともすると気を許した折など、ロバは勝手にどこかへ消えてしまうという問題がある。そんなとき読んでいる者としてはリヤカーのあの沈黙と静止が妙に頼もしく思えたりするのだ。

この青年とロバの歩いていくエリアはこれまた様々に治安に問題のある場所である。この旅人はあちこちで起きるドラマチックな波瀾の中で様々にもがく。ピストル強盗に襲われたり、旅の始めのころには騙されて質の悪いロバを売りつけられたり、とてつもない豪雨に流され損ねたり、いやはや至る所で油断がならない。

中でももっともはらはらしたのが、もう一方の主役である相棒パブロフのぼるくんが崖から落ちて、もう絶望かと思うようなアクシデントに見舞われたときである。幸いにもロバはたいした怪我もなく再び旅人と共に南を目指すのであるが。

南米大陸の南端に近いフィッツロイやリオガジェゴス、そして最終目的地のウスアイアなどはぼくも旅をしたところなので、そのあたりをぽこぽこ南下していくロバと青年の旅の様子はまさに目に浮かぶようだった。パタゴニアは厳しい風の国である。風に向かって体を縮め、一歩一歩足を両手で引きずり上げるようにして目的地に向かって歩いていく様子などじつに大きく頷ける苦労話なのであった。旅人当人はことさらそのように思ってはいないのだろうが、そのあたりの描写は、「人は何故旅をするのだろうか」という本質的なテーマにせまるような重みがあった。

目的地に到着した旅人はついにロバと別れることになる。苦楽を共にしたこの相棒と別れていく場面をさりげなく書いているところがいい。

旅人は日本に戻り、数年してまたウスアイアに旅するエピローグがある。パブロフのぼるくんと再会するのが大きな目的のひとつだ。ウスアイアに到着した途端、旅人はロバの訃報を聞く。アイツはとうに死んでしまった——と。けれどそれは単純な話の行き違いで、相棒は預けた牧場で元気に余生を送っていた。四年ぶりの再会であった。どうもパブロフのぼるくんはかつての相棒をすっかり忘れてしまった様子だったが、まあそれも仕方のないことだと思い、旅人はぼんやり眺めている。そのうちにフト遠い昔のなにかを思い起こしたようにパブロフのぼるくんは人間の元相棒にひっそりとすり寄っていくのである。小説よりも感動的なエピローグであった。

ピーター・サマヴィル・ラージ著の『ネパール・チベット珍紀行』（心交社）は、ネパールで手に入れたヤクに乗ってエベレスト街道を相棒の女性と行く話がまず前段である。ヤクという動物は高山に順応したウシ科の動物で、全身にボロ糸もしくはどろどろのモップを連想させる長い毛がびっしり生えている。ネパールのそれはやや小型であるとこの本には書いてある。ぼくが見たチベットのヤクは普通の牛の一・五倍ほどもありそうな巨大な生きものだった。真っ黒な毛だらけの巨大なカタマリのような動物だ。顔も全面黒い毛で覆われているので目の在りかがわからないぐらいである。獰猛《どうもう》そうな角が生えており、首をすこし前のめりにさせるような恰好で高山地帯の斜面に点在している。ネパールにはこのヤクに似たゾプキオックという種類のものもいる。いずれにしてもこれらの動物は標高三〇〇〇メートル以上でないと生きていけないらしい。

さて五〇代のアイルランド人の著者は別に愛人という訳ではなく、むしろ常にケンカ等で衝突する二〇代の若い女性と一緒にヤクを連れての旅に出る。フィリッパという名のその女性はいたって気が強く行動的で決断力に富んだオテンバ娘だ。中国に二年ほど滞在したことがあり、中国語が堪能である。話を読んでいくうちに二人にとってこの中国語が旅の危機の際の攻撃の武器であり防御の力にもなってゆくことがわかる。

この旅話の面白いところは、ヤクを荷物運びに使うのではなく、乗り物にしようと考えたことである。ヤクは遠くから見ると一見おとなしそうに見えるが野生のそれは非常に獰猛で、家畜にしたとしても相当に訓練しないと人が乗れるようにはならないという。人が乗れるヤクをあちこちで捜し回る最初のエピソードから、このたぐいマレなる波瀾万丈オモシロ旅の波状攻撃的なエピソードが連発されるのだ。

やっと見つけた「人が乗れるヤク」にフィリッパが跨り、もう一頭のヤクには荷物をのせてエベレスト街道を進んでいく。泊まるところは安宿で、殆どの所でいろんな国のビンボー旅の男女らと詰め込み状態となる。いかに安く切り詰めていくか、ということの値段交渉が常に付いて回る。

ヤクは非常に気まぐれでわがままで唐突で頑固という、どうにも手に負えない生きものであるということも次第にわかってくる。通常時速三キロ。歩きたくないときは止まって絶対に動かないし、いきなり暴走することもある。なんともまあとんでもない動物で、目を離すと崖から勝手に墜落してしまったりする。もうこれは助からないだろうとみんなで観念していると、谷底で仰向けになって四本の脚をわらわら動かしたりして平気でいたりするのだ。何がどうしたのか誰にもさっぱりわからないのだが、ヤクはまったく無傷だったりする。

前のアンデスの旅のロバも高い崖から墜落して結局なにごともなく旅が続けられるのだが、どうもこういう動物というのは〝墜落〟にやたらと強いらしい。親子ほどに歳の違う男女に二頭の巨大な動物、それに牛飼の一行は毎日のように襲いかかる大小様々な問題を適当に対処しながらじわじわと進んでいく。

国境を通過するときがいつもスリリングである。とくにネパールからチベットに入国するときがまず最初の試練だ。ヤクは通過できず牛飼とともにネパール側に残すことになり、そこからはもっぱらヒッチハイクになる。といってもチベットのそれはトラックの荷台に乗せてもらうのがせいぜいで、運良く乗せてもらった場合でもたいていがぎゅうぎゅう詰めの状態である。道路はちょっと間違えると谷底に何百メートルも落ちてしまいそうな急峻な崖っぷちで、風雨に晒されたトラックの荷台はおよそ人間の乗る場所ではない。けれどタフなチベット人たちにとっては、巡礼の旅などではその方法が一般的である。ぼくもチベットのあちこちで人間満載のトラックを見ていたから、この男女二人の外国人の旅人の難行苦行のありさまはかなり明確に想像できた。

とりあえず二人はラサに向かうのだが、そのためには何度もトラックを乗り換えなければならない。乗せてくれるトラックを道端で一日中待ち、結局乗れないなどということもザラである。泊まる場所は電気なし水道なしベッドなしおまけに臭いゴミ付きなどというのがあたりまえで、食べ物も思うように手に入らない。バター茶を飲みツァンパ団子を食べる。この二つはチベット人の主食だが、同じアジアの日本人でもなかなか馴染めないかなり異文化性の強い味である。それを行動食にしているこの二人は本当にかなりの強者《つわもの》なのだ。

シガツェからギャンツェなどを経由してラサに次第に近づいていく。この二つの地方都市はぼくも旅したことがあるので彼らの感想にかなり共感を持った。至る所で中国人とのきわどい接触がある。二人は大胆にも偽造ビザで入国しているのだ。

目的地のラサで数日過ごしたのち突然カイラスへの巡礼の旅を二人は思いつく。ラサからカイラスまで一九〇〇キロほどもある。またもや同じようなハードなヒッチハイクの旅が始まる。行く先々で中国人官憲とのいざこざが起きる。中国とチベットの微妙な関係やその矛盾なども著者によってあちこちで思考される。文化大革命の愚、中国共産主義の旅人に対するどうにも理不尽な、嫌がらせとしか思えない規制や警告。気の強い相棒フィリッパは時として流暢な中国語でそれらに対してヒステリックに噛みつく。或いは言葉が全く通じないフリをしてそれを回避する。

宗教上の理由からあらゆる生命の殺生をチベット人は嫌う。それ故に豊富に生息する鳥獣を、理由もなくやたらに銃を使って殺しまくる中国人。自分の食べ残しの皿の上にわざわざお茶やゴミをのせて物乞いの食べ物にならないようにしてしまう中国人の底意地の悪さ。規制一点張りでまったく妥協の余地のない政府の末端の手先のようなお抱え運転手、などなど旅人の素朴な観察眼はこの高地の旅で様々な出来事を捉えつづけていく。

ようやく仏教やヒンズー教、ボン教の聖地であるカイラスにたどり着く。その「神の山」の崇高な美しさ。同じように世界最高の崇高な湖とされるマナサロワール湖の描写。いつかそこに行きたいとぼくは思っているのだが、まさにその思いを奮い立たせるような力に満ちた、この著者の的確な描写が素晴らしい。

彼らを助ける日本人の学者が出てくる。巡礼者たちとの心温まるふれあい。最後にチベットからネパールに脱出するときの偽造ビザをめぐるサスペンスフルな展開等々と、最初から最後まで面白くおかしく、そして腹立たしくスリリングかつ感動的な、これこそ一級品の旅紀行である。

風、自給率一〇〇パーセント

日頃なにげなく車を運転したり、タクシーに乗ったりしているが、そこで消費されているガソリンがこの二一世紀の前半、おそらく二〇四〇年頃に尽きる、という話をときおり頭に浮かべるようになった。

けれどまあその頃は絶対に自分は生きていないだろうから……などとたちまち思考は今夜の酒場で食いたい肴のことなんぞに乱れ移っていってしまうのだが、あれはなんの本であったか「イヌイットは七世代先のことまで考えて自分の行動を決めている」というような話を突然思い出してしまい、同じモンゴロイドのDNAを抱えている者としてはいささかうろたえる。

そうなのだ。DNAがからんでいるのだ。

世界の、今生きる六〇億のすべての人々が、共通の祖先をもっていた、という衝撃的な仮説を感動的に説いていく『イヴの七人の娘たち』（ブライアン・サイクス著、大野晶子訳、ソニー・マガジンズ）をつい最近読んでしまった。この本には、母系でのみ受け継がれるミトコンドリアDNAの解読に端を発し、四万五〇〇〇年から一万年前に生まれた七人の娘の誰かが現代ヨーロッパの六億五〇〇〇万人の祖先である、ということが書いてある。

こういうものを読むと、もうじき地下資源が枯渇しようが何しようが、その頃はもう自分はいないのだからどうにでもなれ、と相変わらず何も考えずにプワプワと自動車のエンジンをフカしているのではちょっとまずいのかもしれない、と思ったりするようになった。

しかしだからといって何をどうすればいいのか、そこのところがよくわからない。アクセルを踏む力をもう少し弱くしてみる、ぐらいのことでは絶対に駄目なんだろうな、ということはわかる。ではどうしたらいいのか。

そこでまずこの問題に関する本を読んでみようと思って大型書店に行ったら、いやはやエネルギー関係の本が沢山出ているのに驚いた。やはり時代も世の中も真剣にこの問題を考えようとしているのだ。

どどっとその入門書クラスの本を買ってきて、その日から読みはじめた。『地球エネルギー論』（西山孝著、オーム社）、『とことんわかる　エネルギーのしくみ』（仲佐博裕著、池田書店）、『エネルギーが危ない』（新井光雄著、中央公論事業出版）、『テクノ図解　次世代エネルギー』（井熊均・岩崎友彦編著、東洋経済新報社）。

随分重複している話があったが、それでもひととおり読むと、本当にこのままでいくと地球とその上で右往左往している目下の我々の生命は勿論、未来の子供らにも強烈に「よくない」状況をこしらえてしまうのだ、ということがいろいろわかってくる。

ではどうしたらいいのか。再び同じ苦悩的疑問がたちはだかる。

もう少し身近なエネルギーのことについて考えてみようと思い、わが本棚をひととおり眺め回したら、無意識ながらぼくは「風力発電」について以前からそこそこの興味を持っていた、ということがわかった。その関連本を並べてみたら結構な冊数になっている。

これは一九九一年に『さわやかエネルギー風車入門』（三省堂）を書いた風車博士、牛山泉氏と対談して刺激を受けたことが大きい。その頃ぼくは北海道の小さな山の上に家を作る計画を持っていた。遠く海を望むところなのでいつもここちのいい風が吹き抜けていく。ここに小さな自前の風車を作りたいと考えていた。

同じ頃、モンゴルに行き、草原の遊牧民が風車でゲルの中に電気をつけているのを見たことにも影響されていたように思う。ぼくがよく行くのはモンゴルそのものだが、中国側のいわゆる内モンゴルは中国政府の政策で遊牧民の定着化をはかっており、そのためのひとつの策として一〇〇〇ワット出力の小型風車を無料で一〇万基配布したという。

『カリフォルニアに発電風車が多い理由』（井田均著、公人社）にその詳しい話が書いてあった。草原に一〇万基の風車である。なんだか楽しい風景ではないか。

さきにあげた牛山氏の本は、世界の風車のしくみやその役割、実際の次世代エネルギーとしての開発状況を総合的にわかりやすく説明してあってとても参考になった。そして誰でも自分で風車を作ってそこからのエネルギーを自由に使っていいのだ、ということをその本から知ったのだった。

いま改めて読むと、その当時すでに欧米では本格的な風車エネルギーの開発に乗り出しており、水力や火力、原子力などを追う補助発電の道をケナゲに切り開いているところだった。

日本はまだ実験段階であるばかりか、その地域は景観問題から高さ制限があって風車建設など断固として許可せず、などというあいかわらずきわめて日本的に大ズレしたお役所反応を示したりしていた。

そこでぼくはこの牛山泉氏と三野正洋氏の書いた『小型風車ハンドブック』（パワー社）や『風力発電技術　一〇〇年目の飛躍』（清水幸丸、パワー社）などというかなり専門的な本を買ってきて独自に風車の研究をはじめた。

風車にはいろんな形とそのシステムがある。もっとも馴染みのあるのは昔の飛行機の翼を連想させる大きな四枚の羽根をゆっくり回転させているオランダの風車スタイルのもので、これは粉つきや揚水用に使われた。似た用途のものにギリシャ風車（セルウイング型）というのがある。オランダ型もギリシャ型も回っているだけでなんだか実に存在感があって、美しい風景の彩りであった。

忘れないうちに書いておきたいのだが、今日本の役人たちがつくる公園にこのオランダ風車のようなものがよくある。パチンコ屋の屋上のむなしく悲しい「自由の女神像」みたいなもので、それらの公園で回っている風車にはまったくなんの意味もないのだ。もちろん風がきて回るというような本物の風車ではなく、逆に電気を使ってその回転翼を回しているのである。なんのためのものだあ！　と叫びたくなるような無意味なエネルギー消費物体といっていいだろう。ヨソの国ではそんな無意味なアホ風車は回っていない。

オーストラリアの砂漠の旅でときおり見かけたのは、二〇枚ぐらいの沢山の羽根を付け、風向きに自動的に対応できるようにそのうしろに飛行機の方向舵のようなものをつけた多翼型風車であった。主に揚水用のもので、砂漠には重要な装置である。

カリフォルニアやヨーロッパの本格的な電力発電用のものは一〇〇メートル以上ありそうな高い塔の上に巨大なブレードをとりつけたプロペラ型風車であった。これが何十機も並んでそれぞれぶんぶん回っている風景はいかにも未来的である。

『ここまできた風力発電二〇〇一年改訂版』（松宮煇著、工業調査会）を読むと、オランダ型やプロペラ型のように風に向かって回転翼のついたものとは基本的に構造が違い、垂直方向に回転ブレードのついている風車が本格的に稼働している事例が出ていた。

有名なのは巨大な弓を二つくっつけたような形をしたダリウス風車で、これは一九二五年にフランス人のダリウスという人が発明した。

この形の優れたところは、回転翼やプロペラ式のものは絶えず風の向きに対応しなければならないのに対して、常に変わらない位置で回転できる、という点だ。しかしそれでもさらに効率をよくするためにブレードを弓型ではなく垂直にして何本も増やし、風の方向によってブレードの角度を変える、というジャイロミール型などというものも開発されている。波型の風受け板を回すサポニウス風車、カヌーを漕ぐ時などに使うパドルに似た形のものを回転させるパドル式風車などというものも出来ている。

このようにどんどんハイテクノロジーのステップに入っている風車にたいして未だになんとはなしの〝夢〟を感じるのはそのエネルギーの源である風が無尽蔵にあり、しかも誰にとってもタダのエネルギー源である、ということだろうか。

北海道の山の上の家に風車を作りたいなどと思いつつも、結局何も具体的なことをせず、まあそれに関するいろんな本を読んでぐずぐずしているうちに、さっさと自分の風車を作ってしまった人がいた。

『風車よまわれ！』（歌野敬・内田法世共著、連合出版）を見つけたときはヤラレタ！　と思ったが、同時になんだか嬉しかった。ここには日本で初といっていい小型実用風車の開発者、山田基博さんと出会って刺激を受け、五島列島に引っ越してなんとか工夫しながら手作りの個人用風車を作った歌野さんの風車づくり奮闘記が克明に綴られている。結果的に総製作費八〇万円、まだ風の強弱によってムラはあるが、きちんとその風力によって歌野さんの家には電気が灯るようになった。これからは補助電力として裏山に流れている川で小型水車を作る計画だ、と新しい夢を語っている。微笑《ほほえ》ましくそして羨ましい話であった。

『手作り風車ガイド』（松本文雄・牛山泉共著、パワー社）は、こういう個人用の小型風車の作り方とそのケーススタディを沢山紹介している本で、全国で次々に自分の風車を作っている人がいるのを知った。ぼくも山の上に家ができたのでそろそろ取り掛かりたいと思っている。酒場で友人にそんなことを話したら、

「お前それはあまり歳をとらないうちにやったほうがいいぞ。高い塔を作ってプロペラを取り付けているうちに強い風が吹いて一緒に飛ばされてしまうかもしれないからなあ。まあ〝風と共に去りぬ〟でそれもいいかもしれないがな」

などとぬかしやがった。

いろんな仕事であちこち旅をしている間に宮古島や甑《こしき》島、龍飛《たっぴ》岬などで巨大なプロペラ型の発電用の本格的な風車がぶんぶん回っているのを見た。日本も漸くこのクリーン

エネルギーへの挑戦に積極的になってきたのだ。

それでも国別に世界の風力発電の実用化状況をその累計設置容量で見ると、このようになっている。

①アメリカ	二五・一七〇
②ドイツ	二三・九〇三
③スペイン	一六・七五四
④中国	一二・二一〇
⑤インド	九・六四五
⑥イタリア	三・七三六
⑦フランス	三・四〇四
⑧イギリス	三・二四一
⑨デンマーク	三・一八〇
⑩ポルトガル	二・八六二
⑪カナダ	二・三六九
⑫オランダ	二・二二五
⑬日本	一・八八〇

（二〇〇八年末のデータ。単位はギガワット——野澤哲生「風力発電」『日経エレクトロニクス』二〇〇九年六月二九日号より）

『北欧のエネルギーデモクラシー』（飯田哲也著、新評論）の冒頭が素晴らしい。章のタイトルが「風力電車の走る風景」で、対向ページにスウェーデンの田園地帯を走る二両電車の写真がある。もちろん風力電車といっても、風力で走っているわけではなく風力発電で得たエネルギーでスウェーデン第三の都市マルメから東へ約五〇キロほどのところにあるイスタッドまでの区間を運行している。

先の数字でもよくわかるように北欧の風力エネルギー対応は目ざましく、この本にはいたるところに驚嘆すべき次世代エネルギーへの挑戦とその対応例が紹介されている。デンマークのサムソ島はバルト海に浮かぶ農業を中心とした人口四〇〇〇人ほどの小さな島だが、島のまわりに巨大な洋上風力発電のプロペラが回っている。この島はデンマークの自然エネルギーアイランドを目指したモデルケースで、今後一〇年間に島のエネルギーを一〇〇パーセント自給する目標を持っている。

デンマーク政府は二〇三〇年までにこの島だけで五五〇万キロワットの発電を風力発電でまかなう計画で、そのうちの四〇〇万キロワットをこの洋上風車でつくり出そうとしている。海の中の風車は風を受ける効率がよく、騒音公害も少ない、というメリットがある。海に囲まれた日本がそのまわりにちらばる沢山の島々に本土から電気（それも旧エネルギーによる）を送電しているケースが多いのと随分思考方向が違う。

さきに紹介した『カリフォルニア……』で詳しく語られているのだが、ハワイやカリフォルニアが風力発電ではダントツの大規模実践をものしているのだが、その技術の根幹を支えているのはじつは日本（とくに三菱重工）なのである。その技術は世界でも屈指のレベルにあるらしい。しかしそれなのにどうして、日本が風力発電に相応しい立地を沢山もっているのに、その普及率では他の国の後塵を拝しているのだろうか。そのことの理由もここには書いてあった。いかにも日本的なウツワの狭い問題なので知っていくと嫌になる。くわしくはその本をお読みいただきたい。

それでも別のいい話はいくつかある。ぼくは三〇年ほど前からほぼ毎年八丈島に行っているが、この島では一九九九年の春から地熱発電所が運転を開始した。そこはひょうたん形をしたこの島の、空港とは反対側にある断崖の多い一帯で、町営のいろんな種類の温泉がわき出ている。

山側のほうにこの発電所はあり、いつも沢山の蒸気を海からの風に踊らせている。

この発電所を見学して思ったのは、地下から熱せられて噴出する蒸気でタービンを回し発電するこのシステムは火山国である日本にこそ適しているのではないか、ということだった。現在この島はディーゼルによる一万一一〇〇キロワットを発電できる能力を持っているが、地熱発電からの出力は三三〇〇キロワットである。島の最大電力需要は約一万キロワットで、最低が三〇〇〇キロワット、というから地熱発電はすでに最低電力の需要分を供給しているわけである。ディーゼル発電の一部にこの地熱発電が加えられているので、これまでの発電システムで排出していたCO_2を約四割削減することができたという。

現在日本には一八カ所の地熱発電所があり、その出力は一〇〇キロワット程度から最大は大分県の八丁原地熱発電所の一一万キロワットまである。地熱発電は地表近くまでマグマによって熱せられた岩層があり、さらにその近くに水がないと機能しない、という地形条件の制約がある。けれど次世代エネルギーの本をいろいろ読んでいくと、地下に水のたまりや流れがなくとも、この地下の高温岩層に地上から水を送り込み、そこから高温の蒸気を取り出してタービンを回し、同じような地熱発電の効用を得る方法がある、ということを知った。これを「高温岩体発電」というそうである。いやはや専門家というのは賢いことを考えるものである。

ぼくが実際に見たものでもうひとつ驚いたのは福島県の金山町にある沼沢湖の「揚水発電」だった。沼沢湖は奥会津の山の中にある静かで美しい湖だが、何日間かいるうちにこの湖の水が海のように満ちたり引いたりするということに気がついた。たいして大きくない湖であるからどういうことなのだろう、と日によって幅の違ってしまう岸辺を見ながら首を傾《かし》げていた。やがてわかったのはこの湖は側《そば》に只見川が流れており、湖から川に水を流して水力発電し、東京に電力を送っている。そして深夜など電力過剰になったおり、余剰電力を使って川から再び水を揚げ、次の水力発電に備える、というしくみであった。

次世代エネルギーには、ソーラー、バイオマス、波力、海洋温度差、潮力、軽水炉、メタノールとエタノール、光合成、などなど様々なテーマと課題がある。みんな未来産業と直結したものだ。

その中に中小水力発電、というものがどの本にも共通してあげられていた。ダムなどをつかった大規模な予算と環境破壊に直結する巨大水力発電ではなく、簡単にいえば小さな流れに水車を入れてその回転からエネルギーを得る、というきわめて古めかしいものだ。

これは山が海の側まで迫っているので二万本以上もの沢山の流れに分かれてしまう日本の川にはもっとも適したクリーンエネルギー回収システムであると思う。ダムなどなくてもエネルギーは得られるのだ。

雲の上、太陽の国、チベットも地熱発電に相当力を入れており、同時にその豊富な太陽光線を利用して、あちこちの民家がパラソル型の簡単なソーラー発電で気軽にお湯を沸かしているのを実際にほうぼうで見た。こういう風景を見ると、その国その国に合ったエネルギー獲得法があるのだとつくづく思った。

最後にぼくがこの一連のエネルギー問題で読んだ沢山の本の中ですっかり好きになった出版社名、パワー社（なんだか力が出てくるんだなあ）の『水撃ポンプ製作ガイドブック——自然の力で水を上げる』（鏡研一・出井努・牛山泉共著）のことについてふれておきたい。

この仕組みを説明する紙数はもうないが、これはなんのエネルギー源も使わずに水を高いところに上げてしまう夢の永久運動のようなシステムなのである。残念なことに日本ではもう殆ど使われておらず、ネパールやエジプトなどの外国での指導に日本の技術者が行っている程度だ。しかしこれは他国への石油依存率九九・七パーセントのこの日本が開拓した、エネルギー源を必要としない、いわゆる地球に優しいシステムなのである。なんだかくやしい。もっとなんとかしたらいいのになあ、と思うのであるが、どうしていいかわからない。

地方南北面白本との遭遇

このところ取材旅行が多く、一週間おきに日本のいろんな場所に集中して出掛けている。雑誌の連載に書いている旅ルポであったり小説の材料集めであったりで、目的はいろいろ異なっている。

西表島《いりおもて》を数日間旅したときは、ある小説誌に書いている不定期連載小説『ぱいかじちるだい作戦』というシリーズものの取材が目的だった。〝ぱいかじ〟とは沖縄や八重山あたりで使われる琉球言葉で「南風」のことを言う。〝ちるだい〟とは同じく琉球言葉で、暑い沖縄の熱風の中でふわっと心地よくなり、頭がぼんやりしてしまう、というような意味らしい。

小説の舞台は西表島の最果ての、ほとんど人の姿も見ないような海岸べりである。東京でリストラされた男が妻と離婚し、一から出直すつもりで南島にやってくる、というところから話は始まる。

数年前この小説の舞台となる海岸にたまたま行ったのだ。そこで実際に様々な理由で都会を捨てて南島に渡り、この海岸に住んでいる人たちと出会った。一〇人ほどの男女が暮らしており、それぞれの流浪の顚末を聞いた。その海岸は、「よくぞまあこの日本にまだこんなところが……」と感嘆するほど美しい風景の中にあった。目の前に広がる海は典型的な南島のサンゴの海で、沖合三〇〇メートルほどのところにリーフが連なっている。白い海岸の背後には懐の深いアダンの茂みがあって、彼らはその茂みの中の空き地にブルーシートで天幕を張り、その下にそれぞれのテントを張っていた。工夫を凝らした長期滞在用の台所や食事テーブル、くつろぎ用の長椅子などをこしらえて見事にゆったりと暮らしていた。

南島版ホームレスと言ってしまえばそれまでだが、大都市の公園などでブルーシートや段ボールを細工してせせこましく密集して暮らしているホームレスの人々とはだいぶ趣が違っている。

南島のそこは風景が美しく空気も澄んでいるだけでなく、目の前の海には魚や貝がふんだんにある。捕ろうと思えば無尽蔵であるからその気になればかなりの種類の魚介類が手に入り、原始的な自給自足の生活だって送れるのだ。

今回の取材では都会の会社をリストラされ、退職金五〇万円を貰ってここにやって来たという三〇代半ばの元サラリーマンと出会った。退職金を全部つぎ込んで、流木をふんだんに利用したベッドほどの大きさもあるアリよけのテント台をこしらえ、その上に蚊帳つきの二重テントを張って暮らしていた。まさにぼくが書いている小説のモデルそのものの様子だったので彼の話は参考になり、その取材は大成功なのであった。

西表島からの帰りに久しぶりに那覇の町に出て書店に寄った。小説に役立ちそうな本を見つけるためだ。国際通りでたまたま入った書店には、東京ではまず手に入らない沖縄県内の地元出版社から出された本が、豊富に揃っていた。

全国を旅している折々、書店によく立ち寄る。そこで郷土の本にどれだけ出会えるかということが楽しみなのである。ぼくの知る範囲でいうと、沖縄県の出版物の量は日本一ではないかと思うのだ。

北海道にも道内各地で出版され、道内で流通する郷土の本が沢山あるが、沖縄の場合は北海道のそれの数倍とも思える程の豊かさであった。その手の本は見かけたらすぐに買わないと後でなかなか手に入らず地団駄を踏むということも、これまで何度か経験してきた。

『おきなわの味』（外間ゆき・松本嘉代子、ニライ社）、『ヤマナカーラ・スナピトゥ』（西表島エコツーリズム協会）、『ぱいぬしまじま』（竹富町史編集委員会、竹富町役場）などといった本をあれもこれもと購入し、ずいぶん重たい荷物になってしまった。その中に『八重山を読む――島々の本の事典』（三木健、南山舎）という、これは文字通り八重山（沖縄諸島とは別の石垣島、西表島一帯の諸島を指す）に関する刊行物の事典があった。明治以降一九九九年までに刊行された八重山関連の本の全てを網羅しているのだから、これはすごい。帰りの飛行機のなかでこの本から、さらにじっくり八重山本を研究した。

小さな島々の集まりである沖縄、八重山諸島が地方出版文化の中でその幅の広さや点数において最大規模を持つということの背景の一つには歴史の深さがあるのかもしれない。北海道が内地の各地方の人々の入植開拓によってこの百数十年という短い期間に急速に開発されてきたのに対して、琉球文化七〇〇年の歴史の差があるのだろう。

いろんな本を読みたい旅の者にとっては、全国各地でこんなふうにその地方独自の本を充実して揃えている書店に出会えると、旅はさらに楽しくなるわけだが、沖縄と北海道は飛び抜けている。

沖縄と北海道の次に目につくのは秋田である。ここには無明舎《むみょうしゃ》出版という出版社があって、昔からかなりのこだわり本を出していてずっと注目していた。

だいぶ前のことになるが、この出版社の手がけた本の中で最初に手にしたのは『雪国はなったらし風土記』(無明舎出版編)、『バス時刻までの海 日本海漁村紀行・秋田』(砂室圭・小阪満夫)の二冊でどちらも懐しく、センスのいい本であった。その後つい最近『聞き書 南氷洋出稼ぎ捕鯨』(佐藤金勇)、『山に暮らす海に生きる――東北むら紀行』(結城登美雄)、『南北アメリカ徒歩縦横断日記』(池田拓)、『ひとりぼっちの鳥海山 康さんの山小屋日誌』(佐藤康)などをまとめて読んだ。

『南氷洋出稼ぎ捕鯨』は大正末期から昭和五五年に母船捕鯨が禁止されるまでの、まだ日本が産業捕鯨に力を持っている時代の記録である。秋田を始めとする東北の漁師たちが出稼ぎの形態で捕鯨船やキャッチャーボートに乗り組み、そのまま南氷洋にクジラを追っていく勇壮な話が臨場感あふれる東北弁の口調そのままで綴られていてとにかく迫力がある。

本書で語られている東北の出稼ぎ漁師たちの意気込みは、大昔の海洋民族が〝イクサ〟に出ていくような気概とイキオイに満ちていて、読むものの胸を躍らせる。特に巨大な捕鯨船に乗って南氷洋に出航していくときの様子などはやや単純な連想ながら背後に軍艦マーチが聞こえてくるような風景を彷彿とさせるのだ。当時はクジラの中でも最大級のシロナガスクジラを何十頭も捕っていて、それらを追うキャッチャーボートの銛《もり》打《う》ちの話など、これほど活き活きと捕鯨体験が語られる本はないように思えた。まさにニッポン海洋狩猟民族全盛期そのものを伝え残してくれる回想譚である。南氷洋の厳しい寒さに耐えられたのも東北人の粘り強い性格と元々寒さに強い体質がうまく適応したのだろう。

この本の中でも幾たびか語られているが、長い航海と激しい仕事の連続なので危険も多く、ちょっと油断していると氷原（本書ではバックアイスと語られているが、おそらく氷の集積と思われる）に囲まれて船が身動きできなくなったりする。氷に挟まれた三隻のキャッチャーボートの乗組員五七人が船を捨ててその氷原の上を歩いて母船まで脱出する体験なども語られている。このあたりを読んでいると南極探検における『エンデュアランス号漂流』(A・ランシング、新潮社)のアーネスト・シャクルトン隊の脱出行そのままのようで、ぼくはそのあたりでも大いに唸ってしまった。

捕鯨船は地球の反対側の海域にやってきて長期間操業する。当然ケガ人や病人がでるがその対処も命懸けなのである。

数年前フォークランドのポートスタンリーに数日間滞在していた時のことを思い出してしまった。フォークランドは南極とパタゴニアからそれぞれ数百キロはなれた諸島である。そこでいきなり日本人と出会った。小柄な中年の男だ。向こうもこんな所で日本人に会ってびっくりしている。早速話してみると秋田の人であった。三ヵ月の予定で秋田からイカ漁の漁船に乗ってフォークランド沖までやってきたという。操業中に機械に巻き込まれて左手の指に大怪我を負い、船内の処置ではどうにもならずこの島で下ろされた。ここで待っていればやがて外国船がやってきてサンパウロまで連れていってくれる段取りになっていると言うので、その船はいつ来るのですか、と尋ねると男は「わかんね」とひとこと秋田弁そのままで答えた。そして、わしは今地球のどういうところにいるのかね、と聞いていたのがとても印象的であった。

『山に暮らす海に生きる』も、いかにも無明舎らしい本作りで、オビにある「都市の忘れもの時代は厳しかろうが、急ぐことはない、ゆっくりと行け」のとおり、比較的最近出版された(一九九八年一〇月)ものである。

都市からの情報は全国に瞬時に何でも届いてしまう現代の話でありながら、ここで語られている同じ〝現代〟はあちこちで人間的な心根のやさしさややわらかいゆとりに満ちている。海で行われているカジキのツキンボ漁やメロウドの漁、ホッキやカキ、シジミ漁などの昔から伝わってきている伝統漁のちょっとした話がテンポよく語られていく。山からはウド、ワラビ、ミズ、コゴミ、ゼンマイ、ワサビ、ネマガリタケなど。川からはカジカ、ハヤ、アユ、ウナギ、モズクガニなどがまだまだ豊富にとれる。無明舎の本で最初に紹介した『雪国はなったらし風土記』『バス時刻までの海』の二冊は、古きよきニッポンの風景と言ってもいい東北地方の過ぎ去った時代が主役になっているのだが、この『山に暮らす海に生きる』は現代を生きる人間くささに満ちた東北のそのままが描かれているのである。

今年の一月、北海道の山の上のカクレ家ですごしていたので新年からずっと北海道新聞を読んでいた。出版広告に見慣れないものがあってなかなか楽しい。北海道新聞社発行の『レナ川　白夜航路四〇〇〇キロを行く』(伊藤一)を見つけた。これはもうタイトルを見ただけで体がうずうず動きだしてしまう。

レナ川はシベリアを流れる大河で、昔その周辺を冬と夏二度にわたって旅したことがある。冬はマイナス五〇度近くまで気温が下がり、対岸が見えないぐらい幅の広いこの川は全面凍結する。つまりいたるところ通行可能状態の氷原になるので、大型トラックなどが川の上を自由に走り回っている。我々の国で見るような橋は一つもない。造っても、夏になると溶けて流れてくる巨大な氷塊に、どんな橋桁であろうと持ちこたえることができないからだ。夏の間は船が川を行き来する。同時にこの川の一帯は巨大で獰猛なシベリア蚊の巣窟となっている。

すぐさまこの本を買いに行ったが、小さな町の書店なので置いていない。一時間かけて小樽まで行きそこで無事購入。その日のうちに読みはじめた。

レナ川は北極圏を源流にシベリアの中心都市イルクーツクまで四四〇〇キロを流れる世界九番目の大河である。河口には北海道ぐらいの広さの中州があると知って仰天した。その以前に全長六五〇〇キロのアマゾン川の河口には九州ほどの広さの中州があると知って驚いたものだが、スケールはそれを上回るのである。

さて本書の筆者は、通常の神経をしている人間では苛立ちや鬱屈や驚嘆、或いは失望、絶望などといった激しい感情をあらわにしなければとても語れないような数々の体験を、じつに淡々と怜悧な文章で綴っている。その落ちついた視線と、悠々としてまさに大河を行く旅人の目に、ぼくはすっかり心を奪われてしまった。ロシアという国あるいはシベリアという風土をいささかの旅で知っていたので、感情回路の単純なぼくなどはこの国を旅している間じゅう怒りと悲しみを一〇分ごとに繰り返していたような記憶がある。

幾つもの船に乗り換えて、一ヵ月近くかけて大河を下っていくのだが、ある船では乗船したものの自分の居場所がなかったり、ある船ではそうなることが予測できていながら航海途中で食料が底をつき、乗客全員が二〇時間近く絶食を強いられるというような体験をする。とんでもないことに遭遇する反面、この川旅で出会う風景は日本のそれと比較にならないほど凄まじくそして素晴らしいようだ。

これぐらいのスケールの旅を経験しないとこのような落ちついた感性の旅人にはなれないのだろうなあ、と頷《うなず》きつつ読み進んでいったのだが、いやはや久しぶりに充実した紀行本であった。なかなか追体験しにくい旅だろうが、写真や流域の説明図なども豊富なので、その気になれば本書を片手に同じ旅が可能だろうと思わせるところもうれしい。北海道新聞社の出版部がこういう本を出してくれるというのは地方出版文化の底力のひとつだろう。

さて那覇で買ってきた『八重山を読む』を見て注文した数冊が届いた。『南の島の便り――やぶれナイチャーの西表島生活誌』（岩崎魚介、沖縄出版）はサブタイトルにあるように東京生まれの著者が小さな出版社を幾つか勤めたのち、風に吹かれるように西表島にやってきて住み着いてしまった体験談である。東京から渡ったヤマトの著者でないと気がつかないような南島に暮らす人々の独特の考え方やその行動を鋭くやさしくとらえていて、まさにぼくはこんな具体例を求めていたのである。

筆者の岩崎さんがこの本に書いていることで、そうかやはり同じような目で見ている人がいたんだな、と大いに頷いたこんな一節がある。

西表島は人口約一九〇〇人で面積は二八九平方キロメートル。同じ八重山諸島の人口約四万二〇〇〇人の石垣島は面積二二二平方キロメートル。つまり西表島はとんでもなく過疎の島なのだ。日本の山奥と同じで日本の島々にも「こんなところまで？」とびっくりするような原野に舗装道路が造られている。西表島のそれは、二車線の舗装道路の横に幅三メートルはあろうかという遊歩道が造られていて、なんとそこには街路樹まで植えられているのである。左右は見渡すかぎり濃厚な緑の原野、ジャングルそのものである。原野のど真ん中を走る遊歩道の街路樹の木がなんとも哀れに弱々しい。遊歩道は造っただけで手入れはなされていないので、ジャングルからたちまち緑の小枝や草の根がぐんぐん伸びて、自転車などは危なくて走れない状態になっている。もっとも道路そのものに車など滅多にやってこないから、自転車の人は皆普通に車道を走っている。この島は歩いて回るにはいささか大きすぎるので地元の人も観光客ももっぱら車かオートバイで移動しているから、遊歩道を歩いているのはカメかクイナぐらいだ。

無駄に満ちたニッポン地方行政の典型的な一風景を見る思いである。岩崎さんはこの本の中で遠慮しながらもそのことに触れている。こういうむなしい風景はヨソからの目でないと気がつかないのかもしれない。

北と南の地方出版の話ついでにもっと思い切り遠くの北と南の本についても触れておきたい。どちらも小出版社から発行されているということで共通している。

『南極・越冬記』(平山善吉、連合出版)は、昭和三十一年から昭和三十六年の南極観測隊、第一次隊から第三次隊に参加した著者の体験記である。有名なカラフト犬タロ・ジロと別れ、再会した隊である。第一次隊はなんとか越冬に成功したものの第二次隊は越冬を断念、第三次隊で著者は越冬を体験する。昭和基地はできて間もないということもあって暖房施設も劣悪で、悪天候によって荷揚げがうまくいかず物資が満足に基地に届かなかったり、実に様々なアクシデントに見舞われる。そのために前述のシャクルトン隊さながらのサバイバルに近い苦難との奮闘の数々があって、読む側としてはそのあたりがなんとも興味深い。基地から調査のため小さな探検旅行に何度か出ていく。読んでいるだけで背筋が寒くなるような氷上の風速四〇メートルの中でのキャンプ、クレバスの恐ろしさ、犬橇《いぬぞり》旅行の難しさなどが飾らない文章からぐんぐん伝わってきて読みおえるのが惜しいほどであった。

もうひとつは反対側の北極の本である。『われら北極観測隊』を出している出窓社も東京のローカル出版社である。著者は先程紹介した『レナ川』を書いた伊藤一氏で、この本を読み、作者が極地研究のプロであることを知った。北極の氷の上での長期にわたる観測記録だが、南極と違ってこちらは常に海の上の氷上の生活である。南極にはいないシロクマやアザラシなどがしょっちゅう登場するし、北極圏周辺のイヌイットの生活や彼らとの触れ合いも随所に紹介されて、この本も最初から最後まで一気に読んでしまった。

嫌いな言葉

巷に氾濫するヘンテコな若者言葉に辟易し、なんだか嫌だなあ、と思っていたが、文化放送のアナウンサー、梶原しげるさんの『口のきき方』（新潮新書）を読んであちこちではげしく頷き、同時にささやかに溜飲をさげた。

ごく普通の大人なら「なんだこれは？」と違和感を持ったり不快に感じる現代若者言葉がこの本にはズラリと採集され、なぜこのような言葉が使われるようになり、それにたいしてなぜ不快な気持ちになるのか、ということがわかりやすく書かれている。

ヘンテコ若者言葉の代表とも言えるファミリーレストランなどでの、例えば「こちら味噌ラーメンになります」とか「味噌ラーメンのほうおもちしました」とか「味噌ラーメンでよろしかったですか」などの、それを使う人たちが公式と思っているらしい言葉の使い方の発生理由は単純なようだ。

今の若者は正しい言葉づかいが出来ないので、そのままでは接客業として使い物にならず、企業が一言一句マニュアル書で指導しているようなのだが、そのマニュアルを作っている大人がちゃんとした日本語を話す教育を受けていないので正しい日本語を指導できなかったりしているという。マンガに近い話だがどうも本当らしい。

『かなり気がかりな日本語』(野口恵子、集英社新書)の著者は大学で日本語とフランス語の教鞭をとる言葉の学者だが、常に学生と直接触れる言語体験を持っているので今の若者の言語能力とそれに対する危惧が明確である。いくつもの鋭い事例で伝わってくるのは今の若者が本質的に伝統的な日本語の使い方を技術として失いつつある、ということであった。例えば敬語と謙譲語の区別がきちんとできなくなっている。大多数がそれを学ぶ過程がないまま大学生になってしまったからのようだ。著者が学生に「敬語会話」の事例を問うた。多くの学生が答えてきた事例はファストフードやファミリーレストランなどで聞く店員の言葉であったという。ということはつまり「こちら〇〇でよろしかったですか」等のあの例のヘンテコ語法である。

「敬語イコール接客用語であった学生たちにとって『敬語体験』の場は家庭でも地域でも学校でも書物でもなく、サービス業の現場だったのである」と書いている。

よく日本語の分かっていない大人の書いたマニュアルによって敬語を使うよく日本語の分からない従業員の敬語を言葉の基礎訓練のできていない学生が客として学ぶ、というなんだかわけのわからない悪夢的メビウスの輪みたいなのができていることになる。

だから学生らが教師にタメロを聞くのも当たり前になっているようで、おそらくそれを親しみの会話とカン違いしているようなのでもある。

　こうした世代ギャップや時代背景の差による言葉づかいの奇妙な変化や誤用というのは、人間が言葉を使うようになった原始の時代から地球上のすべての言語文化に存在していたのだろう。けれどこれまでは時代の変化に合わせて、生活や文化の変遷がゆっくりとそれらを吸収してきたから、少しぐらい間違っていても、あるいは突飛ではあっても、なんとか言葉の新陳代謝のようにやりくりされ、変化を定着させてきたのだろう。

　けれど現代のこのとてつもないスピードで展開する情報化時代は、その違和感を短時間ではとても消化吸収できなくなっているようである。

『口のきき方』の中で採集されている「現代若者言葉」（関東圏の大学生からの取材）を見るとその言葉づかいの用法には〝軽さ〟と〝幼児性〟が通底している。

「私的《わたしてき》には」「〜とか」「〜みたいな」「てゆうかあ」「〜ってあるじゃないですか」「なんかあ」「〜っぽい」「〜なんですよう」「わりと〜ね」「とりあえず〜ね」「いちおう〜」「なにげに」「私って〜なヒトなんです」「さむっ」「〜という部分」等々、こうしたイラだつ言葉の海はまだまだはてしないが、とりあえず話をすすめよう。

　ぼくが言葉づかいの世代ギャップを感じはじめたのは「食べれる」「着れる」などのいわゆる「ら」抜き言葉が世間に出始めた頃である。しかし今思えばそれらは可愛いものであったのだ。

『日本語八ッ当り』（江國滋、新潮社）にすでにこの「ら」抜き言葉に対する違和感が語られているから、この本の発行年度一九八九年頃には早くもそれらの言葉が世間に定着しはじめていたらしい、ということが分かる。そうしていまは新聞やテレビなどでも頻繁にこの語法に出会うから「ら」抜き言葉はもう完全に一般通用語になってしまったようである。

これらの「ら」抜きの言葉づかいを今の小学生や中学生などの世代は何の違和感もなく受け入れているのだろうから、本来は間違いである「当時の」この「若者言葉」が仕方なしに（たぶん）そして強引に定着してしまうまで十年もかからなかったことになる。言葉が壊れ変質していくまでたった十年。考えてみるとおそろしいことである。

同時に、ぼくなどの世代が信用していた「新聞やラジオやテレビなどが使う言葉が正しい」というのは単純な間違いであったのかもしれない、とこの頃考えるようになった。

確かにそうなのだ。同時性が武器であり、タレントなどが「受けを狙って」連日ゴミのように垂れ流すその場しのぎの言葉の奔流源であるテレビやラジオが、言葉づかいの規範になっているわけはなかったのである。むしろ影響力の大きいこれらのメディアが率先して日本語を壊してきた可能性がある。

そういう意味ではどんな言葉も文章も必ず文字と言葉づかいのプロである校閲の目を

通ってくる新聞のほうがまだ言葉を大事にするメディアであるのかも知れない……と一時は思った。けれどなまじ校閲や整理の目を通ってくるために、マスメディアの中では一番保守的である新聞社の、変な日本語に統制されてしまっている、という現象もあるようなのだ。

せんだって私自身が体験したことなのだが、北海道でこのところ異常繁殖の続いているエゾシカの取材をした。鹿は欧米では高級肉であるが、増えすぎたエゾシカが山の樹林や農作物を荒らしているので「害獣駆除」の名のもとに殺して捨ててしまうという、なんとも気持ちの落ちつかない荒っぽいことが行われている。そこで北海道の有志らが率先してエゾシカを食べようという働きかけをしており、その現場に行って取材をしていたら逆に新聞の取材を受けたというわけである。

そのとき一緒にいた雑誌の編集者が「明日の紙面はきっと『椎名さんエゾシカに舌鼓』という見出しですね」などと冗談で言っていたのだが、後日その新聞を見たらまったくそのとおりの見出しが地方版に出ていた。

これで私が犯罪の容疑者だったりすると「鹿肉をペロリとたいらげた」となるのである。新聞のやっているこうした十年一日のごとき陳腐な常套句や「ＢＳＥで〜はモー結構」とか「豚肉汚染トンでもない」などといった程度の悪い親父ダジャレ系の遅れた感覚が、若者の反発を招き、さきほどのような若者独自の「ヘンテコ言語」を生み出す逆モーションになっているのではないか、などとも考えてしまう。

江國さんの『日本語八ツ当り』は新刊で読んでいるからもう十五年前になるわけだが、この本の中でぼくが一番激しく反応したのは〝「としている」症候群〟という項目だった。

新聞記事の中で頻繁にみる「〜としている」という文章の書き方になんとなく違和感を持っていたので、この本を見てまさに我が意を得たり、という気持ちになった。

同書から例をひくと、

「元首相周辺は「久しぶりに会ったので二人とも大変感激していた」としている。注目の内閣・党人事問題について元首相周辺は「詳しい話はしなかった」としている」

以下、全文引用する余地がないので核心部分だけ記しておくが「〜は検察側の主張を誤りとした」「〜できれば…とした上で」「〜は痛いほどわかる、としながらも」などという使いかたが〝症例〟として山ほどあげられる。

著者はどうして「と言った」や「と語った上で」などというふうに普通の言い方、書き方をしないのだろうか、と指摘していてぼくはその意見に素直に拍手したのだった。

この「〜としている」という言い方はNHKラジオやテレビのニュースなどでも耳にするから報道用語ということになるのだろうか。けれどそれらから感じる不自然な印象は十五年たっても変わらない。

さきほどの梶山さんの『口のきき方』には「思います症候群」が指摘されている。

テレビで頻繁に言われている言葉である。

「さあいまVTRでごらんいただきたいと思いますが、その現場を見ていただこうと思います」

「では女将さんに実際に使っていただきたいと思います」

「私も使ってみたいと思います」

「かき混ぜてみたいと思います」

「食べてみたいと思います」

「また是非来たいと思います」

「ではこのへんでお別れしたいと思います」

これが言葉のプロとされるテレビの大人たちのありのままだという。若者のヘンテコ用語をシノゴノ言えなくなってくる。

もしかすると日本人は言葉にたいして大変大雑把な国民性を持っているのかもしれない。少なくとも日本語にたいして日本人全体があまり執着心を持っていないのかもしれない、とこの頃思うようになってきた。そのひとつに「英語偏重」があげられるのではないだろうか。

私の娘と息子はそれぞれもう十五年ほどアメリカで暮らしているので私もよくアメリ

カにいくのだが、ときおり英語と思って使っている言葉が英語でないということを子供らに指摘されて「ありゃま」と思うことがある。恥ずかしいことだが、同時に日本人はいかに夥しい現場で英語もどきの日本語を使っているかということに気づき、これほどまできているのだったらもう正しい日本語にこだわるのは無理かもしれないとまで思ったりした。

たとえばクルマにからむ用語ひとつとっても「ハンドル」「アクセル」「バックミラー」「ウインカー」「ナンバープレート」「フロントガラス」「ボンネット」「ハイウェイ」「モータープール」「アイスバーン」すべて英語ではない。「オーナードライバー」という言葉も怪しい。

けれど通常の日本の新聞や雑誌などにはカタカナで表記しなければどうしようもない英語のような用語が氾濫しているし、ちょっとした先端産業に勤める人と会話するとその言葉にも英語らしきものが半分以上混入していて、日本語で会話しているはずなのだが正確には何を言っているのかよくわからない、というような場合がよくある。とくに広告代理店やファッションメーカーの人などは難解な専門英語のようなものを沢山混ぜてくるので頭がクラクラすることがある。けれどそれらのよくわからない英語みたいな言葉の殆どが英語ではないケース、あるいは間違ってつかわれているケースがよくあるようだ。

『これは英語ではありません』（ＫＥＡの会、新潮社）には百六十いくつもの用例が出ているが、読んだらいままで英語と思っていたのが沢山あるのに唖然とした。そうして日本人は日本語以上に英語が好きなのかもしれないなあ、ということを実感したのである。その悪弊のお先棒は、日本人の英語的表現好きを利用した企業の金儲け作戦がかついだようでもある。

『カタカナ語の常識・非常識』（阿部一、東京書籍）にはカタカナ英語の誤用として出てくる住宅用語のメクラマシ作戦が出ていてわかりやすく面白かった。

レジデンス＝あくまでも個人の住宅

ハイツ＝高台のこと。建築物には使われない

ヴィラ＝庭つき邸宅

コーポ＝共同管理アパート

ドエル＝住む、の意味

一番よく使われている「マンション」は、車で門を越えてはるか先に二十部屋ぐらいある大きな屋敷が見えるような豪邸のことをさすから、日本で普通にいうワンルーム・マンションというのは、英語圏の人にそのまま理解させせようとすると「体育館のように大きくて豪華な一部屋」ということになり、そこに住んでいるんだ、などといったらわけのわからない変人ということになってしまう。

言葉をもっと大事にしていきたいと思うと今の時代はかなり苛立つことばかりになりそうだ。曲がりなりにも言葉や文字を道具にした仕事をしているのだから、たとえ苛立ってもきちんと言葉にこだわっていかなければいけないのだな、とこの頃考えるのである。

『私の嫌いな10の言葉』（中島義道、新潮社）がそのひとつの参考になった。

「相手の気持ちを考えろよ」

「ひとりで生きているんじゃないからな」

「お前のためを思って言っているんだぞ」

等々、全部で十の著者の嫌いな言葉が並べられている。会社の上司にはたいてい一人はこんなことを言いそうな説教好きのおためごかしオヤジがいそうだ。哲学者の中島さんはその哲学的な見地からこうした虚しい言葉と人間について語っているのだが、私は自分にとって嫌いな言葉を明確にしていく、というその考えにまず着目した。

いろいろありそうだった。

いま流行りの「自分さがし」というのがまず気恥ずかしい。それに関連したような「癒し」というのも相当に恥ずかしい。「癒しの旅」なんていうのが流行っていて本当にその気になって旅行に出る人がいるらしい。「生きざま」も気持ち悪い。「死にざま」はあるけれど「生きざま」は誤用である。「感動をありがとう」とか「日本人が失ったもの」なんていう表現もよく聞く。くみ取り便所だったりしたらまだいいのだけれど、単なる発展途上国ののんびりした風景や静かさだったりするとあたり前じゃないかと思うだけだ。

「散歩の達人」とか「大食いの達人」なんていうのも冗談ならいいけれど、けっこう本気だったりするから油断がならない。

中国というとすぐに「四千年」がそのシッポにつくというのも「加賀百万石」みたいで安易すぎる。「国民的○○」というのも簡単につかってほしくない。「国民的美少女」とかね。そんなの何時どうやって国民が決めたのだ。

どうもこういう話になるとたちまちイカッていたずらに言葉が乱れるだけで、なぜこれらが嫌いなのか、その意味と理由を分析した理論学習などにとてもたどりつけないのがわが言語能力の限界なのであった。

ラ・プラタ川の珍しい動物

アルゼンチンとウルグアイの国境に流れ出るラ・プラタ川を遡り、ブラジルのパンタナールまで行く一ヵ月ほどの旅から帰ってきたばかりである。パンタナールは日本の本州ぐらいの面積に広がる大湿原だが、そこにいたるまで遡行してきたラ・プラタ川も流域四五〇〇キロ、河口が二二〇キロ、というでっかいスケールだから、本州規模の湿原と言われても簡単には驚かなくなっている。

けれどその湿原をトラックなどで移動すると、一〇時間ぐらい進んでもまったく風景が変わらなかったりするので、そのとてつもない暴虐的な距離の威力を感覚的に思い知らされるのである。

湿原なので動物相も豊富で、ワニなどちょっと水っぽいところには文字どおりうじゃうじゃという語感そのものでひしめいている。小ワニから大ワニまでサイズはいろいろだが、とにかくいたるところにいる。しかしワニというのは陸上でも水中でも基本的にじっと静止している連中なので、その「うじゃうじゃ」に入り込んでいってもさしたる恐怖感もなく、だんだんどうでもよくなっていくのだ。しかし夜の川を行くときは別だ。ラ・プラタ川の支流に入ってワニ狩りなどに行ったが、ワニというのは夜になると見事に目だけ赤く光って見えるので、そういうのが列をなしていたりするのを見るとさすがにその時はカヌーから落ちたりしたら嫌だなという恐怖を感じた。

夥しい数と種類の鳥がいて、鳥好きの人だったらたとえ一〇時間の移動でも苦にはならないだろうが、そうでないと揺れと慣れで眠くなってくる。ウトウトしていると時々車が止まる。何か珍しい動物がいると、運転手が気をきかせて止めてくれるのだ。

黒くて細長いものがいるな、と思ったらアナコンダの赤ちゃんだった。それでも二・五メートルはあり、ゆっくり土の道を横断している。普通二・五メートルというとかなり大きな蛇であり、蛇に弱いぼくなどは固唾をのむところだが、赤ちゃんというのは蛇といえども見た感じやっぱり幼くて妙に可愛いのである。これは不思議な感覚である。

二年前にアマゾンに行ったが、そのときブラジル人の案内人が少し前にそのあたりで撮ったものだ、と言ってビデオを見せてくれた。日付が入っていてまさしくその年の数カ月前の映像であった。

インディオの男が川岸を歩いているといきなり川に飛び込む。川の中で激しい水しぶきがあがり、やがて大格闘の末、インディオの男が五、六メートルはあるアナコンダを体にまきつけ、そいつの頭を両手でしっかり持って水から上がってくる。画面は激しく動き、いかにも生々しい撮影なのでもの凄い迫力である。同時にこのあたりにまだそんなのが普通にいるのだ、ということを知っておののいた。

そのとき持っていった〝現場読み〟（旅する場所について書いてある本をその場所で読むこと、ぼくの造語である）の本が『アマゾン河』（神田錬蔵、中公新書）であり、そのビデオを見るほんの少し前にアナコンダが馬を呑み込むという話を読んだばかりであった。

著者は医者として一九六三年から七年間アマゾンに滞在したのだが、その折の様々な体験談が迫力をもって面白い。

いかに大蛇であっても、あの大きな馬をどうやって呑み込むのだろうか。正直なはなし、最初はやや疑いのココロを持って読みはじめたのだが、そのリアルさにすぐ手をついて謝りたくなった。少し抜粋してそのあたりを原文から。

「ベランダで本を読んでいると、急に河のあたりで馬の鳴き声がしたかと思うと、水しぶきがあがってがばがばと水の中で荒れ狂っている気配がした。急いで下りてかけよると、馬が倒れてもがいている。見ると太い大木のような胴をしたスクリュージュ〔アナコンダのこと〕が馬の腹を二重三重に巻いて、波をうつようにして頭から尾のほうに向かって締め上げている。のび上がっていた馬の脚もスクリュージュの胴に巻き込まれて見えなくなったかと思うとめりめりという音がした。馬の首筋をくわえていた蛇の口は、すばやく広がって馬の顎のほうからすっぽり呑み込みはじめた」

これを読んで、たとえ馬であろうと巻きついて脚もろとも骨ごと折って丸めてしまえば、大蛇は平気でそれらを呑み込めるのだということを知って、ますますアナコンダの恐ろしさを知った。

アマゾンに住む人たちは目撃したアナコンダの大きさの自慢をよくするようで、一〇メートルのを見たとか、おれは一二メートルだとか一五メートルだとかどんどん大きくなっていき、やがて二五メートルのを見た、なんて話になっていくらしい。しかし生物学的にいって蛇のあの体型と骨格では、二五メートルもあると動けなくなり自分の重さで潰れてしまうらしい。

アナコンダを現地の人はスクリュージュと呼ぶが、インディオの使うツピー語で水蛇のことをスクリーと呼ぶらしい。最大のアナコンダは一二メートルと言われているが、それほどになるともう水の中でないと自分が重くてやっていけないらしい。

ぼくがアマゾンにいるあいだ三メートルのピラルクーや四メートルのピンクイルカなどを見たが、アナコンダにはとうとう会えなかった。そのかわりインディオの物売りから木の枝でつくったアナコンダのおもちゃを買った。黄色地に黒斑点のペンキを塗った二メートルほどのものだが邦貨で三〇円と申し訳ないほど安かった。三〇円でも大事なおみやげだから折れないように持って帰るのが大変だった。

ヌートリアを辞書でひくと「カワウソ」とあるが、アルゼンチンのパラナ川とウルグアイ川の合流するティグレという浮き草島の群生するところで、ヌートリア猟をしている漁師と出会った。食用にしているという。日本では天然記念物になっているようなカワウソを食ってしまっていいのだろうか、と思ってその猟についていくと、捕まえたのはネコほどもある大ネズミであった。

猟は犬をつかって追い込むやりかただが、猟場が浮き草島なので、藪の中を進んでいくといきなり腰まで泥の中にもぐってしまうという大変疲れる狩りであった。ヌートリアこと大ネズミは、毛皮をとって肉はヒラキにして焼いて食う。少し食べたが生前のネズミ然とした姿を見てしまっているので、あまり沢山食べる気にはならなかった。

そこからどんどん北上していき、イグアスの滝の近くでいきなり道を横切るオオカワウソを見たときは感激した。

成獣で頭から尾のつけねまで一・四メートル、尾だけで一メートルはあるといわれているが、目撃したのはまさしくそのくらいの大きさだった。巨大なわりには実に優雅な身のこなしで素早く反対側の茂みの中に消えていったが、アリランニャと呼ばれるこのオオカワウソは、これだけスケールの大きいむきだしの自然をもっている南米でさえすでに絶滅寸前と言われている。

そのオオカワウソが真っ昼間に出てきたので大いに驚いたのだが、あとで調べてみると「オオ」のつかないただのカワウソが夜行性であるのに対して、オオカワウソは昼行性で鳴き声もいたずらに大きくそのためにすぐ捕まってしまうらしい。

『動物の変わりものたち』（ロビー、八坂書房）に「ラ・プラタのオオカワウソ」という章がある。冒頭「この世に珍獣がいるとしたらそれはまさにオオカワウソである。私の知るかぎりただ一枚の写真しかないし私もまだ見ていない」とある。これを読んでぼくはどうやらとてつもない幸運に恵まれたのだな、と後で知ったわけである。

カワウソは魚を餌にするのでしばしば漁師などから害獣として殺されることが多く、世界のカワウソは受難の歴史を歩まされているのだが、実際にはオオカワウソは必要なときに大きな魚しかとらないし、「オオ」のつかないただのカワウソも魚のほかにザリガニやカエルなどを捕食しているので、漁師の取り分を侵すほどの脅威にはなっていないらしいのだ。しかもカワウソは非常に人になつきやすく犬のようにいい友達になれるらしい。

『カワウソと暮す』（G・マクスウェル、冨山房百科文庫）はスコットランドのある入江の近くに住んでいる著者が、失ってしまった愛犬のかわりにインドカワウソを飼い、それを失ったあとにまた飼うことになるアフリカツメナシカワウソとの友情を綴った物語である。この本は美しい話だった。カワウソとの不思議な交遊の顚末ももちろんのこと、このスコットランドの入江とその自然を描いた筆致が『われらをめぐる海』や『センス・オブ・ワンダー』のレイチェル・カーソンを彷彿させるほどに美しく精緻なのだ。カワウソを一度でも飼うと、カワウソ狂い、カワウソ奴隷になると筆者は書いているが、その可愛くて忠実な生き物を友人にする至福はとてつもないものらしい。

スコットランドというところはどうも土地そのものに不思議な気配があって、ぼくもヘブリディズ諸島のアイラ島に行ったとき、フィオナさんというバイオリニストと会って不思議な光景を見た。フィオナさんはアザラシに毎日バイオリンコンサートを開いているのだ。岸辺に近い岩礁にボートで行くと日向ぼっこをしていたアザラシが何十頭も集まってきて、岩の上でバイオリンを弾くフィオナさんのまわりを囲み、水中でゆらゆら身を揺すりながら聞いている。そしてコンサートが終わるとまた海に潜っていくのである。そんなバカな、という人がいるかも知れないが、その現場を実際に見てきたのだから信じてもらいたい。

フィオナさんはイングランドのシール村の出身だがSEALとはアザラシのことである。不思議な偶然なんですよ、と本人は笑って言っていたがスコットランドというのはいわゆる〝海獣〟との「こころ」のつながりができやすい何かの力があるのだろうか。フィオナさんとアザラシとの友情の物語は『海からのメッセージ』（文渓堂）で翻訳されている。

パラグアイのラ・プラタ川沿いにはインディオの小さな集落が点在している。少し前まで裸で暮らしていたという未開に近い部族が殆どで、魚やワニ、アルマジロやパルミットという椰子の若い茎などを食べて集団で生活している。

フガ・チニ村という五〇家族三〇〇人の村に行き、そこでキャンプした。フガ・チニというのはグワラニー語で「毒蛇」という意味であった。ガラガラ蛇が沢山いるのだという。

着いたその日の夜、寝ようとしたぼくのテントに沢山のアリがたかっていた。なんということもなく手でそのアリどもを払いのけていると、数秒後に太股や腹や背中のあちこちにいきなり火のついたような痛みが走った。猛烈な勢いで体を走り回ることができる刺しアリであった。ズボンの裾から、もの凄いイキオイで駆け登ってきたのだった。ぼくは悲鳴をあげながら服を脱ぎ、しばしタコオドリをしなければならなかった。

まったく間抜けなことに、ぼくは刺しアリの巣の上にテントを張ってしまったのである。そこでは夜のあいだに大きなダニにも襲われてしまった。しかもそいつは陰険にあくどい奴で、気がつかないうちに体のあちこちに食い込んでいた。最初は汗ばんだシャツを着替えるときに横腹にいつの間にか大きなホクロができているのを見つけぼんやりそれに手を触れたのだが、手に触ったそれには異物感があって思いがけないほど固い。やがて憎むべきダニであるとわかった。

すでに血を吸って丸くふくらんでおり、どうしたらそのようなことができるのか理由は分からないのだが、わが体にしっかり食い込み、そいつの体の半分が皮膚の中にあった。毒蛇ばかりに警戒心がいって虫どもの攻撃におろそかになっていたのだ。『ラ・プラタの博物学者』(W・H・ハドスン、講談社学術文庫)を開くと「中南米にあまねく蔓延しているマダニ属IXODES」であるということが挿絵との照合でわかった。すでに何度か読んでいた本だが〝現場読み〟のために持ってきてよかったとつくづく思った。

その本によると体の中に食い込むしくみは「八対の鉤爪と三角形の歯」によるものらしい。そこから少し背中側にもう一匹もぐり込んでいるのを見つけた。まさか体の内側に入り込むことはないだろうが、近くにいる人に背中などを見てもらい全身を確認したが、嫌な気分だった。

『ニカラグアの博物学者』(トマス・ベルト、平凡社)にもこのダニのことがくわしく語られているが「人体に毛が生えていないのは、この種の寄生生物にたいへん苦しめられる熱帯地方で、たぶん自然淘汰の結果もたらされたのではないか」と書いている。いまわしいそいつたちの直撃にあった身としては大いに頷きたいところである。

この毒蛇村の人達が小型のワニを捕ってきてそれを食べるところをひととおり見たが、はらわた以外全部食べてしまうので感心した。肉はスープにし、頭は焼いて食べる。どんな味なのか少しわけてもらいたかったが、その村のしくみは原始共産制のようなところがあって村人皆で食べるので一人あたりの配分量が少なく、わけてくれとは言いにくかった。

村の人々は本当に飢えているようで一人あたりわずかな量をわけあっている。そうして皮肉なことにこれまであれだけうじゃうじゃいるのを見てきたワニがこの村のまわりには不思議と見当たらず、彼らはワニ捕りに苦労しているのである。

村の裏にはアルマジロの巣が沢山あった。ワニが捕れないとそのアルマジロを食べるのだという。アルマジロはアリを専門に食っているアリクイなのだろうと思っていたのだが『ラ・プラタの博物学者』によるともっと貪欲、獰猛で毒蛇なども捕食している、と書いてあった。その捕らえかたも直截で「毒蛇の上に体を伏せると鋸を挽くような規則正しい動きで体を前後に揺すり、深く切れ込んだ鋭い骨質の甲羅の淵で相手をずたずたに切り裂きはじめた」と記述されている。

オオアリクイはパンタナールで見た。これもオオカワウソを見たのと同じくらい幸運な出会いだった。しかもカワウソと違ってオオアリクイの動きはノロイので、かなり近くまで追っていって眺めることができた。

灰色と黒の長い毛に包まれた一メートルほどの胴体にやはり一メートルほどもある長い毛のとてつもなく大きな尾がついている。頭は小さく、細長く伸びたパイプ状の口がある。そのやたらと細長い頭が尻尾に見えたりするので一瞬見ただけではどちらが前かわからなかったりする。

パイプ状の口の中に三〇センチぐらいの長い舌が入っている。この舌でアリの巣の中の獲物を素早くとらまえ口の中にごっそり入れるのだ。藪の中にもぐり込んでこっちの様子を窺っているそいつをしばらく荒い息をつきながら見ていたが、とにかく大きいので緊張感があった。

やがて隙をみて反対方向に逃げていってしまったが、その走り方が妙に不器用なのが印象的だった。あとで『動物の変わりものたち』を読んでそのわけを知った。オオアリクイの前足についている牙のような爪は、その威力を増すために大きく丸まって伸びている。それが足の裏を覆っているので、オオアリクイは歩くときも走るときも足の甲をつかわなければならないのだ。

けれどその爪は、コンクリートよりも固そうなシロアリの巨大な塚をたちまち壊してしまう強烈な武器になっている。

「死んだオオアリクイの筋骨たくましい腕の間に抱きかかえられた上、爪を突き刺されて死んだジャガーを発見することも珍しいことではない。この場合、オオアリクイは敵に屈服したことにはならないだろう」とその本には書いてある。

布団の中の面白本

偶然見つけた面白本を毎日寝しなに少しずつ読んでいくヨロコビというのは、好きな年代ものの高級ブランデーやウイスキーを寝酒に少しずつ飲んでいくのと似ている。あまりにも面白くて（おいしくて）もっと読みたい（飲みたい）のだが、そうしたら読み（飲み）終わってしまう。でも読み（飲み）たい。

ああ、幼稚なことを書いてしまった。でもいいのだ。

昨秋、私はその両方を味わっていたのである。本は『ロストワールドをめざして――南米ロライマ山登攀記』（ヘイミシュ・マキニス著、長野きよみ訳、山洋社）。大阪の古本屋で偶然見つけた。二〇年前の本である。

酒はシングルモルトの「グレンドロナック」一五年モノ。わざわざスコットランドのその蒸留所に行って買ってきたものだ。

先日古い呑み仲間と我が家で酒盛りをしていたときに秘密の隠し場所にしまっておいたソレを発見され最後の一本の半分以上を飲まれてしまった。悔しかったので翌日から残り半分を毎晩少しずつ飲むことにした。怒っていっぺんに飲んじゃう、のではなくチビチビというところが我ながらいじましい。

本の話を書くのだった。

この本、題名からわかるようにコナン・ドイルの『失われた世界』のモデルになった山である。南米、ブラジルとベネズエラとガイアナの国境が接するところ（頂上がそうなっている）にある二八一〇メートルの山である。ギアナ高地と呼ばれているあたりだ。高さはそれほどではないが密林のまっただ中からニョキッと突き出したようなメサと呼ばれる垂直の岩山で、周囲は常に雨が降っていてしばしば空気中の湿度が飽和して一〇〇パーセントになる。

いたるところに何種類もの毒蛇、毒蜘蛛、巨大なムカデどもがいる。マラリア蚊や小さな刺し虫、嚙み虫は数知れず。川の中はカンジュロ（食肉ドジョウ。尿道に侵入してくる）やピラニア、デンキウナギなどがいる。

そういうところを探検隊のような登山隊がいく。連絡が乱れ、隊員はいくつものグループに分かれて勝手に進み、物資と食料補給用のヘリコプターは壊れ、食料はどんどん不足していく。第一から第七まで段階的に設営していくキャンプは常にどこもかしこも水びたしで、ハンモックの下はドロドログチャグチャ。病人は続出し、ポーターは集団で逃げ、もうこれは全滅か、と思うのだが、しぶとく立ち直り、最後はアタック隊が垂直の壁を何日もかけて登っていく。

しかしその壁にも常に水が流れ、相変わらず毒蛇や三〇センチもある毒蜘蛛が現れ……というふうに、一昔前の密林冒険物語そのものの苦闘が続くのである。

毎晩それを少しずつ読んでいくのだがあまりにも面白いからもっと読みたい、という苦しみがこっちにもある。しかしそのまま読み進んでいったらあっという間に終わってしまう。無理やりキリのいいところでやめ、グレンドロナックの蓋もしめ、それとは別の本を読むのである。

読みおわるまで、いやはや本当に至福の時間であった。読みおわってしまうと呆然として、似たような本をもっと読みたくなる。

しかし一〇年に一冊、というような偶然発見おもしろ本である。似たような話の本がそんなにあるわけはないのだが、余韻にひきずられるようにして神田の古本屋街を歩き回り、果ては再び大阪の古本屋街まで出向いたのだが、結局岩山を登る話をいくつかみつくろってきただけだった。

若い頃にロッククライミングを少しやったことがあり、岩とのタタカイがどんなものなのか実感的にわかる。いつも凄いなあと思うのは本格的な遠征では岩壁にわずかな突起をみつけてハーケンやボルト（いずれも登攀や確保のための鋼鉄材）などを打ちつけ、そこに寝袋をくくりつけ殆ど宙吊り状態で寝るクライマー達だ。

まさに人間蜘蛛である。岩を登っているとぼくの場合、技術的に未熟なため、登ることも降りることも出来なくなってしまうことがよくあった。そのときの心細さといったらない。大抵仲間が助けてくれたが、一人だったらどうなっていただろうか。岩壁にずっとぶら下がって余生をおくるわけにもいかないから、耐久力もふんばりの精神力もないぼくなどは早く楽になりたくて「エーイ」と言って自分で飛び下りてしまいそうだ。痛そうな死に方だけど。

この本に出てくるヨーロッパの登山家たちは想像力がないのではないか、と思えるくらい大胆でノウテンキでしかも辛抱強い。

高さ八〇〇メートルぐらいの垂直の岩壁にハンモックを吊るして寝ていると、そのハンモックの綱の上を巨大な毒蜘蛛がつたわってきたりするのである。この人達はどうしてそんなところに寝ていることができるのだろうか。

「ああいやだいやだ」と言いながら、最大の面白ヨロコビ本だといって抱きしめて読んでいるのは、自分が暖かく乾いていて虫も蛇もいない快適で安全な布団の中にいるからだ。自分の今のシアワセな状態と反対のドロドログチャグチャの中で苦しんでいる人の可哀相な話を読んでいるのが好きなのである。嫌な性格の読者なのだ。

『西南秘境万里行』（沈澈著、譚佐強訳、恒文社）は中国雲南省の西部にある未開の峡谷や山の探検記録である。この探検隊の凄いところは機関銃を持った護衛がついていることであった。雲南省では何がおこるか分からない、と言われているが、その伝を悪用してぼくもかつてリス族をモデルに『中国の鳥人』（新潮社）という小説を書いたことがある。空を飛ぶことができる部族がいて英才教育をしており、山奥で鳥のように飛ぶヒトを見た、というホラ話である。これは映画化されたのだが、作者としては無責任なことを書いてしまったとあとで大変不安だった。

この『西南秘境万里行』には空を飛ぶヒトはでてこないが空を飛ぶヒルの話が出てくる。ぼくはあらゆる細長生物にヨワイのだが、とりわけこのヒルが怖い。

探検隊が独龍江のそばの巴坡《バーボ》という小さな台地に到着。巴とは掌を意味するという。ここは海抜四〇〇〇メートルの担打力卡山と高黎貢山にはさまれた渓谷で「息をするにも力がいる感じである」と書かれている。

ここから先の山越えは野獣と毒蛇が多数いてさらに空飛ぶヒルが無数にいるというとんでもない場所なのであった。探検隊の陣容が凄い。軽機関銃手六人、軍馬五頭、通信員、ガイド、著者など隊員一〇人。機関銃手以外はみんなピストルを持っている。まるで戦地に赴くようだ。

難所は人の背丈ほどもある深い茅と茨の草の中であった。空飛ぶヒルにここで襲われる。

「あるものは針のように細く、あるものはミミズ程の大きさで、数十センチ離れた場所から人間の体に飛び移って、吸盤で食らいつき、そこいらじゅうを這い回り、もぐり込む。手でつかむと今度は手に吸いつき、振り落とすことも払い除けることも出来ず、踏みつけても死なず、実に憎たらしい。ヒルに食いつかれた場所は豆つぶ大の傷口となり血が止まらない。私の靴の上には二十四あまりが這いまわってており、ゲートルを巻いた両足の上には百匹あまりが這っており……」

と、いうぐあい。現地の人に聞くとこれでもその日は晴れているからまだいいほうで、雨の日にこのくさむらを通過すると全身ヒルだらけになるという。

ヒル嫌いなものにとってこれほど恐ろしい描写はない。ここは生涯近づいてはいけない場所ということをココロに刻みこんだ。

この探検隊は怒江の上流にいるヌー族に「夏臘」というものを食べさせてもらうのだが、これはなんと漆の油を使う。鉄鍋に漆油を入れて鶏肉を焼酎と一緒にぐつぐつ煮込むという、なんだか単純に物凄い料理なのだが、精力をつける栄養食という。しかし漆にかぶれる人がこれを食べると、頭がザルのように大きくなり、眼が牛のように大きくなって飛び出し、ひどいときはそのまま死ぬという。いやはや小説のような世界なので、横着な布団作家はここでまた何かホラ話を書きたくなってしまうのだった。
同じ雲南省の今度は東、四川省西南のあたりと接する地方に「イ族」が住んでいる。この秘境を一九四一年に中国人が探検した記録、『中国大涼山イ族区横断記』（曾昭掄著、八巻佳子訳、築地書館）を読んだ。

この踏査隊は昔からイ族と漢民族との仲が悪いので、その理由を実地踏査で考えようという意図があったようだ。

海抜三四〇〇メートルほどの寒冷地なので中国人は「大涼山」と呼んだ。ここではいたるところヒルのかわりにヒトがわらわらたかってくる。旅人がくるとみんな集まってきて旅人のスキをみては荷物のいろいろをみんな持っていってしまうという。「イ族」にはドロボウという観念がないので、脅したりひそかにくすねたりするのではなく、ほしいものは勝手に持っていって当然だという社会だから大変だった、と書いているのがおかしかった。

この本を読んでいたら私の妻が「『イ族』には黒イ族と白イ族がいて黒イ族は奴隷を所有していたのよ」などという。どうしてそんなことを知っているのか聞いたら、三年前にそこに行ったのだという。私の妻は毎年何カ月かチベットとその近隣の高地に行っているのでもう慣れっこになってしまい、帰国してもあまり詳しくその時行ったルートなどを聞かなくなってしまったので知らなかったのである。いやはや夫婦の会話が足りないようである。

数年前に出会ったやはり毎晩読み進むのが面白すぎてもったいなくて困ったドログチャ本は『信じられない航海』（トリスタン・ジョーンズ著、宮本保夫訳、舵社）だった。ストレートなタイトルだがそのとおり信じられないような冒険をする。

小さなヨットで海抜下三九二メートルの死海と海抜三八一二メートルのチチカカ湖（アンデス山脈）を繋ぐ約一万五〇〇〇キロの、つまりは世界で最大の高低差のある航海をくわだてる話で、結局は世界中を帆走することになる（陸路は車に乗せての移動となる）。アマゾンやパラナ川など私も旅してきたところも詳しく出てくるので、この人の苦労にはとにかく激しい親近感を持った。

海と川を行く帆走は必然的に苦労が多くなる。この「とてつもない旅」もいたるところで進行をはばまれ、結局は体ごとの突進になる。酸素不足や水（水量）不足に悩む。アマゾンで船にハンモックを吊って寝ていると、大きな嚙みつき蟻が行列を作ってハンモックを吊っている綱の上をゾロゾロやってくるところなどは、さっきのロライマ探検のキャンプと同じだ。

A5判三八〇ページ、二段組というボリュームなので毎日寝る前に少しずつ読んでいると一月ぐらいかかった（というか保った）のを覚えている。それだけ長い時間かけてこういうとんでもない冒険譚を読んでいると主人公への親近感が相当なものになり、自分もそのヨットに同乗しているような気分になってくる。『たった二人の大西洋』（ベン・カーリン著、田中融二訳、講談社）も早稲田の古本屋で買ったものだ。「平野書店」のシールがまだ残っているが、電話番号の局番が三ケタなので相当むかしに買ったのである。発行は昭和三二年。

インドの工兵隊にいたアメリカの兵隊が偶然水陸両用のジープを見つけ、これで大西洋を横断することを思いつく。その水陸両用ジープの写真が出ているが、ジープであるから本当に小さなもので、エンジンルームの上に前甲板があるので、全体はズングリした船に四つの車輪がついた「そのとおり」の恰好をしている。川を渡るのもおぼつかないような心細い状態なのだが、この兵隊は恋人を誘ってニューヨークから出航してしまう。本体はジープであるから推進力はガソリンエンジンによるスクリューである。当然大量の燃料を必要とするが、何本ものドラム缶に入れてそれを数珠《じゅず》つなぎにして曳いていくのである。

万事大雑把というか大胆というか、まあこういう突発的な行動力がこの不思議な冒険を成功させる幸運の源にもなっているのだろう。構造からいって海が荒れたら簡単に転覆してしまうだろうとシロウト眼にもわかるような状態でヨタヨタ出航するが、途中で嵐がひとつも来ないのがラッキーな証拠である。

狭い船（基本的に運転席しか居場所はない）に隣り合わせている恋人と何度も喧嘩をしつつ、しかしなんとかカサブランカの近くに上陸し、あとはジブラルタル海峡をわたって陸路リスボンからパリへと入っていく。凱旋門の前をこのヘンテコな自動車船が通っていく写真があり、笑いながら沢山の拍手を贈りたい気持ちになった。

何度も書くが布団の中の面白本はこういう途方もない話が一番いい。

『パパーニンの北極漂流日記』（イ・デ・パパーニン著、押手敬訳、東海大学出版会）は北極海に漂う巨大な氷塊（南極では氷山、北極では氷盤という）にソ連時代の通信兵士らが乗って漂流しながら気象観測をする、という話である。時代はナンセンがフラム号で漂流した一八九〇年代の少しあと。

極点から約二〇キロ離れたあたりから二七四日間二五〇〇キロを漂流した。飛行機が降りられる滑走路があるくらいの広い氷であることはわかるのだが、氷盤の大きさは最初は明示されていない。これが漂流して南下してくるにつれて、あちこち割れて次第に小さくなっていくところが大変にスリリングである。

途中で氷の厚さを測るところがあるのだが三・一メートルであった。まさしく氷盤なのだ。漂流観測者（というのだろうな）はテントの居住区に暮らし、風や流速、水深などを測り、北極海の海流のデータを集めていく。二七四日ものあいだ氷の上で生活しているのだけでも大変だと思うが、さらにそれがあてもなく流れていくのだ。

最初の一七日間の一昼夜の平均移動距離は六、七キロであったが、これが次第に早くなって、やがて一日二〇キロは流されるようになる。南下するにつれて氷盤の上が溶けはじめ湖のようになっていく。食料貯蔵庫は少し高い場所に設置していたので食料を取りにいくときはボートでその湖をわたっていかねばならなくなるが、かれらはその時にしばしば錯覚してそれが氷盤の上にできた湖ではなく、北極海そのものをボートでいくような気持ちになる、と書いてあるのが面白い。

気象観測とはいいながら、当時のソ連にとって非常に重要な北極海の戦略的なデータを収拾するための任務だったのだろう。やがてその下を原子力潜水艦が航行していく時代になっていくのだが、当時はまだのどかに氷と一緒に漂流していたのだ。最後に砕氷船がこの勇者を迎えにくるところで話は終わっている。

全体を通して感じたのは、寒さに強いロシア人が書いているからなのだろう、彼らが暮らしている日々の気温から考えると相当に辛い仕事の筈なのだが、寒さについての悲嘆はほとんど出てこない。あたたかい布団の中で読んでいる当方としてはもっと厳寒に苦しんでほしかったのだが。

軍の考えていることによって兵隊はどんなところにも行かされる。ぼくは以前チリ海軍の小さな軍艦に乗って、マゼラン海峡から常に嵐の海と言われるドレイク海峡への航海をしたことがある。その戦艦の任務はドレイク海峡の真ん中にあるディ・ラ・ゴ・ラミレスという名の岩の山（チリ海軍は島と言っていたがあれは大きな岩だ）の上に駐屯している三人の兵士の交代要員を連れていくことなのであった。兵士は岩山の上で半年暮らしている。気が狂いそうになるのを必死で抑える任務だという。当時、南極の一部を領土として主張していたチリがその領土の橋頭堡として岩山を陣取らせていたらしい。そのむかし国家の戦略のために北では氷の上で氷海を漂流し、南では岩の上で毎日嵐の海を眺めている兵士がいたのである。

クソ食う人々

コノワタを肴に一杯やった。うまいんだなあこれが。

北海道、斜里の知り合いの漁師が送ってきてくれた自家製のコノワタである。その漁師はナマコ漁をやっている。斜里産のナマコは味がよく、中国に大量に売れるらしい。そのナマコ漁に連れていってもらったが、なにしろナマコが相手であるから、この漁はたいへん大ざっぱ、なおかつ単純である。

横四メートル、縦五メートルほどの巨大な網のチリトリのようなものを漁船の後ろに流し、海の底を掻いて引き上げる。本当に海底の掃除みたいなもので、三〇分ほどゆっくり走って引き上げると、そこにはナマコや小蟹やホヤや小石やゴミなどいろいろ入っている。

このあたりでとれるホヤは赤ボヤといってトゲトゲがまったくなく、のっぺらぼうで本当に見事に赤い。おまけに頭の上に茄子のヘタというか、形態的にはマカロニの切れっ端のようなものをつけていて、その片方が（＋）印、片方が（－）印なのである。海水の流排出口というのだが、とにかく見ているだけで大変たのしいヤツなのだ。しかしここではホヤではなくナマコの話を書くのであった。

いいナマコの条件はトゲトゲがきっちりしていることで、これを「イボだちがいい」と専門家は言う。ナマコの本体は煮て乾燥させるが、副次品としてコノワタがとれる。コノワタはナマコの腸である。

それを酒と醬油につけたのを瓶詰にしている。売り物ではなくかれらの酒の肴であり、知り合いへの贈答用である。知り合いのなかにはぼくも入っている。いい友人を持っていてよかったのだ。

それにしてもなんでコノワタはこんなにうまいのだろう、などということを考えながらチビチビ箸でつまむ。

繰り返すがコノワタはナマコの腸である。

そのことを改めて考えながらフト気がついたのだが、コノワタはナマコの腸だけではなく腸の中身も入っているはずである。腸の中身といったらアレではないか。つまりウンコである。そうか！　ナマコのウンコはうまいのか。大変重要なことに気がついてしまった。

『文化としての食と旅』（周達生、清水書院）に、祇園の舞子さんは汗ばんでも着物にシミがつかないといって鮎のウルカを珍重した、という話が出ている。ウルカは鮎のシオカラのようなものだが、ハラワタであるから鮎の腸もそこに混在している。しかも一級品はワタだけで作るものだという。作るときに鮎の腹を押して糞を出すそうだが、そっくり出すことはできないだろうから、当然ある程度は残っているはずだ。

それで思い出したのは、初めてモンゴルに行ったとき、ある遊牧民一家に招待されて饗された「シュース」という料理である。これは羊の肉をまるごと一頭分鍋に入れて塩ゆでにする料理で、遠来の客が来たときなどに作られる。

『モンゴル万華鏡』（小長谷有紀、角川選書）はモンゴル遊牧民の料理について詳しく記述された一冊である。それを読んではじめて知ったのだが、盛りつけの作法は日本でいう「活け造り」に似ている。羊が生きていたときのように積み重ねていくのだ。

まず四肢を前後左右正しく並べ、その上に左右の肩の部分、背骨の部分、腰の部分を置き、最後に中央に顔のついた頭を載せる。通常は肉だけだが、肉の量に較べて人の数が多いときは内臓が一番下に置かれる。

ぼくは羊の肉が好きなので、この鍋ができるとそんな観察も取材の余裕もなく、ただもう「うまいうまい、ああうまい」といって食っていたので、そのようなしきたりも仕組みも何も知らなかった。

けれど暇だったのでその家のあるじが羊を屠り、その家の主婦が料理の下ごしらえをするのをずっと眺めていたことがある。

羊はあおむけにして胸のあたりをナイフで切り裂き、そこに手を差し込んで心臓につながっている動脈を指でぶち切る。血を外に流さず腹腔に溜めるためである。

解体した羊の肉は当然全部鍋に入れられるが内臓も加える。腸にはその腹腔に溜まった血を入れる。

この腸に血を入れる仕事がなかなかのものだった。最初に腸を一メートルほどの長さに切り、それをしごいて抜く。腸の中のものは糞である。抜いたあとに水を入れてすすぎ、血をそそぎ入れる。血を入れたら両端を固く結んで血詰めのソーセージのようにする。それを繰り返していくのだが、大腸あたりになると糞も固くなっていく。腸にもくびれができてきて、固い糞は簡単には全部出し切れない。しかしおかあさんはどんどん同じようにやっていくので、糞があちこちに残っていても構わず血を入れているのを見てしまった。糞に味つけされた血詰めのソーセージということになる。

それをあとで食べた。幸か不幸か血も糞も熱をとおすとどちらも黒っぽくなってしまって、食べるとどれがソレでどれがアレなのか区別がつかなかった。しかし〝ひと味違って〟なかなか旨かったのである。

モンゴルの遊牧民にとってもともと家畜の糞は生活に密着しているから、例えば冬になるとゲル（半球形の移動式住居。内モンゴルではパオ）の敷物の下に羊の糞をいちめんに入れる場合がある。こうしておくとゲルの下がいつまでも暖かいのだという。

『糞尿博士・世界漫遊記』（中村浩、社会思想社）というもの凄いタイトルの本には、ロンドンの競馬場が競走馬の糞を利用したキノコ栽培をしている話が出てくる。小屋の中に一面に馬糞が敷きつめられていてその上に西洋マツタケ（シャンピニョン）が丸い頭をニョキニョキ出していたという探訪記である。

博士はまたロンドン大学の微生物研究所で牛の糞を熱源にしようという研究室に行く。そこでは牛の糞を加熱して沸騰させ「繊維素分解菌」を抽出しているのだ。牛糞を一〇〇度で煮ると他の雑菌は全部消えてしまうが、この繊維素分解菌という細菌だけが残る。この細菌は紙を溶かして炭酸ガスと水に換える作用があるのだが、その分解のときに摂氏七〇—七五度ぐらいの熱をだす。その熱でまたお湯を沸かしている。

牛糞から抽出した細菌でお湯を沸かしてそのあとどうしているのか書いていないのだが、それで終わりとなると牛糞を加熱するエネルギーと、細菌が食べる紙の消費量と、それで取り出す「湯」のエネルギーのそれぞれの交換率が経済的にどういうことになるのか気になる。ホラ話ということはないのだろうが、一九七二年の本であるので「糞からとった細菌でお湯を沸かす」というだけですでに凄かったのかも知れない。

大きな意味はないがヘンな偶然なので書いておくが、ぼくは今夜の便でアラスカのポイントバローに行く。エスキモーの取材である。そこで体験したいことがある。『アザラシは食べ物の王様』(佐藤秀明、青春文庫)にエスキモーの女の子がアザラシの腸の中身を啜《すす》る話がでてくるのだが、なかなか衝撃的だったのだ。

エスキモーはなんでも生で食べる。そもそも「生肉を食べる人」のことをエスキモーという。それは差別語というので、いわゆる西側の国の人が勝手にイヌイットと呼ぶようにしているそうだが、アラスカでは当のエスキモーがなんで勝手にそんな名にする、と言って怒っているらしい。

エスキモーはとくにアザラシが好きで、解体したばかりのまだ生温かい肉を好んで食べる。

「(解体を)見ていた女の子の一人が、内臓の塊をグチャグチャと手で探り、腸の端を引っ張り出すのだ。続いてそれまで黙って見ていた女の子たちがモジモジと照れながらも腸を引っ張り出すのを手伝う。焼き芋を手にして照れる日本の女性のようなかんじだ。綱引きの綱のように少女たちの手から手へと三メートルほど引き出されると、少女たちはさらに照れながら手元の腸に嚙みつく。そして中身をしごいて吸い取るのだ」

佐藤さんの本にはそう書いてある。佐藤さんはぼくの古い友人である。女の子からそのうちの一本（腸だからどこからでも引っ張り出せる。一本切ったら吸い口は二本になる）を渡されてそれを吸ったそうだ。味の感想は「たとえて言えば塩辛のようだった。しかしやっぱり糞は糞だ」というものだった。

生肉に慣れているエスキモーにとっては腸のそれは消化のいい補助栄養食（現代風にいうとサプリメント）の範疇に入るのかも知れない。今度の旅でぼくもそんな体験ができればいいな、と思っている。

動物の腸の中の物体はどのあたりからウンコになるのだろうか。

『はばかりながら「トイレと文化」考』（スチュアート・ヘンリ、文春文庫）に「食物はどこからウンコになるのか」というそのものズバリの章がある。この問題はわかっているようでよく考えるとじつは正確には答えられない、という人が多いようだ。

この本から簡単にその流れを学習した。

食べ物がウンコになる過程は口の中から早速始まっていた。

食物をかみ砕くのと同時に唾液が出てくるが、その中に含まれている酵素がデンプンの一部を消化し、ブドウ糖に変える。次に食物が送り込まれる胃の役目は、塩酸を含んだ胃液を出しつつ胃を動かして食物をどろどろにすることだ。ここで吸収されるのはアルコールやブドウ糖程度で、食べた物のほぼ全体はさらに小腸に送り込まれる。

小腸の最初の部分である十二指腸（長さ二五―三〇センチ）を通過するときに脾臓から脾液、肝臓系から胆汁などを始めとしていろいろな消化液がふりかけられ、たんぱく質がアミノ酸に、脂肪が胆汁によって水に溶ける成分に分解される。

この胆汁によって食物ははじめてウンコ的な黄金色に変わるらしい。つまり食べた食物は胃のすぐ下のあたりで早くもウンコのおもかげを有してくるのだ。

しかしそこまでは体から出されるいろんな消化液がふりかけられ、いわばウンコになる下準備がなされただけということになる。

小腸では有用な栄養分が吸収されることになる。小腸の内側にある吸収用の細かい突起（絨毛《じゅうもう》）は、それを広げると吸収面積は一人の人間でテニスコート一面分ぐらいの大きさになるという。ここを三―六時間かけて進むうちに、あらかたの栄養分が体内に取り入れられる。そして小腸の下部にきたときは食べ物のカスと水になっており、ここに体の中の古くなった細胞や体液などの老廃物（ゴミ）が加えられる。そしていよいよ大腸へとおくられるのだ。小腸とこの大腸への移行口には弁があって逆流しないようになっている。

大腸内には約一兆もの腸内細菌がすみついていて雑菌を殺したりウンコの発酵を促したりする。ウンコ特有の匂いはこの段階でつけられ、ここでようやく色といい匂いといい、もう押しも押されもせぬ立派な一人前の（いや一日分のというべきか）ウンコとなるのである。

このシステムは哺乳類だとほぼ同じであるというから先のアザラシや羊の腸の中身は場所を選んでいけばウンコとはいえない段階のモノ、ということになる。よかったような残念なような。

これはぼくがアリューシャン列島のアトカ島あたりにいるアリュート族の末裔にじかに聞いた話だが、彼らの先祖はアザラシの胃や腸の中の半分消化された内容物をほかの食物の味つけに使っていたそうだ。ナマのソースというわけである。

『スカトロジー大全』（ジョン・G・ボーク、青弓社）にはそうしたスレスレの話がいっぱい出てくる。以下はそのままの引用となるが凄い話なのでざっと見ていくと、「インディアンの歴史」のなかで「カリフォルニア南部の先住民はビタハヤという巨大なサボテンを食べるがこれは消化されないまま排泄される。彼らは自分たちの大便を集め、中から種を取り出し、それをあぶり、すりつぶして食べる」という。

モサギュイ族は「牛乳と新鮮な牛の糞を混ぜ、火にかけてポタージュを作る。そして強壮によいといってそれを飲む」

フィリピンのイガロッテ族は「殺したばかりの水牛の糞をソースとして生の魚にかける」

『排泄全書』（マルタン・モネスティエ、原書房）には「スペリオル湖近辺に住む種族は、ウサギの糞を混ぜて野生の米を煮るが、これは彼らのあいだでは非常に好まれる御馳走である」「オーストラリアの原住民はチュアーブと呼ばれる小さな緑色の糞でソフトドリンクをつくる」「南アフリカのホッテントット族は、動物の腸を洗わずに、中の糞を取り出さずに食べる。この世で一番の御馳走なのである」などといった話が満載されている。

未開の人々にまでいかずとも、現代の人々がその境遇によって糞も食も殆ど同一の場で口にしなければならない、という状況はわりあい頻繁に目にすることができる。

これはカンボジアのトンレサップという湖でぼくが実際に目にした風景である。

トンレサップはメコン川流域にあるアジア最大の淡水湖で、乾期で琵琶湖の五倍。雨期には一五倍になるという巨大な湖である。ただし水深は三—六メートルと全体に浅い。そこでは魚の養殖が盛んだった。雷魚と鯰《なまず》を養殖しているところへ取材に行ったのだが、五〇メートルプールぐらいのスペースを木で囲んで生け簀《いす》にしてその中に三〇〇〇匹ぐらいの魚を飼っていた。

住居は生け簀の上にあるのだが、飲み水や食事のための水は全部その生け簀に紐のついたバケツを落として汲み上げている。台所でその家の主婦が炊事仕事をしているそばで話を聞いていたのだが、そこから三メートルも離れていないところに便所があった。もちろん生け簀に垂れ落としてである。人間の糞は栄養豊富な餌であるらしく、家族の誰かが便所に入るとその下に大きな雷魚や鯰がバシャバシャ水をはねあげて集まっていくのが見えた。そのすぐ隣から主婦がお茶用の水をバケツで汲み上げる。魚たちに負けないくらい人間も逞しいのであった。

その旅では最終的にメコン川を下ってベトナムに入ったが、メコンデルタにある中華料理店で、鶏糞の白い部分だけをとりだしてそれを焦がし、白酒《バイチュー》（日本の焼酎のようなもの）に入れると紫色になり、珍しいので珍重されている、という話を聞いた。こういうのを一体誰がなんの目的で最初にやったのか。そして紫色だとどうしていいのか、異文化接触の妙味をつくづく感じる瞬間なのであった。

大日本スリッパ問題

南米の最南端からオーストラリアにまわり、太平洋を四角に囲むようなルートを行く長い旅から帰ってきたばかりである。日本から一番時間がかかるのはブラジルやチリ、アルゼンチンの先端あたりである。最近、こういう長距離ルートの旅がやたらに多い。いずれも飛行機に乗っているだけで三十時間をこえる。

洗面用具。カメラ用具一式。雨着。小さな寝袋。ヘッドランプ。基本的な緊急薬。ビーチサンダル。

常備しているこれらの旅用品に行き先に応じた服と読みたい本を十冊ほど足せば旅支度の八割が済む。最近は機内に持ち込む小さなザックに使い捨てのスリッパを入れておくようになった。

航空会社はビジネスクラス以上になるとその会社ごとに特徴のある小さなしゃれたバッグに入った「洗面道具セット」をくれるので、飛行機の中の歯磨きや洗面はもらったそれですますことにしている。この洗面道具セットで一番便利なのは日本の航空会社のものだ。その中にかならずスリッパが入っているからである。十時間前後のフライトになると上着や靴を脱いでリラックスした体勢になりたい。靴を脱いだあとトイレなどにいくのに便利なのがスリッパである。

けれど欧米系の飛行機でもらう洗面道具セットの中にスリッパはなく、いかにも使い捨てらしい靴下が入っている程度だ。欧米人はこの靴下をはいてトイレなどに行ってい る。足袋はだし、という言葉があるが、日本人にとっては靴下で飛行機の便所に行くというのはどうも抵抗がある。けっしてきれいとは思えない飛行機のトイレの床に「靴下はだし」でそのまま入って行くのである。まだ使用して間もない頃ならいいが、床が小便で濡れていたりしたら、と考えると面倒ながらわざわざいったん脱いだ靴を履いていくことになる。

だからスリッパがあるとまことに便利この上ない。どうして欧米系の航空会社はあの洗面道具セットにスリッパを入れないのだろうか。——しばらくの疑問であった。

あるとき成田空港のイミグレーションでおかしな外国人を見た。パスポートの色からみるとアメリカ人らしい男だったが、見るからにホテルのものとわかるゆかたタイプの寝巻を着て、スリッパを履いて通関しようとしているのだ。日本のイミグレーションに「ヘンテコな恰好をした人は通さない」などというきまりはないから、ゆかたスリッパ男はそのまま待合室方向に消えていったが、当然ながらおおいに目立っていた。

おそらくその外国人ははじめて日本の伝統的な「キモノ」に触れて嬉しくなりその恰好で故国に帰ろうとシャレこんだのだろう。我々もエキゾチックな民族服の国に行ってそれを着るとなんだか嬉しくなり、人によってはそれを着たまま帰るようなことがあるからその「ゆかた男」の気持ちはわかる。ただし彼は日本人にとってゆかたとネマキは同類に近い存在である、ということを知らなかったのだろう。

それはいいとして、そのときぼくは彼の履いているスリッパ（それもホテルに備え付けのものらしい）がもっと気になった。そのアメリカゆかた男にとってホテルにそなえつけのスリッパも、ゆかたと同じくらい気に入ったものであったのだろう。その恰好でよくホテルをチェックアウトできたなあ、という疑問は残ったものの、「欧米人とスリッパ」という組み合わせは案外異質なものらしい、ということにその時いきなり気がついたのだ。以来、外国にいくたびにスリッパの存在に気をつけていたが、結論からいうと「見たことがない」のである。

スリッパは欧米人にとってゆかたと同じくらい「エキゾチック」なものらしい——というひとつの視点ができた。

広辞苑には「足を滑りこませてはく室内ばき」と簡単に書いてある。『英語語源辞典』（研究社）によるとスリッパという言葉の初出は一三九九年以前。ソック（sock＝短い靴下、soxは複数形）の語源となったソッカス（soccus）からきておりラテン語で軽い靴および喜劇を意味する、とある。

『はきもの世界史』（日本はきもの博物館）でスリッパ形体のものを見ると十七―十八世紀のミュールというのがそれに近い。革に絹布を貼ったもの。銀糸のブレード飾り。ドーム型にたちあがる爪先と黒革を巻いたストレートヒールが特徴。イギリスのジョージ二世（一六八三―一七六〇）が着用、と説明にある。えらく高貴そうなものなのでこれをスリッパの祖先と見るにはいささかたじろぎがある。

形体だけでいえばエジプトのツタンカーメンが履いた革サンダルもそれに近く、金箔の模様入りである。現存する最古の履物でもあり、相手がツタンカーメンではジョージ二世も「まいりました」ということになるだろうが、しかしこのサンダルはやがて靴へと発展していく一群であり、ここで問題にするスリッパの祖先とはやや枝葉の幹が違うような気がする。

もっと平凡に平凡社の（ダジャレではないぞ）百科事典の解釈に従うと「スリッパは十四世紀頃からあったらしく、一般に室内履きとして使われていた革底のフラットなものだったが十七世紀の末に踵にヒールがつくようになった」と書いてある。

ここははっきり「外を歩く靴ではなく室内で履くもの」という定義のもとにスリッパを語らなければならないだろう。

日本にスリッパが何時ごろ登場したかというのも諸説あるようだが、いろいろな本にもっとも多く語られているのが明治初期の文明開化期だ。

鎖国が解かれ、外国人があちこちからやってきた。当時は寺などに外国人を泊めていたそうだが、日本の生活様式をよく理解できていない外国人は靴をはいたまま本堂に上がってきてしまうことも多く、受け入れる日本側は慌てたらしい。かといって慣れない下駄や草履を強引に履かせることもできず対応に困っていた。そのとき八重洲に住む仕立て職人の徳野利三郎という人が彼らの靴の上をくるむような履物を工夫して作り、それが日本のスリッパの原型になった、という話である（東京スリッパ工業協同組合沿革史より）。

これとは前後するが、当時日本で一番外国旅行を豊富に経験していた福沢諭吉が慶応三年（一八六七年）にこれから外国へ行く人のための手引書として執筆した『西洋衣食住』『西洋旅案内』で上沓《うわぐつ》（スリッパ）を紹介している。この本ははじめて海外旅行する人が手にすることが多い「地球の歩き方」シリーズの元祖のような本であったのかもしれない。

けれど、日本のスリッパはこうした外国の生活事情から入り込んできたのではなく、きわめて日本的な事情によってきわめて日本的に独自に発展したものではないか、という説があり、実はこれが大変に面白い。

『おまるから始まる道具学』（村瀬春樹、平凡社新書）である。

著者は厠《かわや》下駄に目をつけた。今はめったに見ることはなくなったが、ぼくが子供の頃、和式便所に鼻緒のない下駄のようなものを置いてあるのを時々見た。水洗の西洋式便器の時代に移行していく段階でこの厠下駄は姿を消していったが、その一方で厠下駄とは別に男の小便用の俗にいうアサガオ専用の履物が残った。今でもちょっと凝った料理屋などでアサガオの左右に陶器製の巨大な履物があったりする。爪先のあたりを半ドーム型に覆っていて小便のしぶきが直接足にあたらないようになっている。

しかし大きくて重いセトモノ製であるからそれで歩くことはできない。永久に小便器に身を添わせた、歩けない〝お供〟というやや哀感のあるわき役（汚れ役ともいうか）なのである。形もスリッパそのものだが、日本におけるスリッパの位置づけも実はこの「便所」が重大なキーワードになっているのではないか、というのがこの本の鋭い指摘なのである。

著者は日本人の住居の床を家具ととらえる。日本人は床の上にじかにすわって仕事をしたり食事をしたり団欒の場としたり布団をしいて寝たりする。したがって床は常に清潔であらねばならないところである。この家具である床の上に上がるには履物を脱ぐ。足を洗う。

昔の便所は母屋とは別のところにあった。だからそこは履物をはいていく「外」である。やがて生活様式が変わって便所が家の中に組み込まれるようになった。家具である床続きの場所に「外」の概念である便所が入ってきたのである。清潔の区分をはっきりするために室内の厠下駄が必要になってきた。それが使い分けスリッパに発展していった――と説くのである。明快ではないか。

欧米人や中国人にとって家の床は「外」の延長、という感覚がつよいようだ。中国のレストランなどに行くと、みんな食べカスや魚の骨などを無造作に床に捨ててしまうので、びっくりしたことがある。田舎の食堂などにいくと、食堂の床に痰を吐いている人を見たことがある。

そういう生活様式からすると、日本人の住居とその生活感覚は世界でも稀というぐらい清潔である。その清潔な床を保持するためにスリッパが必需品になった、というのはなかなか説得力がある。

日本の家庭で急速にスリッパが使われるようになったのは畳とフローリングの折衷する住宅が一般的になった昭和四十年代の団地ブームや新しい洋式住宅建築ブームあたりからららしい。畳の部屋は素足で、フローリングの台所や居間はスリッパを履いて、という使い分けのエリアがひろがってきた。家族個人個人のスリッパ。客用のスリッパ。さらに便所には便所専用のスリッパが必要になってきた。かくして世界でも稀なスリッパだらけ、スリッパ文化の国になっていくのである。

『春の数えかた』(日高敏隆、新潮文庫)の「スリッパ再論」にそのことが書いてある。再論であるからその前の文章をさがしたら全日空の海外向け機内誌『SKYWARD』に英文のエッセイが書いてあった。双方で書かれているスリッパ論は戦後日本の文化論にもなっていて実に面白い。

「日本人はスリッパを西洋の習慣と考えたがるけれど実のところスリッパは日本人によって日本風に適応されたものであり、数十年のあいだに驚くほど多様な形に進化してきた。たとえば高級スリッパというものがある。もっとも何がどう高級なのか今ひとつわからない。冬用スリッパ、夏用スリッパという季節ものスリッパがある。あるいは先のとんがったイタリア風スリッパ。藁で編んだ和風スリッパなどはスリッパが西洋のものであるという誤解をさらに強調する効果をもつ。デパートなどにいくとピエール・カルダンやランバンのスリッパも売っているが、こうしたフランス人デザイナーのスリッパをフランスではまったく見ないのでおそらく日本人のためだけにデザインしたものなのだろう」(『SKYWARD』より)

日高氏はさらに知人のフランス人のデザイナーがこうした日本のスリッパ文化を「衛生のため」だろうと解釈し、あとで「履物をあちこちで履き替えることによって自分がいまどこにいるかを認識するためだろう」というものに解釈を変えたという話を書いている。

「これがあたっているかどうかはぼくには分からないが、衛生のためという解釈はおそらく的はずれだろう」と日高氏は書いている。ここでぼくはおおいに我が意をえたような気分になった。

日本の温泉旅館などに泊まるときに玄関先にズラリと並んだスリッパを見るとゲンナリする。温泉に入って汗を流し、体中を洗って浴衣に着替えてさっぱりしたあとに素足でスリッパを履く。

温泉の入り口には同じ色と形のスリッパが乱雑に散らばっていて、さっき自分が履いてきたのと違う誰が履いてきたのかわからないのを履いて部屋に戻る。しかしさっき履いてきたのを履こうが違うのを履こうが意味は同じなのである。

どっちにせよどこのおとっつぁんが何万人履いたのかわからないようなバイキンだらけのスリッパなのである。

さらにスリッパはそれがあることによってかえって非衛生な状況をつくってしまって

いる、という例がいろいろあるようだ。

例えば病院の場合がそうだろう。温泉宿とちがって病院では素足でスリッパを履くということはあまりないだろうからまだなんとかガードできるが、習慣としての日本的スリッパ文化が問題になるひとつの例だろう。

スリッパは足を床に擦りつけて歩くようなかたちになるので、歩くときの恰好はどうしても颯爽というのにはほど遠い。病人の多い病院は颯爽としていなくてもいいかもしれないが、学校や公民館などでもまだスリッパや上履きに履き替えるところが多く、運動靴の踵を踏みつぶしたものをペタペタひきずっている生徒の集団などはいかにも日本的な風景だ。上靴やスリッパに履き替えるようになっていると人数分の靴箱がいるのでその設備もスペースも必要となる。上足、下足という昔からの考え方と現代の実際の生活の仕組みのズレがこうした時代錯誤の風景を生んでいるのだろう。

『スリッパの法則――プロの投資家が教える「伸びる会社・ダメな会社」の見分け方』(藤野英人、PHP研究所)というこれもまた面白いタイトルの本があり、そのとおりスリッパに履き替える会社に投資しても儲からない、ということが書いてある。古い体質の問屋さんなどにこうした会社があるようだが、社員が会社にきて靴を脱ぎ、個人的にサンダルやスリッパに履き替える会社というのもまだけっこうあるようだ。

水虫の痒いおとーさんなどがよくそういうことをしており、昔ぼくが勤めていた零細企業がまさにそうだった。昼のめしの時間などにスーツにサンダル姿のおとーさんが連れ立ってツマ楊枝シーハーシーハーさせて歩いている姿を見ると、たしかにこの会社はこれからもあまり成長していかないのだろうなあ、という強い説得力がその風景にあった。

北極圏のカレー合宿

四〇日ほどドキュメンタリーの取材で北極圏に行くことになった。

出発する少し前まで妻が二ヵ月近くチベットに行っていたので、そのあいだ家にとじこもって書き下ろしの原稿を書いていた。自宅カンヅメ作戦にしたのでめしも毎日自分で作る。朝はちゃんとごはんを一合炊いて味噌汁をつくる。そういう日本の正しい食事にこだわっていた。

とくに味噌汁に凝った。前の晩に一人用の鍋に日高コンブ、脇野沢《わきのさわ》（青森県）の焼き干し（やぎぼし）を仕込んでおき『毎日のみそ汁一〇〇』（飛田和緒、幻冬舎）を読んで具の選択会議に入る（一人だけど）。なるべく簡単なものを選ぶが「ジャガイモ、タマネギ、ベーコン」などという思いがけない組み合わせが結構イケたりする。「キャベツとソーセージと黒胡椒」などというのがうまくいくと親しい仲間に電話してそういうものを作った由報告し、いかにうまいかを延々と説明したくなる。相手は迷惑だろうけれど、この感激をわけてあげたい。相手はつまりそれが迷惑だというんだけど。

「長ネギとワンタンの皮と七味唐がらし」などということになると、ぼくには異次元感覚の味噌汁だが、これもまたいいのですなあ。

我ながらまことに毎朝のごはんがうまい。すっかり出汁づくりにもハマってしまった。『自然流「だし」読本』(船瀬俊介、農山漁村文化協会)を読むと、日本そばだろうが冷し中華だろうが海草キノコサラダだろうがなんでも持ってこい、どんなスープでもつくってやるぞ、という荒いハナ息になってきた。

「料理」というのは原稿仕事とは比べ物にならないくらいの早さでどんどんできていくので、原稿の進まないフラフラ物書きにはなかなかいい気分転換になるのだ。

しかし、まさかそれが北極の旅に役立つとは思ってもみなかった。

ドキュメンタリーの取材チームは、現地でサポートしてくれる人も含めて大体一〇人。カナダのバフィン島のいくつかのイヌイットの村に滞在し、時々キャンプに出撃する、という態勢だった。それぞれの村には一軒ずつホテル(といっても日本でいう民宿のようなもの)があるのだが、北極圏というのは恐ろしく物価が高いのだ。これは産業が何もない土地だから、野菜もパンもケチャップもなにからなにまでみんな都市から飛行機で運んでくるしかなく、すべてにその航空運送代がからんでいるからなのだった。

最初の本拠地はハドソン湾に面したチャーチルという小さな村であった。スーパーがあるのだが、行ってみると大体日本の倍の値段である。ホテルにはレストランはなく、三食外で食うとしたらやたらバカ高いものになる。さいわいホテルに小さなキッチンがついていたので出来るだけ自炊しよう、ということになった。では誰が料理を担当するか、あたりを見回しているうちに、隊の中では一番ヒマそうなぼくがなんとなく炊事班長という役割になっていったのである。

ホテルの備えつけキッチンには鍋やフライパンや簡単な食器などもあり、いくつかの部屋のを集めるとそれでいけそうだった。足りないのはザルである。

取材隊が持っている食材にはカレールウがあった。キャンプのおりに使うつもりで東京から持ってきたという。一箱で一〇人分。それが五箱ある。スーパーにはタマネギ、ジャガイモ、ニンジンがあった。さすが肉食の国で、冷凍肉は牛、豚、鶏なんでも豊富にある。しかも肉だけは安い。さらにありがたいことにタイ米があった。これはもうシノゴノ言わずにカレーライスを作りなさい、と言っているようなものだから、その日のメニューは世間の流れに逆らわずカレーライスになった。

カレーほど問答無用で集団料理に便利なものはない。日本人でカレーを嫌いな人はまずいないし、作って失敗するということもめったにないから、大人数を相手にしたときでも安心である。

カナダのタマネギは大きくて真っ白でずしりと身がしまっており信じがたいほど堅い。タマネギではなくて何かの木の根ではないか、と思えるほどだ。包丁に体重をかけて渾身の力を込めて横に輪切りにすると年輪のようなものが見える。タマネギではなくタマネ木ではないかとややたじろぐが、火を通すとちゃんとタマネギの味になるので安心した。ジャガイモも巨大である。まあいくらでかくてもジャガイモの味がするならそれでいい。これらにたいしてニンジンはしなびてやや貧弱。大発見はニンニクがあることであった。

タイ米にはいろいろな炊き方があるらしいが、どうやろうと最終的にはみんな分離してパサパサのゴハンになる。そこにかけるカレーを、どのくらいのトロミ度にしたらいいのかよくわからない。こういうことなら料理の本を持ってくるのだったが、もう遅い。最初の日は野菜や肉の比率は適当で、とにかく一番シンプルなカレーにした。まずニンニクをこまかく刻み、タマネギを入れて飴色になるまでジャージャーッとやる。それから三種類の野菜を投入。やってみるとカレールウというのはトロミやうま味もつけてくれるということがわかった。カレーは思い切り辛いのが好きなので、誰も見ていない隙にタバスコを二本も投入してしまった。しかしこの「カレータバスコ混入事件」はあとでバレることになる。

問題はやはりタイ米の水加減だった。以前ミャンマーの寺院で、親子が「湯炊き法」というやりかたで作っていたのを思い出し、見よう見まねの冒険ではあるがそれに初挑戦した。

『カレーライスと日本人』（森枝卓士、講談社現代新書）を読んで日本のカレーはインドから伝わったのではなくイギリスから入ってきたものであるが、そのままを受け継いだのではなく換骨奪胎して「日本カレー」として発達した、と書いてあり「やはりそうであったのか」と大いに納得し唸ったものだ。以前ぼくはもうひとつのカレー王国スリランカに行って、家族でつくる純正スリランカカレーとカレールウを使ったお手軽日本のカレーによる、「日本対スリランカ戦」の勝負に挑んだことがある。

向こうの主婦は三〇種類以上のスパイスを使い六時間がかりで作ったサバカレーで、ぼくのは三〇分で作った牛肉、コシヒカリカレーであったが、結果は向こうの人にこれはカレーではない、と言われてしまった。ゴハンがかたまりになって手にくっついてしまうのがまずダメらしい。インド系カレーは手の先を「象の鼻」のようにしてゴハンを持ってこねるようにカレーとまぜて食べる。コシヒカリではゴハンがみんなくっついてダンゴ状態となり、それができないからカレーではないというのである。勝負は完敗。だから森枝説はよくわかる。

『にっぽん洋食物語大全』（小菅桂子、講談社＋α文庫）に、ライスカレーが日本で一般化したのは、軍隊の集団料理にふさわしいのでしょっちゅうこれをつくり、全国の若者が軍隊で知ったこの味を各地方にもち帰ったから、とある。インドを統治していたイギリスが本国に「スープ」としてのインドカレーを持ち込み、それが日本の海軍を通して伝わってきた、という説はうなずける。

『カレーなる物語』(吉田よし子、ちくまプリマーブックス)には、日本でライスカレーという言葉をはじめて使ったのは札幌農学校のクラーク博士らしい、との記述がある。博士は生徒に洋食を食べるように指導した。「生徒は米飯は食すべからず、ただしらいすかれいはこのかぎりにあらず」という規則を作った。結果的にいうと全寮制だった当時の学生は二日にいっぺんカレーライスを食べていたらしい。

我々の北極合宿もその四〇日間の半分を、結果的にいうとカレーライスを食っていた。これは手に入るコメがタイ米なので結局それに合って一番うまいのはカレーである、という大きな理由と、豚でも牛でも肉が安くてうまい、ということがある。

我々の連絡を受けて、後発隊がまるでカレーの秘密運び人のようにして日本からどさっとカレールウの追加を持ってきたので、心おきなく一日おきカレーのローテーションを組めるようになったのである。カレーのほかに花がつお、煮干し、コンブ、焼き海苔二〇帖を持ってきてもらった。焼き海苔はホッキョクイワナの混ぜご飯を、各自大きな海苔を何枚つかってもいいので手巻き寿司のスタイルで食う、という黄金メニューになった。しかし別の村に行ってもカレーの日々は続いた。

カレーのこの大活躍で北極圏の炊事班長はだいぶ楽になったのだが、一日おきでも飽きず食っていてしかも誰からも文句がこない、というのは、これはもうカレーライスが我々日本人の「国民食」になっているからだろう、という確信を持った。

そういうことを書いた本を以前読んだ記憶があるので帰国してさがしてみると『日本三大洋食考』(山本嘉次郎、昭文社出版部)で、これは装丁を伊丹十三がやっている。博学で知られたこの食いしん坊の映画監督は、すべてのカレーの基礎はタマネギだが、インドのカレーのタマネギの仕込み方と日本カレーのそれが根本的に全く違っており、それひとつとってもインドのカレーと日本のそれとは系譜が別ものであり、日本人がとくに好むカレー屋の秘伝はかくし味に醤油をつかっていることが多い、と書いている。筆者の語る日本三大洋食はカレーのほかにトンカツとコロッケであった。

やわらかくてうまい豚肉の大きなブロックが安く手に入るので、トンカツを作りたいと思っていたのだが、一〇人ぶんのトンカツを揚げるには今あるフライパンではあまりに小さすぎる。それにスーパーのどこを探してもテンプラ油とパン粉が手に入らない。菜箸もほしいところだが、これは探す前からあきらめていた。

嬉しいのは次の村のスーパーでザルっぽいのがやっと手に入ったことだった。アメリカもそうだが、カナダもザルに冷淡なのがこのところの疑問である。かれらはソーメンなど作らないからであろうか。醤油がどのスーパーでも簡単に手に入るので、ソーメンやうどんを取材隊が全く無視して持ってこなかったのが不満であった。もし最初から炊事係として雇われていたのなら、それを知った段階でぼくは帽子を叩きつけて辞職していた筈である。しかしナガネギ、アブラアゲ、モヤシが絶対手に入らないのでめん類があっても出来るものとしたら肉うどんぐらいであったろうか。いずれにしてもザルのない食文化圏は情緒に欠ける。

ある日大きなシシャモが三〇〇匹ほども手に入った。ハドソン湾には夏になるとバケツですくえるほどの密度でシシャモがやってくるのだという。まだ新鮮なそれをテンプラでカリッと揚げてアツアツのうちに食ったらさぞかしうまいだろうと思ったが、サラダ油しかない。そこでサラダ油でもいいから唐揚げにしようということになった。しかしサラダ油では温度があがらないのでカリッとまではいかず「ケケッ」ぐらいだ。しかしこの「ケケ揚げ」の揚げたてのをシオ、コショウで食うと、これがなかなかいい。菜箸がないので軍手をはめてワリバシで揚げた。幸か不幸かちりちりに熱いテンプラ油と違ってサラダ油ははじいてもそんなに熱いわけではないのが有り難かったが、でもやっぱりナサケナイ。この海にはサケ、マス、タラなどの北の魚がけっこういるのだが、一年のうち一〇カ月が氷で閉ざされている海では漁業というのは成立しないらしい。

ある本で「日本三大国民食」は寿司、テンプラ、スキヤキと書いてあったのを思いだした。北極でそれに挑もうとしたら、シャケとタラとシシャモの寿司は出来るが問題はコメである。絶対におにぎりにならない団結心ゼロのバラバラのタイ米でにぎり寿司を作ったら、そのヒトは偉い。

このような辺境といわれる場所にきて「日本三大国民食」のどれも作れないというのはそれらが食べ物としてあまりに国内的でスケールが小さい、と言わざるを得ない、ということに辺境に来て気がついた。

やはり現代の国民食はインターナショナルな底力をもつカレーライスを一番と考えるべきだろう。

ラーメンはどうか。これもかねがね「日本三大国民食の一角を担う実力者！」と考えていた。裏づけるようにいまや世界のいたるところに「ラーメン屋」が進出している。中国の北京などでも、カウンターに座ればすぐにアチアチのラーメン一人前が出てくるので驚嘆され、中華料理店の沢山並ぶ中国の繁華街の日本式ラーメン屋に行列ができている。

日本のじゃがいもごつごつおかあさんカレーライスがインドの大仰なつくりのそれと別ものであるように、中国の「中華麵」と現代の日本の「ラーメン」とはまったく別ものなのである。

日本ラーメンの強さは、ラーメンがファストフードであるということだろう。日本のインスタントラーメンが世界のスナックヌードルを完全に制した現在、世界中どこでも日本のインスタントラーメンが手に入るということは日本人として胸を張っていいことだと思う。ましてやこういうキャンプまじりの辺境地の旅では必携品だが、問題は毎日食っていると飽きてムネヤケがして拒絶反応がおきること。しかしこれも優秀なる随行料理人（ぼくのことです）が工夫していくことにした。こういう時こそ「ダシ」なのである。

後続隊が持ってきた花がつお、コンブのダシをじっくりとった。それから取材隊が持ってきた料理箱の中に一人一回分の味噌汁とかスープの素などがいろいろあったので、ここについている乾燥野菜を大量に入れ、スーパーで売っていた牛と鶏のスープの素を入れた。きめ技はなんといっても醤油である。しかしあくまでも慎重に。いろいろ沢山入れすぎてしつこくならないように。特製多国籍だしのスープができるとこれとは別に大鍋でゆでたラーメンを入れると、「おお、やっぱりラーメンはいいなあ」となった。インスタントラーメンがすぐに飽きるのは、一緒についている合成化学薬品みたいなスープにやられるからだ。

ぼくはその年の二月にアラスカのポイントバローに行って冬の極北狩人の取材をしていたのだが、そのおりに『極北の放浪者エスキモー』（G・ド・ポンサン著、近藤等訳、新潮社）（アラスカ側はエスキモーと呼ぶ）を読んでいったのだが、エスキモーの徹底した海獣、陸獣中心の食生活にあらためて感心した。アザラシの生肉をアザラシの脂につけて食べることが多い。「ミソガク」と呼ばれるが、これは日本の醤油のような万能調味料らしい。エスキモーの食事は腹が減ったときに食べ、あとは横になっているか唾を吐いているかしている。砂糖のたっぷり入った甘いお茶はひっきりなしだ。

全体に我々の食生活に較べると相当にシンプルだ。それが極限地帯に生きる者の知恵らしい。

村を移動しベイカーレイクという村から川ぞいに四〇キロほど奥地に入ったツンドラでキャンプした。一緒に行ったイヌイットはたちまち七〇センチぐらいの北極イワナと、素早く射とめたカリブー(北米のトナカイ)のスープで彼らの夕食を作っていた。それにパノックと呼ばれる無発酵パンを作る。小麦粉に少しずつ水をくわえて練っていき大量のラードで焼く。見ていると簡単そうだが、つくる人によってまったく味が違うのだといいながら、みんなが「自分のつくるパノックが一番」といって自慢していた。このパノックはスコットランドの毛皮商人や捕鯨者からつたわったものであるという。我々のキャンプにイヌイットの捕った新鮮なカリブー肉がどさっと手に入ったので、その日は我々もまことに贅沢なカリブーカレーを作った。カリブーはやわらかくてさっぱりとしていて、これは感動的にうまかった。

お礼の意をこめてイヌイットの猟師にそのカレーライスをあげると「初めて食べる味だ。うまいうまい」と喜んでいた。本当にすっかり気に入ってしまったらしくみんながレシピを聞きにきた。ジャガイモもタマネギもニンジンもスーパーにあるのだから基本的な材料は常にある。問題なのは肝心のカレールウが手に入らないことであった。しかしあまりにも真剣に頼んでくるので(イヌイットがこんなに真剣になるのは珍しいらしい)、ロスアンゼルスからきた我々の仲間がロスに帰ったら大量のカレールウを送ることになった。

それらを食べたイヌイットが村のスーパーの仕入れ係にかけあい、以降定期的にカレールウがスーパーで売られるようになったら、今回の我々のカレー合宿がその後のバフィン島のイヌイットの食生活の変化に大きな影響を与えたことだけはたしかである。それがいいことかどうかはわからないが。

小屋と魔窟

二〇〇五年にカナダ、アラスカ、ロシアの北極圏に行って、そこに住む極北の人々の生活を見てきた。順番にイヌイット、エスキモー、ユピック（シベリアエスキモー）と呼ばれる民族だが、国が違っても暮らしぶりや生活環境がよく似ているので驚いた。

いま彼らは政府から貸与された家に住み、スーパーで大量生産の食品を買い、若者は退廃的になり、狩人は狩猟から遠ざかりつつある。海獣や鯨を捕っているだけでは生活ができなくなる、という経済構造の変化も共通している。

北極にかよっているあいだにこの民族にかかわる本をいろいろ読んでいたが、一番面白かったのは『極北の放浪者エスキモー』（前出）であった。

フランス人の著者がカナダのイヌイットと一年以上にわたって生活をともにした記録である。表紙に、エスキモー文化を代表するような氷の家（イグルー）の写真があり、その家のてっぺんに厚いフードをかぶった男が一人登って遠くを見ている。読んでいくとこの写真に象徴されるように、イヌイットの氷のイグルーでの暮らしぶりが生々しく描かれている。

彼らの氷の家の中での生活はひと口でいうと大変に汚い。イグルーのあちこちにボロきれや魚や海獣の食べ滓などがちらばり、氷の壁も床も彼らの吐く唾などでまんべんなく汚れている。「たまらない臭いだ」と書いている。中は暗く、アザラシの脂をつかったランプが唯一の光源であり、また暖房のための熱源である。そのアザラシランプのはかない照度についての記述。

「もし光の階級制度をたててみるなら、電灯の前にガス灯があり、ガス灯の前にはランプがあり、ランプの前には蠟燭があり、蠟燭の前には脂のランプがあるというものだ」

ぼくがこの三つの極北の民族を訪ねた二〇〇五年には、この氷のイグルーはもうどこにもなかった。ポンサンがイヌイットを訪ねたのは一九三〇年代のことであり、そのあいだに彼らの暮らしは大きく変わったのだ。聞いてみると氷のイグルーを作るのは現代では猟師たちが狩りに出て天候が悪化したときなどに緊急につくる避難小屋としてのものくらいで、それとてそういう技術を持った人はもう僅かしかいないという。

『「イグルー」をつくる』（ウーリ・ステルツァー著、千葉茂樹訳、あすなろ書房）という楽しい本があって著者はドイツ人。カナダに移り住んでイグルーを作る技術を体得し、写真とともに再現している。

「動物の骨やシカのツノ、セイウチのキバなどで作ったナイフが一本だけあればいい。大きさも自由。ダンスができるほどの大きなイグルーだって作れる」

二、三人用の小さなイグルーだったら三時間くらいで作れるという。この本を読んでいるかぎりでは極北の狩人らへの夢が膨らむが、一九七〇年代に書かれたこの本はヨーロッパ文化を基盤にもつ作者のホビーとしてのイグルー作りという印象が強い。スノーモービルという機動力をもった現代では、悪天候にも動けるので、避難用にイグルーを作って寝る、ということもあまりなくなってしまったのだろう。

それにしてもマイナス四〇度にもなるこの北極の氷の家の中で、しかも暖房はアザラシ脂のランプ程度のもので人間が果たして寝られるものなのだろうか、という疑問は、現地に行ってしだいに解けてきた。

ロシアの北極圏、チュコト半島のチャプリノという人口四〇〇人程度のユピックの村で彼らの氷の上の旅に着ていく服を借りた。トナカイの毛皮でできていて、二枚の組み合わせになっている。これを着るときは素裸になって、まず毛のついているほうを内側に着る。次に毛のついているほうを外側に着る。たがいちがいの重ね着というわけだ。着るのにえらく手間がかかり、シロウトは一人で着ることができない。けれどいったんそういう恰好をすると自分が動物になったような気分で、現に犬ゾリなどから落ちても二重の毛皮はクッションになっているし、動物の毛には雪がつきにくい。猟師はこの毛皮を着ると旅のあいだ何日でもそのままで過ごすという。マイナス二〇度程度だったらこの恰好で犬のように氷の上に丸まって寝てしまうこともあるそうだ。犬の気持ちになれるのだろう。

北極圏に住む人々の昔の住居、氷のイグルーに興味があったのは、以前一〇年ほど集中して訪ねていたモンゴル遊牧民の暮らすゲルの形態にこのイグルーがよく似ていたからだ。モンゴルの遊牧民は家畜の群れを追い、極北の狩人は狩猟が生活の糧になるという違いはあるが、どちらも動物を相手にして生きている。そして同じモンゴロイドであるということが、ぼくの興味を募らせる決定的なものになっていた。

遊牧民というと草原を常に移動しているイメージがあるが、実際には夏営地、冬営地と呼ぶせいぜい二、三カ所の、それも決まった場所に移動する程度だ。そのときにゲルを始めとした家財道具のすべてを運んでいく。昔はもっとも重いものを運ぶ動物がラクダだった。ラクダは遊牧民の軽トラックみたいなものなのだな、と思ったものだ。彼らが家財道具とともに牛や馬や羊の大群と移動していく風景は草原にじつによく似合っていた。

『草原と樹海の民』（大塚和義、新宿書房）に、モンゴルの草原に白いゲルの点在する風景ほど変わらないものはない、モンゴルの歴史そのものの風景ではないのか、と書いてあって同感した。ゲルの構造はひとくちでいうと簡単軽量頑丈で、つまりは持ち運び便利。ぼくがはじめてゲルの中に入ったとき巨大な番傘の中に入り込んだ、という印象を強くもった。屋根の構造が番傘の骨組みそっくりなのだ。

「ヤナギの枝を格子状に組んで、折りたたみ式の壁にし、屋根も木製の天蓋《てんがい》を中心にして放射状にヤナギの枝木を配して骨組をつくり、これをフェルトで覆い、ラクダの毛で編んだ紐で全体を縛って組み立てる」（同書より）

何度か遊牧民がゲルを解体したり組み立てるところを見たが、解体は三〇分もあればよく、組み立ても二、三時間だ。それでいて冬は外側のフェルトを三枚重ねるだけでマイナス二〇度ぐらい軽く耐えられる。

彼らの燃料はアルガルと呼ばれる牛や羊の糞を乾燥したもので、いってみれば完璧なエネルギーのリサイクルを実践している。

白くうっすら雪の積もった草原に立っている白い覆いをつけたゲルの上の煙突から、糞を燃やした煙が吹き流れていく――というのはなかなかいい風景なのである。

小松義夫氏の『地球生活記――世界ぐるりと家めぐり』（福音館書店）と『世界の不思議な家を訪ねて』（角川oneテーマ21）は寝る前などにパラパラやっているとまことに楽しい本で、こういう家に寝たらどんな気分なのだろうか、などと空想しているだけでいい眠りにはいれそうだ。

たとえばアフリカのブルキナファソというところに住んでいる遊牧民の家はゴザを丸くして作った半球形のもので、それはエスキモーのイグルーやモンゴル遊牧場のゲルの形に通じる。「遠くから見るとサッカーボールが砂漠にいくつも転がっているように見える」とその本には書いてある。木の枝で球形の骨組みをつくってその上にゴザをまんべんなく覆ったもので、頑健かどうかは写真を見ただけではわからないが簡単軽量なのは確かだろう。カメルーンのフライ族の町、ンガウンデレには実に優雅な形をした草ぶき屋根の家があり、「太陽の光があたると銀ギツネの毛皮のようだ」と書いているが、写真で見るだけでも本当にうつくしい。

同じカメルーンのムスガスというところには、土だけでつくられたトックリ形の小さなドーム住居がある。むかしはみんなこういう家に住んでいたというが、北極のイグルーと同じで今はその技術を持っている人が少なくなり、この小さなドームづくりの伝承は消えつつあるという。

エチオピアには竹で作られていたり木と草で作られたいずれも半球形の家があってこれらは現役。見るからに涼しそうだ。

半球形の家に和みを感じるのは何故なのだろう。

小松さんはこの取材の途中でハタオリドリの〝巣〟を見てそれと同じやすらぎを人間がこういう小さな丸い家に求めるのかもしれない、と書いていて説得力がある。

小松さんのこの本が人間の巣づくりの入門カタログ編とすると『シェルター』（ロイド・カーン著、玉井一匡日本語版監修、ワールドフォトプレス）は巣のつくり方の実践応用編ということになるようだ。その本には世界中の「小屋的なるもの」が網羅されている。

これを読むと世界のこういう小さな家のはじまりは共通していて、まず若木を組み合わせて床から屋根まで繋がっている骨組みをつくり、そこにその土地で手に入るものを屋根や壁にして覆っていく、という厳然たる基本構造がある。壁や屋根を覆うものは草や葉、木の皮、土や糞、泥や石、動物の毛皮。後年になって布が加わってくる。

したがって木や草のない北極圏の人々の家が氷で作られたのは当然ということになる。夏場のツンドラで建てる極北の狩人の小屋は鯨の骨を柱や支えにしていたのを、これらの国の博物館で見たことがある。

ヨーロッパでは当初、石が主役になったのも「そこにふんだんにあるもの」というのが単純に関係していたのだろう。

スコットランドを旅したとき、エジンバラやグラスゴーといった都市部もいまだに石の家が中心になっているので感心した。石の家は窓が小さく、重厚でプライバシーがきっちり守られる。谷崎潤一郎の『陰翳礼讃』を読むと、日本の家屋はまず柱を建てて屋根を葺き、そこから壁を塞いでいく、というつくりかたなので、石の壁をまず作ってそこに穴をうがつようにして窓を作っていくヨーロッパの家と根本的な居住の思想の違いがあることがわかる。石の家に住む人々は木と紙と草で作られている東洋の文化に不思議な興味をもち、我々は石の家に驚嘆する。

さっき紹介した本『シェルター』にアメリカ、ネブラスカ州の干し草で作られた家の話があって面白い。そのあたりは砂丘と家畜の干し草しかなく、木が不足していたので、押し固めると頑丈になる干し草のブロックを積み上げて家をつくることを思いついた。やがて快適な住宅ができたが、この家は空腹になったときの家畜に食べられてしまう大きな問題点があった。

『小屋の力』（マイクロ・アーキテクチャー編集、ワールドフォトプレス）も中身のぎっしり詰まった大型の本で見つけたときは驚いた。ここには日本を含めた世界中の小屋の現在があって、それぞれ魅力的である。例えばツリーハウスはたいていの少年たちが憧れてきた夢の家だろう。この本の中には高さ三〇メートルものツリーハウスの写真があって、これは出入りするだけで相当な体力と注意力が必要とわかる。

一八世紀にキャプテン・クックがタスマニア諸島に漂着したとき、その島の人々がみんな木の上に住んでいたという記述がある。実用としてのツリーハウスは、獣よけや部族戦闘のときの見張り台やタタカイのための要塞として使われたらしい。実際にニューギニアの小島でツリーハウスに泊まったことがあるが、家の中は普通のしつらえなので中に入ってしまうと三階建てくらいの家にいるという感覚しかなく、そんなに面白いものでもなかった。

小屋にどうして魅力を感じるのか、この本を見ていて頷いたのはずらり並んだ屋台の写真だった。ラーメン屋からおでん屋まで、屋台に座ると腰、あるいは頭のあたりから上はのれんで外界とのしきりができ、精神的には飲み仲間と屋台の親父との狭い小屋的空間になる。屋台がいいのは小屋の中のシアワセ感が街で気軽に味わえるからなのかな、と思った。

隔絶された魅力、という意味では、ツリーハウスよりも水上家屋のほうが実際に住んでみると面白い。ぼくはミャンマーのインレー湖やカンボジアのトンレサップ、アマゾンの筏家屋などで体験したが、周囲を水で囲まれている中での生活、というのはなかなかここちのいいものである。とくにミャンマーでは家の窓から釣りをしている人をよく見かけ、少年の頃の究極の憧れの生活だな、と思った。

『小屋の肖像』（中里和人、メディアファクトリー）は、北海道から沖縄まで四年間かけて日本のいろんな小屋だけ撮りつづけた写真集である。小屋だけの写真で一冊の本になってしまう、というのも驚きだ。田んぼの中の小屋、海べりの小屋、木立の中の小屋。この写真集の中には一人の人間も出てこない。それでもパラパラ眺めているとなんだか不思議に楽しくなる。畑のすみの草に囲まれた小屋のなかにもしかすると愛する若い二人がじっとひそんでいるかも知れない、という胸騒ぎがして、どこかに静かで怪しく愉しいものを感じたりするからだろうか。

『九龍城探訪』（グレッグ・ジラード他著、尾原美保訳、イースト・プレス）はこういう小屋の世界と正反対のところにある。なんというか、のたうつ恐竜のような巨大な住居について語った本だ。サブタイトルに「魔窟で暮らす人々」とある。二〇〇四年発行の本だが、前書きに「ついに九龍城の取り壊しが始まった。香港では九龍城ははるか昔になくなったと思っている人が多いがそれは噂に過ぎず、九龍城はその壮絶な姿を保っていた」とある。

冒頭の九龍城全体を俯瞰する航空写真が凄い。平行四辺形、約二万七〇〇〇平方メートルの敷地に三五〇あまりの、そのひとつひとつが建ったまま崩壊したような高層建築物が巨大なひとつの固まりになっている。もし建物が腐敗するようなことがあるとしたらこれがそのひとつの見本といっていいだろう。

この本はここにまだ住み着いている人々とその生活に密着している。

「かなり珍しい無政府主義社会のモデルである。（中略）完全たる自給自足の孤立した狭い無法地帯に多くの人が押し込まれてきたが、彼らの胸にあったものは〝生きのびる〟ということだった」

とこの本は書いている。織物工場、玩具、菓子類、金属製品、あらゆる食料品が生産され、売春宿、アヘン窟、賭博場などが荒稼ぎし、香港での開業免許を持てなかった医師がおり、英国救世軍などが運営する学校や幼稚園、寺院や教会などもあった。

「精神的に強い人にとっては九龍城は良い場所だ」という一文もある。水は近くに約九〇メートルの深さに掘った井戸が七七本あってそこから得ていたが、すでに配管がめちゃくちゃになっているのであちこちで水が漏れていて、狭い通路のある場所では何時でも傘をささないと通れなかったりした。

巨大な建物全体が疲弊してあちこち様々な病気をかかえながら、その巨体ゆえになかなか死にきれない、というような印象をこの本全体からうけ、感動的ですらあった。

『フンデルトヴァッサー』(タッシェン・ジャパン) は簡単にいうとこれからの建物は地球や人間と一緒に生きているようにして存在すべきだという考えで屋上緑化の発想を早くから唱えていた前衛芸術家フンデルトヴァッサーの生涯の仕事を網羅した一冊である。絵画からその模型までつくれなかったものも多いが、実際につくられたものも沢山あり、それらは建造物が地球の自然の中にまた戻っていくような未来派の建物になっている。

主な作品に「聖バルバラ教会」「ドナウ運河のランドマーク」「緑のスロープと一体化した保育園」などがあり、未来の建築に鋭い指標を与えるものに「目の形の家」「多くの木と多くの人のためのテラスハウス」「穴の家」「緑のある見えなくて聞こえない高速道路」「高層牧草住宅地」などがある。

この本を読むと、家が世界中でまだまだとんでもなく変わっていく可能性がある、ということに気づき、もどかしさを沢山感じながらも大いなる発想の刺激をうける。

懐かしい未来

三度目のチベットの旅から帰ってきた。ラサから西にむかって一七〇〇キロのあたりにある神の山、カイラス巡礼の旅だ。

めざすはカイラス山を望む聖地ドルマラ五六六八メートル。平均四五〇〇メートルぐらいのところを行くルートである。

極限高地といわれているが、そんなところにもヒトは住んでいる。ヤク（高地順応した毛足の長い大型の牛）やヒツジを飼う遊牧民だ。

四年ぶりに同じルートを行っていろいろ考えるところがあった。遊牧民はたいていスパイダーテントと呼ばれる黒い布の大型のテントに暮らしている。強い風の吹くところなので、周囲に沢山の留め綱が張られている。綱の強度を調節するために棒が何本も綱の中間に斜めに立てられ、それによって曲がった綱が何本もの細い脚のようだ。遠くから見ると巨大な黒蜘蛛がうずくまっているように見える。スパイダーテントと呼ばれるゆえんだ。

このスパイダーテントの横に四年前には見ることのなかった太陽光を集めるソーラー発電盤が置かれていた。一つのテントの中に入れてもらうと、その発電エネルギーで小さな電球をつけラジオなどを聴いていた。

よく考えたら、雲表の国といわれるこういう高地こそソーラー発電に適しているからこの進化は当然予測されることだった。もっと驚いたのは場所によっては携帯電話も使えることで、携帯電話を持っているガイドなどはこの極限高地から自分のオフィスや外国などに電話していた。

電子機器の先鋭化では日本は世界のトップクラスにいるから、東京で暮らしていると、あらゆるところで最先端技術の恩恵にあずかれるのを実感するが、それは先鋭化したシステムについていけるヒトの話で、ぼくはとうのむかしについていけなくなっている。

携帯電話を持ってはいるがただ単にそれで通話することだけの機能しか使わず、メールというのをつい最近はじめたばかりで、おおこれは便利だ、と驚いていると、携帯電話には実はもっととてつもない便利な機能が沢山ついていて、それを使いこなすかどうかで同じ機械でもその利用価値にとんでもない差がある、ということを知った。それのもっとスケールの大きなのがパソコンによるインターネットであるというのは知っているが、ぼくはパソコンには近寄らないようにしているので、そのめくるめく超近代装置の恩恵とは無関係である。

いや、もうこれ以上便利で複雑なものはぼくにはいらないと思っている。そう考えていたらいま原稿を書いているワープロはその機械がもう作られていない、ということを知った。それに使われている原稿用紙ともいうべきフロッピーも何時まで生産してくれるかわからない、という。

それを聞いてVTRのことを思い出した。かつてベータ対VHS戦争というのがあって、ビデオ機器を買うなら規格が違って互換性のないこのふたつのシステムのどちらを選ぶか、ユーザーは大いに迷わされ、それでも最後は自分で考えて決断しなければならなかった。ぼくはベータを選びきれいに時代に取り残された。

しかしこのVTRもとうに時代遅れになり、今はDVD全盛となり、これはすごいものだ、と満足していると、もはやDVDの時代はすぎ、ブルーレイ・ディスクかHDDVDの時代だという。そのふたつの規格の違うシステムがかつてのVTR戦争と同じように目下ユーザーの選択熟慮の段階になっているという。

そんな話を聞くともうどうでもいいやあ、という気になる。映像の記録や再生はDVDでもう十分、と思っているからだが、しかしこれもワープロと同じようにもうすこしたつと再生の機械がなくなってしまい、その新しいブルーレイ・ディスクやHDDVDに手を広げておかないと、古い機械が壊れたらおわりということになっていくのだという。日本はとにかく慌ただしすぎるぞ。

『彼らが夢見た二〇〇〇年』（アンドリュー・ワット、長山靖生著、新潮社）は一九世紀に世界各国の人々が〝遠い輝かしき未来〟を夢見て予測した一〇〇年後の生活風景を集めたものだ。

一〇〇年前の彼らが夢見た生活には携帯電話やテレビ電話がしっかり描かれている。テレビの理屈すらわからない時代に予測した未来生活だから実は凄い。絵に描かれたテレビ電話は手鏡のようになっていて、画面はかなり大きい。別の人の描くテレビ電話は映画のような投射式になっていて、動く映像というとフィルムしか考えられなかった時代だから逆の説得力があり、時代背景の差が素直に出ていて面白い。

壁からできたての料理が出てくる装置。壁をとおりこして隣の部屋どころか遠く離れた部屋の中の様子も見えてしまう透視望遠鏡。お説教を効果的に聞かせる洗脳マシーン。撮った写真がその場で見られる魔法の写真術。テレビを見ながらその商品が買える夢のような双方向システム。飛行機械をつけて空を飛びながらプレーできるエアテニス。立体映像《ホログラフィ》伝達装置。簡易減量機。電動ローラースケート。エトセトラ。

壁からできたての料理が出てくる装置は未来予測物語によく出てくる夢の機械だが、日本の精密な宅配便と電子レンジを組み合わせればそれはもう実現しているとみていいだろう。壁を通す望遠鏡は、盗撮などに実用化されている電波発信式の小型テレビ装置や、街にこまかく配置されている監視カメラなどで、すでに完全実用化されている。洗脳マシーンは宗教団体による一連の狡猾なシステムや各種サブリミナル手法や薬品、サプリメントなどの組み合わせによってもう存在しているようだ。撮った写真をすぐ見られるのは、ポラロイドをとおりすぎてデジタルカメラで簡単に一般化している。テレビショッピングは全盛。電動ローラースケートもスケートボードにスタイルを変えてすでにある。

考えてみると我々のいるところは確かにもう立派に〝未来〟の世界なのである。

ここに書いてあってまだ発明されていないのはホログラフィと空中テニスと簡易減量機ぐらいだろうか。簡易減量機は公衆電話ぐらいの機械の一方の端から太った人が入るとまたたく間に痩せた人になって出てくる、という装置だから透明人間願望みたいなものでこれはなかなか難しそうだ。発想が単純な「夢」でしかなく、根拠がなにもないからだろう。

ホログラフィはSF映画ではしばしば見ている。それを作るための理論もできているらしい。要は作るに値する経済的設計の問題らしい。

空を飛びながらテニス、というのは実に楽しそうだが、一人で自由に空中を飛び回れるこの種の機械の実用化は、もう少し時間がかかるだろう。一九世紀の人々の夢の未来には、この空を飛ぶ簡易機械が沢山出てくる。

『ヴィクトリアンインベンション——十九世紀の発明家たち』（レオナルド・デ・フリーズ著、シグマ）は副題の通り一九世紀の発明家の机上プラン集だが、これには飛行自転車、怪球人間、足漕ぎ式飛行機、手回し足漕ぎ式自転車、人造蛾などが精密なイラストと共に紹介されていて楽しい。

『過去カラ来タ未来』（アイザック・アシモフ著、石ノ森章太郎監修、パーソナルメディア）はご存じSF作家の大御所アシモフが主に世界の未来想像画の絵ハガキから集めた「そうなったかも知れないいつかどこかの未来」の話を紹介している。

この中にも簡易飛行機が沢山登場し、空からヒラヒラ舞い降りる郵便配達飛行機や、空中から密輸や密猟などを見張る簡易監視飛行機、ハンティング用簡易飛行機、消防飛行機などが登場する。

これらの沢山の〝古い未来機械〟を見て思うのは、人間の発明してきた移動機械の中で、とりあえず自動車はスピードやその多角的能力においてもう究極のものになっているらしい、という確信である。そして昔の人から現代の人まで共通して夢見ているのが自動車飛行機らしい。自動車であるけれどあるときは空を飛べるという便利な乗り物。いかにも男なら誰でも夢見る乗り物である。

すでに何人もの発明家や技術者がこの自動車飛行機づくりに挑んでいる。

『世界の珍飛行機図鑑』(西村直紀著、グリーンアロー出版社)にアメリカのワシントン州に住むモルト・テイラーという人が、一九四九年にエアロカー社という製作販売会社を作って三機種を開発した顚末が紹介されている。写真で見るとまさしく普通のセダン型の乗用車に主翼と尾翼をつけたもので、普段は折り畳んだ翼をトレーラー式に牽《ひ》いて走り、飛行場に来ると組み立てて(所要時間約五分という)自動車と同じステアリング操作で飛行してしまうというホンモノなのであった。とはいえ殆ど個人会社のようなところが開発したこういう乗り物は高くてしょうがないんじゃないかと思うが、これもつまりはアメリカならではなのだろう。テイラー氏はこれを改良して最終的には日本のホンダCRをボディにホームビルト・キットとして一五万ドルで売りに出したがあまり反応はなく、今はその一機種がシアトルの航空博物館に展示してあるだけという。

自動車飛行機はSF映画『ブレードランナー』に出てきたような、空中からいきなり道路に着地し、いつでも簡単に垂直上昇し、翼を出して猛スピードで大空に舞っていくようなものでないと納得されないようだ。

昔の人が夢見た空を行く装置でもっとも人気なのは飛行船である。この巨大で緩やかな飛行物体は実に夢のある、今ふうにいえばスローライフを象徴するような乗り物であった。ヒンデンブルク号の壮絶な事故(一九三七年)がなかったらこの飛行船のテクノロジーはもっと歴史のある懐の深いものとなり、今の世界の空の風景はまるで違ったものになっていたような気がする。

多くの未来物語の本を読むと、この飛行船が空中を漂っていたり、都市のひときわ高いビルのてっぺんに係留されている絵などによく出会う。『欲望の未来』（永瀬唯著、水声社）を読んでこれが一九三一年、ニューヨークのエンパイア・ステート・ビルで実際におこなった飛行船の係留実験の風景からきているものらしいとわかった。飛行船が実用の大量輸送機械として期待されていた時代、世界の大都市にはそれぞれ目論見があって都市部におけるその発着の実験競争をしていたようである。

ニューヨークのそのケースは飛行船をビルのてっぺんに係留しようとしたときのアクシデントによって果たせなかった、とその本に書いてある。アクシデントは飛行船がバラスト（重し）にもちいる水を捨てて上昇しようとしたときにおこった。飛行船はそのバラストに河や海から簡単に補給できる水を使うことが多いという。すなわちそのとき大量の水がいきなり豪雨のようにビルの下の街に落ちたのである。

ニューヨークで一番高いビルに巨大な飛行船が係留され、わずかな風に巨体を揺すっている、などという状態こそ胸おどる未来の風景だったのだろうが、そんな夢の風景など簡単に破れてしまうものらしい。

この本には、もしハバタキ式の飛行機があったら都市摩天楼空港が成立し、欲望の未来の風景のひとつが完成していただろうに、と書いてあって煽情的である。

日本人も二〇世紀に入ると同時に一〇〇年後の未来を予測している。『百年前の二十世紀――明治・大正の未来予測』(横田順彌著、ちくまプリマーブックス)に明治三四年(一九〇一年)一月二日と三日に「二〇世紀の予言」として報知新聞に掲載された記事が全文紹介されている。これがなかなか鋭い予測で面白い。予測は全部で二三項目。こわいほどに当たっているのをあげると、

・無線電信および電話。無線は世界各国をつなぎ東京にいながらロンドンやニューヨークの友達と話をすることができる――一般的には電話そのものが魔法のようなものと考えられていた時代のこの予測は鋭い。
・長距離写真――電話以上に予測が難しい筈だった。
・七日間世界一周。
・暑寒知らず――まだ満足な扇風機もない頃にエアコンを予想している。
・写真電話――つまりテレビ電話のことである。
・買い物便法。写真電話により遠望距離にある品物を鑑定して売買契約をすると品物は地下の鉄管を通ってただちに届くというしかけ――これは半分あたり。地下の輸送鉄管というのはこの頃の発想によくあったが、どう考えても無理があった。

・電気の世界。薪、石炭ともになくなって電気の世界になる――これも大あたり。
・鉄道の速力。新型電車が発明され東京―神戸間を二時間半でつなぐ――東京―神戸間が二〇時間ほどもかかっていた頃の予測である。
・自動車の世。馬にかわって自動車の時代になる――大当たり！
反対に外れているもの、ちょっと実現がむずかしそうなもの――をあげていくと、
・野獣の滅亡。
・空中軍艦、空中砲台。
・蚊および蚤の滅亡――蚤はたしかに減ったが。
・暴風を防ぐ。
・人と獣の会話自由。
・幼稚園の廃止。
人と獣が会話できるようになる、という予測は何かの科学的な背景があるわけではなく面白そうなものを、というサービスがらみのハッタリだろう。なんらかの訓練や手術によってたとえば犬などと話ができる未来というのは楽しそうだ。もっとも犬や猫が喋りだしたら愚痴やチクリが多くてうるさくてたまらない、ということになるかも知れないが。

外国の一〇〇年予測も日本の一〇〇年予測もコンピューター登場にからむ項目が一つ

もない、ということに注目したい。コンピューターはそれほど革命的なもので唐突かつ影響力の巨大なものだったのだろう。

『失われた未来』（岡田斗司夫著、毎日新聞社）は世界が夢見た輝かしい未来への可能性がいかに頓挫してきたか、ということを項目ごとに語っていて寂しいものの、そのぶんクールで興味深い。

例えば「クロレラ」。一時期未来の人類の飢餓を救うものとしてかなり大きく取り上げられていたが、気がついてみれば遠い過去の大騒ぎということになっていた。

「リニアモーターカー」もそうだ。この夢の磁力列車によって北海道から九州まで二時間でつながる、などという話を胸おどる気持ちで聞いていたものだ。そしてそれは世界に先駆けて日本がまず開発実現させる筈であった。

本格的なリニアモーターカーの実現はドイツの技術支援のもとに敢行した中国が早かった。上海の浦東国際空港から上海の都心までの三〇キロを最高時速四三〇キロで走り、これを七分二〇秒で結んでいる。成田—東京間が六〇キロだから日本で実現していたらいま九〇分かかるところを一五分で走ってしまうことになる。

そういえば日本のリニアモーターカーの研究はどうしたのだろうと調べたら山梨県で四〇年前から実験しているのだった。多くの人が忘れてしまったなかでまだあと四〇年ぐらい実験が続くような気がする。

墓石の下から逃れるために

羽田空港から京浜急行に乗って品川のほうにやってくるとき、窓の左右にひっきりなしに墓場が現れる。この路線は何度も通っていたのに、しばらくはそのことに気がつかなかった。

あるとき、日本に初めてやってきた外国人と一緒だった。「あれは何か?」と聞く。

「墓である」

と答えると彼はびっくりした。驚いた理由は大きく三つあったようだ。

①墓が町と一体化している。

②それがいたるところにある。

③日本は世界で一番都市の地価が高いと聞いたが、墓を住宅より優先するのか。

町なかにたくさんの寺や墓を風景として持っているこの国に住んでいると、まったく気がつかないことであった。墓のむこうに高層ビルが林立している風景は、外国人の眼にはことさら異様に映ったらしい。

そのことがあってから、日本の墓に興味をもつようになった。

日本の墓は立派である。大きな有名な寺になると一区画ごとに石壁のしきりで家のように明確に分けられ、よく光る御影石に「何々家之墓」などとしっかり刻印されている。墓石の連なる全区画は日頃から管理者によってよく掃き清められており、墓参りに来た人は先祖代々の墓をさらに綺麗に掃除し、雑草を抜き取り、切り花を添え墓石に水をかけ線香をあげる。

日本人にはありふれた光景だけれど、この一般的な日本の墓場は世界でも稀なくらい派手に重厚で、外国人にはかなり奇異に映るらしい。

ぼくの家にときおりやってくる客の一人は、ネイティブアメリカン、シャイアン族と深い親交のある女性で、あるとき日本の墓参りを見て「雑草とはいえ墓にせっかく生えた命ある植物を抜き取ったあとに、切りとった花をなぜ添えるのか」という質問をしてきた。要は命の問題である。その質問には何も答えられなかった。

墓に先祖代々の骨を収め、永代供養するということはどういうことなのだろうか。

その回答を得られそうな本に出会った。

『「お墓」の誕生──死者祭祀の民俗誌』（岩田重則、岩波新書）。

にわか興味のにわか読書なので以下はほんの初歩的な理解だが、この本によって、土葬の時代には土葬された場所ではなく、遺体のない石塔に対してお参りをしており（理由は本書にくわしい）、これが日本の墓の特徴である。火葬時代にはいっても、現代のカロウト式（墓の下部に納骨する石窟がある）墓石では、カロウト内の遺骨に対してではなく石塔部分をお参りの対象にしている。

――まずこのことがぼくの次なる「疑問」になっていった。では、我々はいったい「何」にたいしてお参りしているのであろうか。

ここでぼくは世界の墓について、実際にわが目で見たものを含めて考えをめぐらせた。墓地を見たのはアメリカ、スコットランド、チリ、ベトナム、ロシア、モンゴル、ミャンマーなどである。旅が多いのでおそらくこれまでに一〇〇カ国ぐらい行っていると思うが、記憶にあるヨソの国の墓地の風景は案外少ない。

これはどういうことかというと、よその国は墓地が概ね街の外れにあり、都市部で見ることがきわめて少ない、ということがひとつあるようだ。

日本が土葬から火葬に移行した過程は『「お墓」の誕生』にくわしいが、土葬が野蛮だから火葬するようになった、という解釈は側面的で、それよりも狭い国土や墓地を管理する寺の規模の問題が大きくあるようだ。

土葬は一人一人で大きな面積を使うからそれができるのはよほど裕福な国か、土地のあいている途上国や辺境などに二分される。

前者の典型はアメリカで、墓地は都市からはずれた郊外の広い土地にあり、草の生えた大地にかなりゆったりと十字架が立てられている景観のものが多い。狭いニューヨークなどは都市部に古い墓地がときおりあるが、アメリカの殆どは郊外の自然の大地に広大なスケールの墓地があり、たいてい近くに豊富な緑がある。

裕福層のアメリカ人は土葬が主流で、重厚な柩ごと埋められる。これは映画などにもよく出てくるとおりだ。ただし最近のアメリカの葬儀は柩の中に沢山の防腐剤を置いたり遺体に注入したりするので、虫やバクテリアなどが活動できず、つまりはなかなか遺体が腐らないのでケミカルミイラ化の問題が起きているというのである。

この郊外土葬墓地のスタイルはヨーロッパも同じで、スウェーデンのストックホルム郊外にあるスコース・キュアゴーデンはユネスコの世界遺産に指定されているところだが、そこに火葬と土葬の墓地があって美しい林の中に大地からじかに小ぶりの墓石が立てられ、いかにも永遠の安らぎのなかにあるようで墓地そのものが美しい。

残虐な土葬(弔いはない)の典型例は映画『キリング・フィールド』で描かれたカンボジアのトゥール・スレン収容所近くの原野である。実際に見てきたが、ポル・ポトが虐殺した夥しい死骸がいまでも全部発掘されずに放置されていて、近くに頭蓋骨だけ大量に集めた巨大なモニュメントがある。

ポーランドの旧アウシュビッツ近くのビルケナウは、大量の虐殺死体を焼いたところだが、ぼくが行ったときはそこが池になっていていまだに白い骨片が浮いてきていた。

カンボジアの〝キリング・フィールド〟もこのビルケナウも現場に立つと「死者の大地」という独得の緊迫した空気感があって「墓がない死者」というものに思考が巡る。

そして「墓を作らない」というもうひとつの考え方を実践している国がけっこう多いことに気がつくのである。

『葬送の原点』（上山龍一、大洋出版社）は、エジプト、インド、イスラム、中国、パプアニューギニア、ゾロアスター教、アイヌなどの葬儀と墓について詳しく述べていて大いに参考になった。

ここでぼくが理解したのは、人間が死者を葬るということを始めたのは「再生への信仰」が基本にあったらしい、ということ。けれど古代社会の多くはそれができるのは権力者に集中し、モニュメントの役目も持った墓をつくり、そこに埋葬されるような人、つまり〝偉い人〟は埋葬の場所があるが、その他の庶民には墓というものがない、という思考文化や習俗をもった国が多かったこと――である。

では庶民はどう葬られたか。古代の一般葬は洞窟等に入れるか風葬（遺棄葬）であった。その時代の庶民の葬送では、再生への信仰のための儀式（しきたり）が重要で、死者の「死」を印として残す「墓」の存在意義は低かったようだ。

かつてぼくが世界各地の旅で偶然出会った葬儀の風景はどれも日本の葬儀とはほど遠いものであった。

インドやネパールではガンジス川へ水葬する儀式を見た。死者を粗末な御輿《みこし》のようなものにのせ、ガート（沐浴場）に斜めに安置し、足をガンジス川の流れにさらし、葬礼の専門家が一連の葬送の儀式をとりおこない、ガートのそばの木の櫓《やぐら》で火葬する。焼いた遺骨はそのままガンジス川に流す。けれどその多くは実際には骨になるまでは焼かず、かなりいいかげんな状態で川に流しているようであった。これは理解できる。日本の火葬場でも遺体を焼き場の釜に入れて、ガソリン系の燃料と電気やガスの助力を得て高温で燃焼するという相当に効率のいいシステムでも一時間以上かかるのだから、生木を組んだ櫓でじわじわ燃やしていても骨に至るまではとても焼ききれないだろう。

ミャンマーでは死者は住家の前の路上に安置し、一週間ほどそのままにしておく。死者が家に戻らないように、家族のものはそのあいだよその知人の家に退避している。

もの凄かったのはカンボジアの葬儀で、これはまだ暗い早朝から拡声器を使ったとてつもない音量の楽器と読経があたりに鳴り響き、まあその家から三〇〇メートル以内にいる者は確実に起こされる。たまたまぼくは葬儀のあった家の隣のホテルにいたので、暗いうちから叩き起こされた。外国人の宿泊客の多くがホテルのフロントに苦情を言っていたが、この国のしきたりなのでホテルとしては何もできない、という返事だった。この騒々しい葬儀の意味は、できるだけ大騒ぎをして悪霊がよりつかなくするためということであった。

モンゴルはかつて風葬が多かった。あるときぼくは馬で移動していたが、そのとき古い人骨を見た。野ざらしのあとだという。獣や虫によって自然腐食を委ねるという葬送の方式は多くの国で見られている。そしてモンゴル人は野ざらしならいいが、土葬は忌み嫌う、という風潮がある。土葬は伝染病、身障者、犯罪者などになされていた時代があったからだ。

ラオスの山岳民族は死者を山の中に組んだ高い櫓の上に安置し、鳥獣や腐敗にまかせて一年ぐらい後に骨だけになったとき初めて葬儀のしきたりをほどこす。これはモン族やアカ族の住んでいるエリアを旅したときに聞いた話だ。この方式も世界各地に多く、パプアニューギニアの高地民族や、先に紹介したシャイアン族もそれとよく似た葬送のやりかたである。

また沖縄の亀甲墓《きっこうばか》は、戦時中、アメリカ軍がトーチカと間違えして艦砲射撃したという話があるくらい立派に巨大で、これは女性の子宮をイメージした形であるという。死して再び子宮に戻っていく、という考えだ。だから土葬とは違って遺体はそのまま亀甲墓に安置され、一年かけて腐敗し骨になるのを待つ。やがてそれを親族が海水で洗う「洗骨」という儀式がむかしは普通にあったと、沖縄の人に聞いた。

沖縄には「シーミー祭」というのがあって、これは大和（内地）の「墓参り」と同じだが、大和の一般的な墓参と違って墓の前に一族が全員集まり、それぞれの家で作った御馳走を持ち寄り、一日かけて先祖の前で飲み食いし（先祖と一緒に）、それぞれの近況を先祖や一族に報告しあう、というなかなか実のある楽しい風習で、ぼくも一度沖縄の知り合いの一族の「シーミー祭」におじゃまさせてもらったことがある。僧侶の読経もなく、あくまでも子孫の人間が先祖を楽しく敬う、という精神に貫かれていてつくづく人間的で温かい風景だった。

チベットのカイラスは仏教、ボン教、ヒンドゥ教の聖山で、ここには二回ほど贋《にせ》の巡礼者となって長い旅をした。

自治区の都市、ラサから西に一二〇〇キロあり、平均高度四五〇〇メートル。カイラス巡礼は五八〇〇メートル地点まで行くから慣れないと外国人にはなかなかの苦行である。

ここにむかって沢山の巡礼者がさまざまな方法で拝礼の旅をしている。田舎から村ごとの一群は、トラックの荷台に四〇人ぐらい乗ってすさまじい悪路をやってくる。歩いてくる家族の巡礼者もいる。強烈なのは有名な五体投地拝礼の巡礼で、故郷を出てから五年経ったなどという人と実際に会ったことがある。

テレビのドキュメンタリーなどでよくこの五体投地の巡礼を撮影しているが、決まって厳しく苦しそうな顔や表情ばかりをとらえ、ことさら深刻そうに「彼らはなぜこのような苦しい巡礼の旅を続けるのであろうか」などとナレーションで語ったりしているが、実際に会う巡礼者はみんな満ち足りて嬉しそうな表情をしている。

五体投地拝礼のときは体が厳しいから自然に表情もそうなるが、カメラを向けられていると知ると、彼らもけっこうしたたかで、わざと厳しい辛そうな表情を作っている場合がかなりあるのだ。

その拝礼の方法が厳しければ厳しいほど御利益があると信じられているし、ここに来る巡礼者はみんな人生で一番来たかった夢と憧れの旅を実現しているのであるから、これほどシアワセなときはないのである。

トラックで村単位でやってくる巡礼団などはキャンプの夜にみんなで歌い踊り、さながら村単位のピクニックと運動会と花見をあわせたようなはしゃぎぶりである。

カイラスをひとめぐりするコルラは高山でもあるからぼくなどには辛く、通常は二泊三日で一回りするが、健脚な巡礼者はそこを一晩で回ってしまう。人生のなかで何回このコルラができるか、という大きな目標があるからだ。

この行程の途中何カ所かに鳥葬場がある。死者が横たわれる「まないた岩」というのがあって、そのまわりにいろとりどりの服や靴や髪の毛などが散乱している。服などは石に着せているのも多いから、遠くから見るとそこに沢山の人が集まっているように見える。コルラのルートはその鳥葬場の真ん中を通過していく。外国人がいきなり見るとすさまじいものがあるが、チベットの巡礼者にとってはやがて自分もこういう鳥葬場で葬られることを夢見て通過するらしい。

『天梯のくにチベットは今』（堀江義人、平凡社）に鳥葬（ここでは天葬と語っている）のありさまを現地の人から取材して、概要こう書いてある。

「死者には活仏の着用した衣服や髪、爪、便などをまぜた丸薬を口に含ませ、呪術師が死者の頭蓋骨の上に小さな穴をあける。ここから魂が円滑に抜けでられるようにするためだ。魂が尻の穴から出てしまうと餓鬼畜生におちて大変なことになる。故人の写真や遺品はすべて処分し、魂が肉体から抜けていくためのポアを施す。天葬は縁起のいい日に行われる。魂の抜け出た死者は単なるカラッポの体であり、したがってこれを鳥に与えるのに抵抗はない」

鳥葬の現場についての記述は古くは川喜田二郎の『チベット人 鳥葬の民』（角川書店）にあるが、ぼくの妻は学生の頃その本によって触発され、以来チベットに通いはじめた。ぼくがカイラスに行ったのも妻に連れられて、だった。

妻は通算して四年ほどチベットを旅しており、昨年はチベットの友人の鳥葬に参列してその鳥葬のすべてを目のあたりにしている。そのときの鳥葬の一部始終を聞いたが、土地によってしきたりに違いがあるようで、そこでは活仏の丸薬嚥下や頭に穴をあけるような儀式はなく、まないた岩の上の遺体は背中から切り裂かれ、内臓を出して病死の原因だった箇所の説明などがあったという。その段階ですでにまわりには禿鷹がひしめいていて、それを追い払いつつの準備が進み、その後きわめて淡々と禿鷹に死者がついばまれていくという。その死者はぼくのよく知る人でもあったので、葬送文化の異なる国の者にはいささか刺激の強すぎる内容ではあった。

魂の昇華したあとの肉体は「ぬけ殻」であり、それをほかの生き物に施す、というところに鳥葬の大きな意義があるようだ。そして生前の遺品を全部なくしてしまい、墓もつくらないというところにぼくは強く惹かれた。

『江戸の町は骨だらけ』（鈴木理生、ちくま学芸文庫）は痛快な本であった。

かつて江戸にはいたるところに寺があり、墓があった。とくに今の皇居の周辺に大きな寺が沢山あった。江戸開幕のおりに、なによりも急務だったのは夥しい数の家臣が江戸城のまわりに住むので、その人々の飲み水の確保であり、そのために現在の千鳥ヶ淵にダムを作り、貯水池にした。

そのおりに沢山の寺を移転させたのである。けれど当時の寺の移転は乱暴なもので、墓石もその下の埋葬された骨もぜんぶそのままにして、「うわもの」だけが余所の地に移っていったのである。

当時は田畑にならない貧しい土地や谷は「人捨て場」になり、それが江戸のあちこちにあった。甚だしいのは江戸の海岸や湿地帯の埋め立てを人骨をまぜた土砂でおこなった、という例である。また日本にもカラスなどによる（結果的な）鳥葬がいたるところであり、今でも烏や鳥などの地名が残っていたりするところはその可能性があるという。寺の「うわもの」だけが移転して、その下の夥しい人骨の上に新たな建物などが建設された。東京の都市伝説、ビルに出る幽霊や学校の怪談なども、こういう経緯を考えるとあながち幼稚な架空伝聞ともいえないのだろう、とこの筆者は書いている。

こうした分野の本をいろいろ読んでいて一番感動したのが『勝手に関西世界遺産』（朝日新聞社）に出ていた大阪、通天閣の近くにある浄土宗一心寺の「お骨仏《こつぼとけ》」であった。江戸末期にここは宗派の違いや檀家であるなしに関わりなくお参りができ、通常は年一回の施餓鬼法要を一年中行うことができる、という例外的に〝太っ腹〟な寺だったので、納骨する人が沢山あって遺骨が増え、それをコンパクトにまとめないと遺骨が溢れてしまうという事態になった。そこで沢山の遺骨を細かく砕いてパウダー状にして固め、骨だけで仏像を作ることを考え出した。十五万人から二十万人の骨で等身大の仏様が一体できる。戦前六体あったが空襲で焼失。それ以降また六体がつくられ二〇〇七年に新しい一体ができたばかりだ。新しいそれは一六万三千体の人骨で作られている。ぼくのところにその新仏像に父の遺骨が入っている、という人からの手紙が来た。仏像の形になっているので墓石などよりも親近感があり、わずかな費用で立派な阿弥陀さまにしてもらえ、賑やかな法要などもあるので本当に結構なことです、と書いてあった。

なるほど「お骨」も冷たい墓石の下の〝お参りもされていない〟カロウトに一人でひっそり納められているよりも、十五万人から二十万人という人々の骨と一緒に団結一体化し仏様のカタチになっているほうが嬉しいのではあるまいか。

今の墓石礼拝に疑問を持ったのは、年月を経た顔も知らないようなはるかなご先祖さまへのたぶんに儀礼的な墓参供養である。さらに永代供養などという墓参のシステムであった。

死者は日々にうとくなっていく。食べ物に「賞味期限」があるように、死者への墓参にも「追憶供養の有効期限」などというものを設けて、こういうお骨仏への道を作ったらいいのではないかと思った。狭い日本の土地の有効利用になる。

わが妻は死んだらすべての痕跡を絶つ鳥葬を望んでいるが、ぼくはお骨仏となって二十万人の骨々（思えば〝骨々〟なんてコトバないのだろうね）と団結していたい。高い金を払って寺の墓石の下に入っても、いつか寺の「うわもの」だけ越していってしまい、わが骨の上にパチンコ屋など建てられたらいやだもの。

石合戦

南米、ブラジルの湿原パンタナールを旅しているとき、ブッシュでいきなりオオアリクイと鉢合わせした。体が一メートルぐらい。ふさふさして体ぐらい太い尻尾がやはり一メートルほどもある巨大なやつなので、びっくりした。むこうもびっくりしたらしく方向をかえて逃げた。

めったに出会えない動物なので写真を撮ろうと、そのまま追った。毒蛇などとの遭遇があるからブッシュをいきなり駆け出すのは危険、ということも忘れて追いかけるほど魅力的な姿をした動物だった。

すぐにもっと深い茂みの奥に逃げ去ってしまったが、そのときオオアリクイの必死の走り方がちょっと変わった恰好なので気になり、日本に帰ってこの動物のことを詳しく調べた。

旅というのはこういう予想もしなかったものとの遭遇が、けっこう思いがけない刺激になったりするのが魅力のひとつだ。その出会いの興味から読んで知ったのはオオアリクイのナックル歩行というものだった。

オオアリクイはシロアリを専門に食っているが、シロアリの蟻塚は軽く三—四メートルにもなる巨大で堅牢なもので、しかもコンクリートで固めたような硬さである。オオアリクイはこれを前肢の爪で叩き割り、その隙間から丸くて細長い舌（五十センチもある！）をしゅるしゅる出し入れしてシロアリを舐めとる。その破壊道具は爪というよりも鋭利な斧に近く、襲ってくる動物などたちどころにこれでやられてしまうらしい。あのとき深追いしなくてよかった、とつくづく思ったものだ。そしてつまりオオアリクイは、この斧のような大きな爪があるために斧爪を上に、手の甲を下にして歩くナックル歩行でしか歩けないのである。

大きな斧のような爪を持たなくてナックル歩行をする動物はほかにもいろいろいて、たとえば猿などがしばしばこのスタイルで歩いている。どういう意味と理由があるのかなあ、などと思ってその真似をしてみたことがあるが、人間もけっこうその恰好で進むことができる。けれどこの四つ這い歩行は体や骨に負担がかかり、長時間は無理だ。ましてやそのスタイルで走ることなどはとてもできない。

このことのもっと深い意味を知ったのはそれからだいぶたって『飛び道具の人類史』（アルフレッド・W・クロスビー著、小沢千重子訳、紀伊國屋書店）を読んだときであった。

理解の発端をおとぎ話ふうに簡単に言うと「むかしどれも四肢あった生き物のうち、

鳥は前二肢を翼として使うことを選び、猿は四肢全部を同じ役割に、人間は二本の足で立って前二肢を別の方法につかうことにしました」ということになる。

人間とチンパンジーの遺伝子は九八・五パーセントまで同じ、ということが分かったのは比較的最近のことだった。それを知って多くの人間は正直な話「がっくり」きたんではあるまいか。

ぼくは「がっくり」きた。猿が人間の祖先とは知ってはいたが、そんなに近い存在であったとは、という驚きと、意味のはっきりしないある種の落胆であったような気がする。

ではその一・五パーセントの差とはいったいなんなのか？

誰もが抱く謎と疑問であろう。

『飛び道具……』を読んでいくと、さっきの選択の場で空中に掲げた我々人間のその二本の手が、今日の人間の文明、科学の道をひらいたわけであり、つまりはその二本の手が「一・五パーセント」だったのではないか、と理解できる。

人類の祖先はアフリカに生まれたという。その当時のアフリカは森林がひろがり、人類の祖先は樹上生活をしていた。やがてアフリカのジャングルは急速に衰退し、ブッシュ化した。そのとき人間の祖先は樹上生活から地上へ降りざるをえなくなり、二足歩行となった。

四足と二足では随分行動形態が違う。四肢を使って疾走できる動物から較べたら「竹馬に乗って歩くようなもの」（同書より）という心もとなさだったろう。けれど樹上生活をしなくなったことによって手の使いかたが大きく変わり、骨格や機能などが変化していって、かつて樹上生活をしていたときには重要だった手首の柔軟な関節の動きも必要としなくなった。その結果ナックル歩行をする必要もなくなった。

やがてその二足歩行という巨大なリスク（他の動物に襲われやすい）が、手のしなやかで繊細で複雑なあたらしい機能への可能性をひらいたのである。

およそ三五〇万年前にエチオピアの大地を歩いていた最古のヒト科アウストラロピテクスの化石の、足や骨盤、膝関節の構造を見ると、今のチンパンジーよりもより人間の歩行スタイルに近い、ということが分かっている。おそらくその段階で空中にある両手は歩くバランスに寄与し、手の指は自在に動き、かなり複雑な動きが可能だったのだろう。

この柔軟な手ができたから、人間はモノを投げることができるようになった。向かってくる外敵に対して石を投げて対抗することができるようになった。

「飛び道具」のはじまりである。

ヒトは槍を投げ、弓を射、鉄砲を撃ち、ロケットを飛ばし、やがて月にまでも到達したが、それによってこれまでに（今日までも）数えきれないほどの戦争を繰り返している。

カール・セーガンの『コスモス』は何度も繰り返して読んできた一冊だが、そこで語られる壮大な宇宙詩のような主題もさることながら、ぼくは人間の初期の頃の発展史を語っている部分がとくに好きだ。

ある章で、初期のオリンピックが、走る、飛ぶ、投げる、を基本として闘われたのは狩猟民族の基本がそれであったからだ、というところでいわゆる目からウロコがパラパラ落ちる気分を味わったものだ。

幼稚な話で恥ずかしいが、オリンピックで行われている「近代五種競技＝馬術、フェンシング、水泳、射撃、クロスカントリー」を見るたびに、射撃やフェンシングなどはまあなんとかわかるものの、あとの三種目はいったいどこが〝近代〟なんだ？　という疑問があった。

古代オリンピックの第一八回（紀元前七〇八年）の花形は「競走（短距離）、跳躍（幅跳び）、円盤投げ、槍投げ、レスリング」で、これらは結局すべて獲物をいかにして捕るか、ということの技量を競うものなのであった。なるほどそれに較べたら「射撃」などは近代中の近代なのだろう。

余談だが、世にある「お話」にはよく狩りの名人のおじいさん、などというのが出てくるが、あれはあくまでも「お話」の世界のことなんだな、と世界のあちこちの現場で知った。たとえば数年前にカナダのバフィン島の狩猟民一家とカリブー撃ちのキャンプ旅に同行したことがある。六〇代の長老から一四歳までの少年、全部で七人のイヌイットがいたが、現場でもっぱら鉄砲を撃ってカリブーを仕留めていたのは一四歳の少年だった。

夏のツンドラは氷が溶けて苔草が一面に生えている。表面はフカフカしたスポンジのようで歩きにくく、けっこう起伏がある。カリブーを発見するとそこを全速力で走って追うのだ。カリブーだって殺されたくないから必死で逃げる。射程距離まで追いついて、きちんと立て膝をして照準をあわせ、荒い呼吸をとめて、その一瞬を撃つのはよほどの体力と若い肺の機能がないと無理なのだ。老人にはできないな、ということがよくわかった。

投擲《とうてき》は狩りの基本だったろう。さきの『飛び道具……』には投石を狩りや戦闘に使っていた民族の事例が沢山出ているが、それらを読んでいてぼくが興奮したのは、パタゴニアの最南端近く、ティエラデルフエゴ諸島のネイティブ「フエゴ人」の投擲の記述があったことである。パタゴニアはぼくが世界で一番好きなところで、もう何度も行っているが、最初に行った年（一九八三年）にまさしくそのフエゴ島で、モンゴロイドの遺伝子とその容貌をもつヤーガン族の末裔に「石の猟」の話を聞いたことがあるからだ。

彼らの祖先は裸の生活をしており、冬のマゼラン海峡に潜り、魚や貝などを捕ってきた。寒いので陸では常に焚き火を燃やし、海から上がるとそれで暖まってグアナコ（南米のラクダ科の小型のもの）の毛皮で作った服をすぐにまとった。この衣服にするグアナコを捕るためにすぐれた投擲の技術が必要だった、ということをじかに聞いていたからだ。

ちなみにパタゴニアは「火の国」ともいう。それはこうしたヤーガン族やオーナー族などがあちこちで体を暖めるために火を囲んでいるのを、ヴィーグル号でマゼラン海峡をやってきたチャールズ・ダーウィンが見て、そう名づけたから、といわれている。

この本には、ほかにもアフリカ北西海岸のカナリア諸島の先住民グアンチェ族が「まるでクロスボウで射た太矢のように威力がある」投石力を持っている話や、一八世紀フランスの探検家コント・デ・ラ・ペルーズがポリネシアのサモア諸島のトゥトゥイラ島に上陸したとき、島の住民が最大一・四キロほどの石をマスケット銃と同等の威力で投げつけてきて一二人の乗組員が殺された話などを紹介している。

おそらくこの時代には、こんなふうに世界中に投擲のうまい人々がいたのだろう。

現代でもアフリカのマサイ族が石と石を紐で結んだ狩猟道具を携えて行くのを、ブッシュで実際に見たことがある。彼らは規制があって銃を使えない(使わない)から、いまだに槍が必携だが、小さくて足の早い小動物を捕まえるときはこの石と紐の捕獲道具が有効だという。

これも日本に帰って探した本で知ったのだが、紐を使って石を投げる方法は、中石器時代(紀元前一万二〇〇〇—五〇〇〇年)あたりから世界中で行われたもっとも古い投げる殺戮道具で、スリング(投石紐)と呼ばれた。

その形態はマサイ族の持っていたのとは少し違って、皮で作られた大きな眼帯のような形をしている。中央のややふくらんだ皮のところに石をくるみ、左右についている紐でそれを振り回し、勢いがついたところで紐の片方を放すと、石はしばしば時速一〇〇キロぐらいの初速で飛んでいくという。それは動物や人を倒すのに十分な殺傷力を持っていたようだ。

狩猟道具と古代の戦争道具は紙一重で、まあその頃の部族同士のこぜりあいなどではこのスリングがいちばんの「恐ろしい飛び道具」となっていたのだろう。

『武器と防具 西洋編』(市川定春著、新紀元社)に「この武器はオーストラリア大陸を除く全ての大陸で用いられ」、「旧約聖書に登場するダビデとゴリアテの戦いにもその存在を知ることができ」るとある。

戦争は常により大きな破壊力を持つものの追求を連続していくから、この石投げ道具もたちまち巨大化していき、個人が扱う道具から数人でシステム的に作動させるものまでが登場する。

『武器事典』（市川定春著、新紀元社）に出ているものでもっとも古いのは、古代ギリシャ時代に使われた「オナガー」と呼ばれる投石機である。台車に固定されたしっかりした大型のもので、長い紐や髪の毛を捩《よじ》ってその反発力が投擲アームを作動させる仕組みになっている。小型と大型があり、五キロから一五キロの重さの石を遠くに飛ばし、それは主に城壁を破る目的で使ったようだ。

この「オナガー」をもっと一般的にして精度と破壊力を高めたものが「カタパルト」と呼ばれるもので、仕組みはオナガーと大体同じ。中世ヨーロッパの主要大型武器となっていたようだ。

『戦略戦術兵器事典 中国古代編』（学習研究社）に出てくる「旋風砲」は巨大なテコを応用した投石機で、全体の形はとてつもなく巨大な天秤に似ている。テコの応用だから当然そうなるのだが、発射の仕組みは短いアームの端に長さ一〇メートルから一五メートルぐらいの太い麻紐が四〇本ほど括りつけられていてこれを最低一人一本摑み、四〇人から五〇人ぐらいで一斉にひっぱると、支柱のむこうの長いアームが回転、その先端に仕掛けてある石が標的にむかって飛んでいく、という単純ながら力強い仕組みである。

この武器の簡略図がさきの『武器事典』にも出ている。どのくらいの石を飛ばしたのかここには書いていないが、さっきのオナガーやカタパルトから類推すると、少なくとも一〇〇キロクラスの大石（というかむしろ岩）が、グオーンなどという音をたてて飛んでいったのであろう。

戦争の話ではあるけれど、このくらいの時代の「石合戦」となると、悲惨、などというよりもいっそ痛快な感じもする。

こんな岩が飛んでくるのは恐ろしいだろうが、一〇〇キロの岩がテコの応用で飛んでくるのだから、けっこう人間はひょいひょいと逃げられたような気がする。

やがて効果的な破壊武器は投石機にかわって連発式の弩《ど》（弓）になる。強力な機械式弓発射機とでもいおうか。これは古代中国の戦闘にはかならず出てくるもので、弓の機関銃のような連弩《れんど》が有名だ。

投石機にはそういう連発式の発明はないが、船に積んで、後年、戦艦の大砲の先例のようになるものが紀元前二七〇年にギリシャで誕生している。

『事典 古代の発明』（ピーター・ジェームズ、ニック・ソープ著、矢島文夫監訳、東洋書林）によると、シチリア島のシュラクサイのヒエロン王が建造したシュラクサイ号は、木造ながら貨物船と戦艦をあわせたような巨大船で、一八〇〇トンまで貨物を載せることができたというからおそろしくスケールが大きい。戦闘員は二〇〇人で、ヒエロン王の軍師だったあのアルキメデスが設計した投石機が甲板に据えてあった。

資料によると重さ一七三ポンド（七八キロ）の石を二〇〇ヤード（一八二メートル）まで飛ばすことができたという。これだけのものが命中すると、木造船の時代であるから敵船は相当に破壊し、沈没の危険も大きかっただろう。ちなみにこのシュラクサイ号は当時の普通の大きさの木造船六〇隻ぶんぐらいの丸太を使ってつくられたというから、紀元前の「戦艦大和」のようなものだったのだろう。

二〇〇七年に出版された本でぼくがもっとも嬉しかったのは『ダ・ヴィンチ 天才の仕事』（ドメニコ・ロレンツァ他著、松井貴子訳、二見書房）だった。ダ・ヴィンチの本は沢山出されているが、本書はこれまであまり紹介されていないものも含めてダ・ヴィンチのワンダーランドを系統的に網羅している。魅力的なのはCGを使って非常にわかりやすくその数々の興味深い発明を図解、説明していることで、CGをグラフィックに使うとこんなにダイナミックにその仕組みが見えてくるのかと驚いた。

ここにダ・ヴィンチの「カタパルト」が出ている。一四八五―九〇年頃に作成された手稿（ダ・ヴィンチの手がき原稿の多くは鏡文字）がもとになっている。

動力は円形になった数枚の板バネで、かなり長大な投擲板をクランクで回してラチェット（つめ車）を使って固定する。照準が決まると引き金のようなものでこれをタイミングよく発射させるようである、精悍で見るからに強力そうで、もし世界の大型武器が石の投擲だけで終わっていたら、これが世界でもっとも優れた最終兵器になっていただろう。

もうひとつ、おまけの話。アメリカの写真集『(un) FASHION』(かっこわるい)には日本代表として機動隊の写真が出ている。かれらが投石よけにもっている楯の列が、現代のアメリカ人の眼から見るときわめて不思議なものに見えたのだろう。

地球の壊し方

北京オリンピックのときに『ザ・ロード』（コーマック・マッカーシー、早川書房）を読んでいた。ピュリッツァー賞作家による全米ベストセラーという帯の惹句にフラフラしたから、というのはつけたりで、この本は内容を早くから出版社から聞いていて待ちのぞんでいたのだった。

SFのジャンルでいう「地球および人類破滅もの」である。物語はすでに破滅していて荒廃のかぎりをつくしたようなアメリカのある地方都市を父親と小学生ぐらいの少年が南を目指して旅をしているところからはじまる。二人はスーパーにあるカートに毛布や当座の食料、簡単な生活道具などを積んでいる。古いものらしくカートの車軸がもう相当に傷んでいる。

現代のアメリカの町を歩くとホームレスの大半はこのスーパーのカートを押して歩いているから、二人のその姿はかなり明確に目に浮かぶ。

世界はなんらかのとてつもない異変がおきて（書いてはいないがたぶん核戦争）、太陽は厚い雲に覆われてまったく顔を出さず、日ごとに温度が下がっている。樹木は全て死んでおり、あたりには雪のように埃が積もっている。ここよりも少しは暖かいだろうと親子は南を目指しているのである。

ところどころに生き残った人がわずかにいて、その人々による食料を求める略奪で商店はもちろん、無人の住居、オフィスビルなどの荒廃がすさまじい。二人はときおり思いがけないところでまだ略奪の手から逃れていたシェルター型の地下室や、傾いたヨットなどからそこそこの食べ物を得る。けれどそれを狙う、悪鬼と化した、人肉まで食い漁る狂った集団に襲われたりする。それらをなんとか切り抜け、二人はどこまでも絶望的な旅を続けていく。ストーリーは単純で、その設定に日本の劇画「子連れ狼」がチラホラするのではないかと翻訳前からすでにネット批判などもあったそうだが、そんなのはたいした問題ではない。

おさえ込んだ淡々とした文章と親子の会話は「人として生きていくこと」の大切さでつらぬかれる。読むのは辛いけれど本質的な部分でキリキリ感情移入させられていく。数々の苦難を乗り越え、息子を守ってきた父親は次第に歩けなくなってきている。でもひたすら続く南下の旅。その折々に疲れ切った息子に父親は言う。

「わたしたちは火を運んでいるのだ」

と。息子はそれを信じ、それが次の世代への精神の力、理性の力、命の火の力だ、ということをじわじわ理解していく。

こういう本を読みながらその一方で北京オリンピックの、ナショナリズムむきだしの聖火リレー、猛烈な中華思想のバクハツするあざといような開会式の政治ショーを見せられていた。しかも開会式の日を晴天にするために、周辺の雨雲にそれらを化学的に粉砕するヨウカギンの炸裂するミサイルを何発も撃ち込んでいる、という情報も流れていた。


SFに地球破滅ものは多い。

なかでも核戦争ものがむかしは一番多かった。『勝利』（フィリップ・ワイリー）は一九七×年七月、多民族国家ユーゴスラビアが舞台だった。当時の指導者チトーなきあと、この国の主導権をめぐって米・ソの交渉がついに決裂。ソ連の最初のICBMが黒い夥しい群となってアメリカ本土を襲う、という場面からはじまる。

この小説は六〇年代に出されたので、小説ながら「そうか今はユーゴが危険なんだな」とかなり不安な思いで読んでいたものだ。話はニューヨークに作られていた完璧なシェルターの中で、二年間の耐乏生活を続けていた主人公たちが、地上に出て幾多の苦難を体験する。そして同じように難を逃れたわずかな数のオーストラリアやニュージーランドの人々と小さな即席国家を作って生き続けようとする——ささやかな灯明を見せて終わる。

この本が出た時代は、米・ソが核武装に邁進していて、いつどんなきっかけで核戦争が勃発するかわからない、といわれていた。オッペンハイマーのいう「ひとつの瓶の中の二匹のサソリ論」（互いに相手を倒す能力は持っているがそれには自分の命を賭けなければならない）が現実のものとして警戒されていた頃だ。

地球を破滅させる世界全面戦争にはならなかったものの、ユーゴスラビアは結果的に長く複雑な戦火にまみれ、不幸に分裂していった。そういう意味ではSFはときにシビアに未来を見つめる文学ジャンルだ。

この逆に予測めいた小説にはならなかったが、一九六二年一〇月に一三日間続いたキューバ危機は、小説を越える緊迫ドラマの過程で世界戦争一触即発の状態だったと後に私たちは知るようになる。ひとつ間違えていたら私たちの知らない間に核戦争が本当に起きていたのだ。

映画にもなった『渚にて』（ネヴィル・シュート）は、世界核戦争の放射能が偏西風に乗ってまもなく襲ってくるオーストラリアが舞台だった。死の灰の到来を待つ海辺の描写がヘンにリアルで美しくそして怖い小説だった。

『最終戦争の目撃者』（アルフレッド・コッペル）、『レベル・セブン』（モルディカイ・ロシュワルト)、『コマンダー1』(ピーター・ジョージ)、『フェイル・セイフ』(バーディック・ウィラー)、『第六列』(ロバート・A・ハインライン)、『生き残る』(リチャード・フォスター)。
(今回紹介する本は古いものが多く、欲しくても殆ど古書マーケットでしか手に入らないと思うので出版社名は割愛する。早川書房と創元文庫が多い。比較的新しい本は出版社を明記しておきます。)

これら核による最終戦争ものは、いずれも二四時間もたたないうちに世界は破滅してしまうから、話の展開はとにかく慌ただしく、ストーリーも画一的になってしまうのが辛いところだった。

この種のテーマでもっと恐怖するのは、核戦争が引き金になって思いがけない別の異変がおきて、それによって人類がじわじわ着実に絶滅方向にむかう、という筋だてだ。
『海が消えた時』(チャールズ・エリック・メイン)は、原水爆実験を海底でやりすぎて海底の地殻に亀裂ができ、海水がその隙間に全て流れ込んでしまう、という設定。海水の消滅は地殻変動を誘発して地球はいたるところで激しい地震に襲われ世界は急速に破滅していくのだ。いわば二次災害。

あのでっかい海の水がそんなに簡単に地球の中に流入できるのかな、と疑問を持ったが、地球の上の水は思ったよりも少なく、ココロ細い存在なんだ、とその後読んだ『地球がもし一〇〇cmの球だったら』(永井智哉、世界文化社)で厳しく認識した。

そうなのである。もし地球が直径一〇〇センチの球とすると、海水、淡水合わせた地球上の水は六六〇cc程度しかない。ビールの大瓶一本の量にすぎないのだ。

北京オリンピック開催中にもう一冊読んだのが『水の未来』（フレッド・ピアス、日経BP社）だった。サブタイトルに「世界の川が干上がるとき」とあるように、この本は徹底して、水量減少、水質悪化の世界の川の実例をあげていく。

流域三〇〇〇キロのリオ・グランデ川はもう河口まで水がこなくなっている。インダス川、ヨルダン川、コロラド川も終末的な危機にある。世界の大河の殆どが、人間のしわざで深く病んでいる、ということがよくわかってくる。

日本には三万五〇〇〇本の国有の川があるし（世界の大河の多くは各国をまたぐ国際河川）、それらはまだちゃんと流れていて、雨期には循環的な水の大量補給が自然になされているから、世界的な水危機に鈍感である。

中国の川はモラルの問題でもともとゴミ捨てのための流路、という経緯があった。近年すでに黄河がゴミの堆積で河口まで流れなくなってしまったことが何度もあった。北陸の漁師が苦しめられている最近突然大量発生した巨大で面妖なるエチゼンクラゲも、その発生場所などから揚子江の蛋白ケミカル汚染が原因ではないかと言われている。そういう意味では中国の大河が自身でせき止められるというのは、日本海に汚染された水が流れてこないから我々にとってはありがたい。

ふと『燃える世界』（J・G・バラード）のことを思いだし、改めてパラパラやると、これは世界的な河川の汚染から突然変異の重合体（ポリマー）が発生し、世界中の海がびっしりこのポリマーの皮膜で覆われて水蒸気が出なくなっていく、というあらすじだった。

地球の水循環システムは、人間が思っている以上に繊細らしいのだ。人々は後退していく海岸線に集まり、蒸留装置で淡水を得ようとするが海の衰退のいきおいには追いつかない。

同じ作者バラードはその反対のシチュエーションで『沈んだ世界』を書いている。地球上空を覆うヴァン・アレン帯と電離層が太陽面の猛烈な嵐によって変異し、地球は太陽の放射線をまともに受けるようになる。そのため一年に一、二度ずつ平均気温が上昇、極冠は無くなって地球上の氷はすべて溶け、世界が水没していく、という話だ。思えば地球の温度変化による海面上昇はすでにそのきざしがおきている。バラードの想定した終末世界はこれからいよいよリアルになっていくのかもしれないのだ。

『雨やみぬ』（ジョン・ボウエン）は人工的に雨を降らす実験をしているとそれをきっかけに豪雨がやまなくなって世界が水没する。かなり乱暴な話だけれど今の中国に読ませたい小説だ。

『狂った雪』（リチャード・ホールデン）も同じく人工降雪に使われていた氷を作る触媒が

暴走し、触れる物質の水分をとにかく片っ端から吸収して雪に変えていき、地球全部を雪だらけにしてしまう、というなかなか強引な話だった。

『草の死』（ジョン・クリストファー）は中国で突然発生した草ばかりを枯らしてしまうウイルスによって世界の植物が消滅し、草を食べられなくなった地球の生命が連鎖的に滅亡していくという話だった。どうも物語とはいえ「地球の死」にあちこち中国がからんでくるのが気になる。

読みたくても手に入らなかった『考える以上に緑』（ウォード・ムーア）は、ある科学者が草に与える新しい肥料を開発する。これは植物の成長を止まらなくさせる、という問題のある肥料で、やがて世界は草だらけになって人類滅亡の道を歩む、というストーリーらしい。もう相当前の本なので手に入らないのだが、読者のどなたかこの本を知っている人がいたら、どうかご一報を。

『グレイベアド』（ブライアン・W・オールディス）は核戦争による放射能の影響で世界中の女性が子供を産めなくなるという悲劇を描いている。子供が産めなくなればじわじわと世界が衰退していく。人々は厚化粧したり子供が誕生したとの噂が流れたりの悲惨な灰色世界にもがいていく。

細菌戦争による終末世界の物語も沢山ある。使われる細菌も二八グラムで一億八〇〇

○万人を殺せるというボツリヌス菌から肺ペスト、黄熱病、デング熱、鼻疽菌などがあり、使い方によってはこれらで世界は簡単に滅びてしまう。

『長く大いなる沈黙』（ウィルソン・タッカー）はアメリカ国内での細菌戦争を描いたもの。二度も映画化された『復活の日』（小松左京）はこの細菌兵器が事故で漏洩し世界がじわじわ滅びていく話だった。南極などの無菌地帯にいた人々と原子力潜水艦の乗務員だけが生き残った。

『大地は永遠に』（ジョージ・R・スチュワート）は終末もののなかでぼくの一番好きな作品だが、主人公が山でガラガラ蛇に噛まれる。その毒と山中で一晩たたかってなんとか生還すると、細菌によって世界は一夜にして崩壊していた。彼が生き残ったのは、ガラガラ蛇の毒の抗体がうまく作用したためらしい。なんらかの偶発的な理由で主人公のように生き残った人が少しずついて、物語は青年だった主人公が何も無くなってしまった地球文明の残滓の中から人類の未来に歩みだし、ささやかなコミューンづくりを手がけていく過程を描いて感動的である。この長いストーリーには主人公がある時手にしたハンマーがかつて繁栄した地球文明のある象徴のようにして何度も出てくる。ハンマーのひと振りがある時は力強くある時は哀しい「道具＝文明」として描かれ、感動的である。

地球の上の生命の源、太陽も一〇〇パーセント信用できるわけではない。

傑作短編『大当たりの年』（ロバート・A・ハインライン）は、ある物好きな学者がこのところ急に目につくようになった世界中のばかげた小さな出来事に注目しデータを集めているところから話がはじまる。例えば地球の向きを変えて北極地方を暖かくするという新案特許の申請、金魚飲みの流行、新記録を狙うマラソンダンサーの続出、路上で急にストリップをする女性などなど、そういう奇妙な出来事をすっかり集め、指標にしていくと、ある時点でそれらがそっくり大きなピークに到達する、ということに気がつく。そうしてその時点で太陽に地球から見えるような大きな黒点が登場するのだ。

地球の上の生命はあんがい脆弱で、この太陽のちょっとしたきまぐれで思いもかけないコトがおきて簡単に壊れてしまう。

『脳波』（ポール・アンダースン）は、太陽光線が変質し、地球にいる生物の頭脳をみんな飛躍的に向上させてしまう。いいなあ、そういう光線が来ないかなあ、と読んだときに思ったが、自分だけでなく全生物のアタマがよくなってしまうのだから、いいのか悪いのか見当がつかない。

たとえばウサギが自分で罠をはずしてしまう。養豚場のブタは自分がなんのためにここに飼われているか、ということを理解し、集団で脱走する。一〇歳の子供が微積分を完全に理解し、チンパンジーが文字を読んで人との会話ができるようになる。一見ユートピアのようだが、世界の生き物全部が賢くなるとやはり人類は破滅するのである。

『太陽自殺』（エドマンド・クーパー）もやはり太陽光線が変化して、あるときから人々は競って自殺するようになる。生き残ったのは狂信者、誇大妄想狂、殺人狂といった人たちばかりで、これでは生き残りたくないな、と思ってしまう。こういう状況になるとやはりたちまち文明は滅びてしまうのだ。

『狂ったエデン』（キーンとプラインの共著）も太陽光線からの奇妙な影響で女性ばかりが死滅してしまうという話だ。これは未読なのでどういう展開になっているのかわからない。いやだなあ、そんな地球、と思って読まずにいたのだが、邪険にしたからなのか、この本はどこかにいってしまった。

太陽が怪しげな光線を出す、という設定はややずるいところがあるが、まあしかし何十億年もおおむね地球上の生命を育て支える光線を出していたのだから退屈になってそろそろ何かイタズラしてやろうか、という太陽の気持ちはわかる（——わけないか）。『巨眼』（マックス・エールリッヒ）は太陽系相互の力関係が狂って名も知らぬ星が地球に衝突してくる、という思いきりでっかい話で、地球はすでに同じ構図で過去に恐竜絶滅の被害を受けているから実際にそれが起きる可能性は、太陽光線が「アタマよくなる光線」を出す確率より高いように思う。

映画などではこの迫りくる危険なアウトロー星をキャッチして人間がロケットで先回りしてその星に乗り込み、星の中に原爆をしかけて宇宙空間で爆破させてしまう、などというお気楽な話がまじめに作られていたりするが、突進してくる機関車にむかって自転車を走らせ、飛び乗ってしまう、というようなものだからこの作戦はかなり難しいと思うのだが。

『活字たんけん隊』あとがき

以前、小中学生のまえで『本の力、本の夢』という演題で一時間ほど話をしたことがある。たしか読書週間のときだった。

ぼくは、まず自分が一番最初に感銘をうけた本の話をした。小学校六年のときに読んだ『さまよえる湖』（スウェン・ヘディン）と『十五少年漂流記』（ジュール・ヴェルヌ）である。ノンフィクションとフィクションという大きな差はあったが、自分の人生にかかわってくる、という意味では同じ「力」を持っていた。

両方ともたいへん面白く、それがきっかけになって、以来たくさんの本を読むようになっていった。そして結果的にいうと、ぼくはその両方の場所に実際に行ってしまった。前者は一九八八年に「日中共同楼蘭探検隊」の一員として、さまよえる湖である干上がったロプ・ノールへ。小説である『十五少年漂流記』はヴェルヌがそのモデルの島としたマゼラン海峡のハノーバー島へその気配を確かめに。

そして、結果的に、ぼくはSFも含めた小説家の仕事をするようになっていった。

ぼくにとっての「本の力」は「本からの夢」に確実につながっていった。

沢山の本を読んできた。作家の仕事をするようになったのは、その読書の蓄積と、それに感化されたやみくもなわが好奇に満ちみちたドタバタ的行動力ではないか、と自分では考えている。

そういう本にからむ思いや体験についての話を岩波書店の『図書』に連載するようになり、最初の新書にまとまったのが、『活字のサーカス——面白本大追跡』だった。一九八七年のことで、楼蘭探検隊にいく前年だった。以降『活字博物誌』(一九九八年)、『活字の海に寝ころんで』(二〇〇三年)と続き、本書にいたる。

ぼくのなかではこれは「わが活字四部作」となった。実際には「活字」はイコール「本」のことであるけれど、長きにわたって書いてきているうちに世の中には「活字ばなれ」などということが言われたり、伝統ある論壇誌がどんどん消えていったり、電車のなかで本を読んでいる人の姿をあまり見なくなったりと、活字(本)をめぐる環境は大きく変わってきたようだ。

本好きのぼくとしては信じられない思いだけれど、そうなるとますます『本の力、本の夢』は意味を深め、その可能性を高めていくのではないか、と思っている。

岩波新書で、本にからむ本を四冊も上梓することができて、ぼくの読書人生はしあわせでありました。

文庫版あとがき　ぼくにとっては無駄と謎の空間

この『活字のサーカス』上・下刊はぼくのある時期の読書ノートです。どのくらいの期間かというと、子供の頃からオトナのカケラぐらいのあたり、ということになるでしょうか。なんだあんたの全人生じゃないか、というヒトがいるでしょうが、きっとそうなのだろうな、と思うのでうなずいています。

子供の頃から「なんでだろう?」と、興味を持ったとき、条件反射のように本にむかっていた人生でした。

疑問を持ってぶつけると、本はいろんな答えを待って向きあってくれます。

これはひとつの例。

子供の頃、ロビンソー・クルーソーやガリバーを読んで「島」とか「船乗り」の世界に興味とあこがれを持っていろんな関連本を読み、子供の頃はまあそれで満足していました。

やがて自分が小説のようなものを書くようになって『ガリバー旅行記』を改めて読み、子供時代に読んだときよりもはるかに巨大な疑問や謎が排出してくるのに弱りました。

たとえば声の伝播姓の問題です。ガリバーとリリパット人ではそのまま会話することは相当に難しい。右翼の外宣車の巨大なスピーカーの前に座って会話することを考えたら、夜食の希望を聞くのだって（向かいあうための）建築物の設計や音波調整などを必要とするような気がしたのです。

同一条件のもとで極端に大きさの異なる生命体の交流の圧倒的な困難、というものを解決しないと前に進めない。理屈の上だけでもそういうようなことをちゃんと書いていかないと、「おはなし」に進めないという問題が出てきて、「ガリバーを子供の視点から見るとどうなるのか」ということを記述するためには、ほかの専門書を何冊も読まなければならないことに気がついたのです。

本書の基幹はそういう問題が多くなったことでできています。

漫然とした興味として考えると、島に誰もヒトが住んでいない、ということは子供にとってクラクラするような絶望と希望の両極の世界です。本能にもとづいてなんとかやってみっか、という原始サバイバル能力というものにもコーフンしました。

食料は「魚」が頭のなかに浮かびあがります。その島に川があれば、そこで見つけられるでしょう。川のそばを歩いていけばまあたいてい海にぶつかる。魚は川と海では違う種類になります。

「どうしてなのだろう」

島に対する知識欲は無意識のうちに淡水と海水の生命条件の違いにふりむけられてい

きます。川と海の魚の違いはどこから出てくるのだろうか。そういうコトをチラっと考え、謎の方向に思考がむくだけならまあいいのですが、すぐに脳の許容範囲を超え、論旨がぶっこわれて崩壊したバラバラ物件となります。判断能力もなくなり、「まあいいか、どうだって」と、結果的にいろんな本を乱雑に探しては読んでいくようになりました。

少年はかなり早いうちから「生命」のめくるめく謎の世界に鼻をツッコみ、やがて数十年後には「科学者」の思考するめくるめく生命世界の端著に片足を踏み出していたかもしれなかったのです。

でもぼくはすぐに「わかんねー」といって放りなげてきました。さらに「わかんねー」といいつつ今日までそのまま、ただもういろんな本を読み進めてきただけのような気がします。その先と背後には思いがけないくらい膨大な興味と恐怖と謎の世界が理解されないまま虚しくひろがっている筈です。

「わかんね少年」は「わかんね空間」に足を踏み出し、やがて力尽きてそこらの海岸にたおれ、空腹のまま夜空を見あげておりました。

少年はあたりの空気をゆるがすような夥しい数の星の世界のなかで「これらはいつこんなに沢山出てきたのだろうか」という疑問にゆり動かされます。うちに帰ったら星について書いてある本を見つけて読みたい、と思います。

家に帰って、まだそのことを運よく覚えていて、あの夜空を思いだし「星座」という概念につきあたり、混乱する幼稚な頭の中で自分がそのとき一番興味があったブタの丸焼きの図形を星と星をつなぐ線で描けたとしたら……。

それからめくるめく宇宙生物学の世界に知らずに歩みだしていたかもしれない。あるいは宇宙科学の道に、あるいは宗教家の道にも触れていく端著を得たかもしれないと思うのです。

それでも結局やっぱり「なーんもわからん。しかしハラ減った」と思うだけのぼくのようなものは、ただもう沢山の本を読んで無意識のうちに夜空いっぱい生ビールジョッキの図形を描いただけでした。でもそれとて本を追求していなかったらいきつかない「贅沢な夜空の幸福」だったかもしれない、と思ったりするのですが。

椎名　誠

——本書のプロフィール——

本書は、二〇〇三年七月に刊行された『活字の海に寝ころんで』と、二〇一〇年一月に刊行された『活字たんけん隊——めざせ、面白本の大海』（ともに岩波新書）を文庫化したものです。

小学館文庫

活字《かつじ》のサーカス　下

著者　椎名《しいな》誠《まこと》

二〇二四年七月十日　初版第一刷発行

発行人　三井直也
発行所　株式会社　小学館
〒一〇一-八〇〇一
東京都千代田区一ツ橋二-三-一
電話　編集〇三-三二三〇-五九六一
販売〇三-五二八一-三五五五
印刷所 ――― 中央精版印刷株式会社

造本には十分注意しておりますが、印刷、製本など製造上の不備がございましたら「制作局コールセンター」（フリーダイヤル〇一二〇-三三六-三四〇）にご連絡ください。

（電話受付は、土・日・祝休日を除く九時三〇分～一七時三〇分）

本書の無断での複写（コピー）、上演、放送等の二次利用、翻案等は、著作権法上の例外を除き禁じられています。本書の電子データ化などの無断複製は著作権法上の例外を除き禁じられています。代行業者等の第三者による本書の電子的複製も認められておりません。

この文庫の詳しい内容はインターネットで24時間ご覧になれます。
小学館公式ホームページ　https://www.shogakukan.co.jp

©Makoto Shiina 2024　Printed in Japan
ISBN978-4-09-407370-6

第4回 警察小説新人賞

作品募集

大賞賞金 300万円

選考委員

今野 敏氏
（作家）

月村了衛氏 東山彰良氏 柚月裕子氏
（作家） （作家） （作家）

募集要項

募集対象

エンターテインメント性に富んだ、広義の警察小説。警察小説であれば、ホラー、SF、ファンタジーなどの要素を持つ作品も対象に含みます。自作未発表（WEBも含む）、日本語で書かれたものに限ります。

原稿規格

▶ 400字詰め原稿用紙換算で200枚以上500枚以内。

▶ A4サイズの用紙に縦組み、40字×40行、横向きに印字、必ず通し番号を入れてください。

▶ ❶表紙【題名、住所、氏名(筆名)、生年月日、年齢、性別、職業、略歴、文芸賞応募歴、電話番号、メールアドレス（※あれば）を明記】、❷梗概【800字程度】、❸原稿の順に重ね、郵送の場合、右肩をダブルクリップで綴じてください。

▶ WEBでの応募も、書式などは上記に則り、原稿データ形式はMS Word（doc、docx）、テキストでの投稿を推奨します。一太郎データはMS Wordに変換のうえ、投稿してください。

▶ なお手書き原稿の作品は選考対象外となります。

締切

2025年2月17日

（当日消印有効／WEBの場合は当日24時まで）

応募宛先

▼郵送

〒101-8001 東京都千代田区一ツ橋2-3-1
小学館 出版局文芸編集室
「第4回 警察小説新人賞」係

▼WEB投稿

小説丸サイト内の警察小説新人賞ページのWEB投稿「応募フォーム」をクリックし、原稿をアップロードしてください。

発表

▼最終候補作

文芸情報サイト「小説丸」にて2025年7月1日発表

▼受賞作

文芸情報サイト「小説丸」にて2025年8月1日発表

出版権他

受賞作の出版権は小学館に帰属し、出版に際しては規定の印税が支払われます。また、雑誌掲載権、WEB上の掲載権及び二次的利用権（映像化、コミック化、ゲーム化など）も小学館に帰属します。

警察小説新人賞 検索

くわしくは文芸情報サイト「小説丸」で

www.shosetsu-maru.com/pr/keisatsu-shosetsu/